人類預測大歷史

占卜、戰局推演、演算法，人類能正確預測未來嗎？

Seeing into the future

A short history of prediction

Martin van Creveld
馬丁·克里費德

張毅瑄◎譯

各方讚譽

從預言、占星術到數學模型、演算法，克里費德回顧人類預測未來的歷史。除了深入探索這些預言方式在何時何地，為何及如何被發明，也討論了預言的難度：現代人是否比古代人更能準確預言，以及預知未來是否真的是件好事呢？

——《今日物理》（*Physics Today*）

從用預兆、命理學、聖經來預言，到數學模型、人工智慧、戰爭遊戲、演算法和德爾菲法，一切嘗試無非都是人類迫切想知道未來到底是什麼模樣。

——《選擇》（*Choice*）

克里費德的新書檢視了歷史上預測未來的方法，包含今日使用的外推、建模等等。克里費德的歷史觀察也可以套用林肯的名言來形容：預測未來最好的方式就是去設計它。

——《科技與文化期刊》（*Technology and Culture Journal*）

本書對人類最關心的事物，兼具廣泛涉獵與深度思索的探索。不論你是在宗教、社會學、科學或是實作層面從事與未來學或預報有關的工作，都可從這本具有啟發性與洞察力的作品中有所收穫。

——尼可拉斯．雷舍爾（Nicholas Rescher），匹茲堡大學哲學系名譽教授

推薦序

預測反映了人類內心的想望

張哲嘉／中央研究院近代史研究所副研究員

據說不知文字的澳洲原住民在初次遇到歐洲探險者時，看到他們僅憑閱讀同伴刻在樹幹上的留言就能知道前面路途上將會遇到什麼事，頓感無比震懾，以為這些白人必定是神，也因此瓦解了抵抗的意志。

準確預知未來是一種讓人類十分畏服的能力，古今中外皆然，不管是索居世外的部落土著，抑或是書中提到的女先知艾蓮諾，均毫無例外。以我所熟悉的醫學史而言，漢代醫聖張仲景最為膾炙人口的故事並非是救活了哪位垂危的患者，而是正確預言出建安七子之一王粲的死期。日俄戰爭時，海軍參謀秋山真之夢見俄國的波羅的海艦隊的行進畫面，他堅信夢境中浮現的景色就是未來的戰場，據此說服東鄉平八郎在對馬海峽設陣伏擊，最後果然獲得空前勝利，秋山真之因此成為日本海軍史上流芳的神話性人物。對強大的預測能力的崇拜與追求，早已成為推動人類歷史前進的重大力量。

只要稍微定神一看，就會發現我們生活周遭早已充斥著各式各樣的預測，小至今天你的星座是否有偏財運，或者最近生成的熱帶低氣壓會不會帶來颱風假，乃至於美國聯準會升息將會給全球金融帶來多大幅度的災難等等，不一而足。現在對各種事物的預測已經不僅是唾手可得，根本可說是鋪天蓋地向我們推播而來。

為什麼會有這麼多林林總總的預測？人們到底想要知道什麼？很顯然地，有不少預測根本無關緊要。那麼為什麼還是有人想要知道？只是為了排煩解悶？還是在這種習慣的背後，有甚麼更多隱藏的意義和真相？許多人的內心裡面似乎總有個難以填補的空洞，聽取完一個又一個的預測縱使不足以完全解決，卻彷彿可以一步一步讓情況接近完善，讓心理獲得某種緩解。畢竟所有的計畫或多或少需要以若干預測作為基礎，健全的計畫可以幫助我們掌握生活並引導對幸福的追求。或許正是為了這些理由，有無數政經勢力一直處心積慮地放消息、帶風向，提供各式各樣的預測，企圖影響群眾的決策，以便讓社會趨勢朝著他們有利的方向移動。

因此，不同預測系統之間的衝突幾乎不可能避免。背後的原因十分複雜，不見得全都是出自私利，也常見基於不同的知識論立場而發生的傾軋。其中最具有代表性的例子就是占星術。

占星術所賴以成立的宿命論與一切取決於上帝的基督教基本教義互相抵觸。所以自古以來，羅馬教廷的一貫立場就是反對，甚至於運用公權力予以彈壓。但即使是在西方擁有無上權威的中世紀，教廷從未有效撲滅廣受民間喜愛的占星術。甚至於有一位耶穌會傳教士穆尼閣在清朝初年來到中國時，還傳授了西洋的占星算命法，以《天步真原．人命部》的書名傳世。到了現代，舉足輕重的科學團體在清剿占星術的戰場上再度踢到鐵板。正如包括十八位諾貝爾獎得主在內的重量級人士在一九七五年連署的〈反對占星：一八六個頂尖科學家的聲明〉中所無奈承認的：「各個領域的科學家同為世界各地日益接受占星術的情形表示關切。」儘管科學已經占據了史無前例的權威地位，但是顯然離定於一尊仍有一段距離。科學、占星學以及更多的預測方法同樣是不完美的，卻都能滿足人們的一部分需求。於是，各種知識論上難以調和的預測方法，就繼續在人類社會中維持緊張共存，分庭抗禮。

隨之而來的另一個問題是：我們有能力知道什麼？事實上，不管是科學性的還是神祕性的，有許多預測一再被證明為無效。然而有趣的是，癌症名醫也好、股市明師也好、末日教父也好，他們的地位很少因為幾次失靈而動搖。一般聽眾對於預言落空的容忍度很高，總是願意用「只是時辰未到」來自我辯解，而且非常容易忘記，但對於幾次準確卻大多印象深刻，不但有輕信的傾向，還樂意傳播給更多人知道。看來是否總是有效未必是人們最在乎的。那麼應該在乎什麼呢？或許我們應該轉而思考：為什麼這一種預測法能夠在某種文化、社會中立足？又是以什麼樣的方式被接受與操作？這些與哪一種預測法有效屬於不同性質的問題。雖然也不簡單，但似乎頗具可行性。

在此我要舉出一種臺灣獨有的預測操作，也就是每逢舊曆大年初一各宮廟抽出的「國運籤」，這其實是頗為晚近的產物。為什麼過去神明總是緘默不語，到了上世紀九〇年代才異軍突起，發展成為全國性現象？從科學的角度來看，這無疑是荒謬的，但是德國知名漢學家朗宓榭（Michael Lackner）教授卻覺得它異常有趣。他認為在臺灣發生的這種「國運籤」現象顯示了在科技發達的臺灣，現代性、歷史傳統以及宗教信仰水乳交融。這種占卜行為不僅體現了文化傳承，也彰顯了與臺灣現代性的兼容性。透過研究「國運籤」，我們可能因此對臺灣的集體身分建構及其與決策的關係得到更為深入的認識。

朗教授自十餘年前起，在埃爾朗根．紐倫堡大學國際人文學院（IKGF）建立了「命運、自由與預測：歐洲與東亞對應未來的策略」研究中心，並且得到德國科技部巨額經費的挹注，以開放的態度探究東西方各式各樣的占測法，乃至於環繞這個核心的各種人文議題，迄今已經累積了四百餘件出版品的傲人成果。我在二〇一三年也有幸參與了這個集體研究計畫，對這種縱向重視歷史脈絡、橫向具備比較視野的研究方法印象深刻，也相信這個中心的研究方向將會成為西方學界看待人類預測的新標竿。

當我看到《人類預測大歷史》的中文譯稿時，很快就發現作者與朗教授有不少地方英雄所見略同。作者馬丁．克里費德掌握了許多不同時代的占測觀念與操作、討論到的文化區域跨幅也頗為宏闊，各種素材信手拈來，讓人驚嘆作者腹笥的寬廣。更為難能可貴的是，他從各種方法本身的脈絡去理解其特質，以流暢的文字傳達出種種發人深省的觀察。總而言之，這是一本深入淺出，讀來餘味無窮的好書，本人在此鄭重推薦。

人類預測大歷史

目次

第二部　理智清明

第三部　進入現代

第四部　宇宙主宰

序言

想逗上帝笑嗎？那就告訴祂你的計畫。

——伍迪・艾倫

我在二〇一七年的某一刻出現寫作這本書的念頭。著名的尤瓦爾・諾亞・哈拉瑞是我以前教過的學生，他曾寫過《人類大命運：從智人到神人》，而我現在這本書可說是《人類大命運》一書的產物。這一路走來，我內心不斷浮現一個想法：他，以及許許多多迎接同樣挑戰的人，他們是怎樣知道未來將帶給我們什麼？而雷伊・庫茲維爾*、史蒂芬・霍金、H・G・威爾斯†、儒勒・凡爾納‡等人又是如何？更別說還有諾斯特拉達姆斯§、希德嘉・馮・賓根◎、

* 雷伊・庫茲維爾（一九四八～），美國紐約市的發明家與未來學家，投身於語音辨識等科技領域，曾為Google的工程總監。

古羅馬占兆官、古希臘阿波羅神廟女祭司「皮媞亞」、希伯來先知、「加爾底亞※」占星師，這些人又是怎麼回事？他們所持以為基礎的假設是什麼？使用的是什麼樣的推論過程？採取的又是什麼方法？我愈是思考這些問題，問題似乎就變得愈困難；但正是因為它們在我眼中如此具有挑戰性，我才膽敢挑戰這些問題。

預見未來的意願與能力在個人或集體的人類生命中扮演相當重要的角色。你可以說它叫「預期」、「遠見」、「先見之明」、「預報」或是「預測」，但沒了它，我們所知的人類生活完全不可能存在；我們無法設定目標，也不可能為了達成目標而開始下功夫，更不可能去思考達到或達不到目標會有什麼後果。我們不能辨識出威脅與危機，也無法直接面對它們或避開它們。事實如此，今天是這樣，當人類最初成為人類的時候也是這樣，而只要人類還繼續存在，大概就會繼續如此。簡言之，如果去除掉「預期」以及試圖達成預期而採取的行動，那麼我們所謂的「思想」會有很多，甚至是大部分，都變得不可能存在。「我們盲目而行，直到看不見的火焰陷住我們腳步，」索福克勒斯《安緹岡妮》劇中的合唱隊如是說。[1]

某些哲學家與科學家走得更遠。在他們看來，預測未來，也就是預測某件目前還不存在的事情並據此行動，並非人類專屬，而是一種本質，也許是「生命」這種既神祕又難以定義的現象必須具備的一種特質。[2]說到底，我們身處於所謂的「後人文時代」，後人文時代關鍵要義之一就是重新重視我們在演化上的祖先，以及我們與牠們的相同之處，其中特別包括「人類大腦不過是『線性增幅』（linearly scaled-up）的靈長類大腦」這個信念，[3]如此靈長類大腦也不過是「線性增幅」的脊椎動物大腦，依此類推，一路回到吉伯特與蘇利文那句著名的歌劇歌詞「原生質的原始原子小小球」。於是乎，許多特質在不久之前還被視為人類專屬，到現在都被認為是人類與其他許多動物至少在某種程度上共有。這包括同情心，包括利他主義，也包括理性。令人驚訝的是，這甚至包括道德以及許多人所認定的道德源頭，也就是宗教情感；現今世上最權威的倭黑猩猩專家曾告訴我們，從這些動物身上也能找到某種形態模糊的宗教情感呢。[4]

在這麼多特質之中也包括預測能力這一項。早從古希臘時期開始，世界各地民俗神話都說某些動物有能力預測重大事件，比如天氣、船難、地震和其他各類可能對古人生命造成各種程度威脅的災難，而科學家至今仍在爭議這類說法的真實性。[5]不過，有些動物，最明顯的就是

---

† H．G．威爾斯（一八六六至一九四六），英國科幻小說家，曾以時間旅行為題創作多篇故事。代表作為《時光機器》、《隱形人》、《世界史綱》。

‡ 儒勒．凡爾納（一八二八至一九〇五），科幻小說之父。

§ 諾斯特拉達姆斯（一五〇三至一五六六），猶太預言家，曾留下一部《百詩集》，其中可以看到許多對未來歷史事件與重要發明的預言。

◎ 希德嘉．馮．賓根（一〇九八至一一七九）天主教聖人，又稱萊因河的女先知，具有靈視能力。

※ 加爾底亞：西元前七世紀摧毀了亞述帝國，建立新巴比倫帝國的加爾底亞人，曾發明占星術，訂定十二星座。

松鼠與喜鵲，牠們確實會蒐集食物貯存以便稍後使用，由此展現牠們對未來有所預測與準備。魚類學專家也在實驗中證實魚類能夠預測未來，至少在某種程度上是如此，牠們在某些情況下為了某些目的出現預測行為。有些魚類能感覺到所在的潮池即將乾涸，於是縱身一躍跳往附近池塘（牠們怎麼知道附近有池塘，又是怎麼到達這些池塘的，這又是另一個謎了，但在此我們先不管這個）。其他魚類則會等待機會來做出某些行為，這或許表示牠們對「未來」的存在，以及「未來」會帶來什麼，的確有某種感知。[6]

然而，問題還是沒有解決。在此我們要先向住在德國奧柏豪森一座水槽裡的章魚保羅致敬，既然牠能正確預測那麼多場足球賽的勝負，那麼牠絕對具有洞悉未來的能力。但我們真要認為一個嚴格說來連大腦都不具備的軟體動物擁有「預測能力」嗎？我們真要覺得自己是與牠同等的生物嗎？而細菌、病毒這些最簡單的生命型態呢？它們是否也能預料即將發生的事情概況，並依此調整自己的行為？或它們根本只是一團團蛋白質，只會依照設定對溫度、壓力、濕度、酸鹼度這類刺激產生反應？科學家到目前為止測驗過的每一種脊椎動物，確實都表現出能夠將某些信號與牠們所預測的事件連結在一起的能力，這些動物也能預料到自己的行為會在幾分鐘（或至少幾秒鐘）後造成什麼後果，[7]但我們尚未發現有哪隻人猿會像薩滿、先知、占星師或未來學家那樣，把預測未來當成自己專心致力的事業。

好幾年來，世界各地成千上萬的科學家對人類與非人類的大腦動各種手腳，都只為證明它們「不過就是」一部部電化學機器。另外還有成千上萬的電腦工程師反其道而行，試圖製造出能像人類一樣「思考」或甚至超越人類的機器；現在我們已經有了會下西洋棋、圍棋、會做機智問答的程式，以及其他令人驚嘆的人工智慧，可見他們走這方向也有些斬獲。

但事情似乎有其極限。所有的電腦，它們一切行為都是出自程式設計師之手，無一例外。電腦工程師輸入這個那個指令讓它們執行，然後按下啟動鍵享受成果，而電腦是被過去所輸入的指令所驅動，不是被它們對未來的預測或期望所驅動。它們有記憶，但它們自身無法出現一個願望或意圖並加以實踐，它們不可能去尋求、預期、料想、意欲，或是期盼任何東西。它們是從後面被推著走，不是有來自前方的力量拉動著、吸引著、召喚著它們往前去。簡言之，在它們的例子裡永遠都是開始決定結果，而非結果決定開始；它們所知僅止於「如果有x那接著必有y」。不管某些作家怎麼說，電腦總之是缺乏這本書所要討論的核心要義，也就是對未來的預測與實踐使其成真的意願。況且，這情況看來短期間不會有所突破，畢竟要製造出具有上述任何一種功能的電腦，仍遠遠超越我們的想像，更別談要讓電腦具備這些全部能力了。前面說到的這些科學家與工程師已經努力了數十年，但我們甚至都還不清楚這數十年來人類是否離這目標有近一些。除非有一天我們能夠發現外星文明，否則，到那時之前，擁有預測未來的能力與意願依然令我們看起來獨一無二。

十七世紀偉大的哲學家暨政治科學家霍布斯認為，我們想要預知未來的慾望是根源於「恆久的恐懼」，恐懼著「死亡、貧窮，或其他的災殃」。他說，面對這種恐懼，人「不得休息，除了入睡以外無法暫時停止焦慮」，且連睡眠都未必能提供解脫。正如老鷹每日啄咬普羅米修斯的肝臟，這恐懼也日復一日「噬咬」著人，讓人的心靈被各種迷信入侵。[8]舉例來說，政治家與高階將領必須盡全力預測戰爭是否即將爆發，如果是的話是在什麼時候，爆發之後會是什麼情況。證券經紀商願意拿天上的明月來換取可靠資訊，讓他們得以知道市場發展的方向以及這方向何時會改變。農夫渴切想要知道下一個農季雨會下得多還是下得少（附帶一句，目前連最專業的氣象學家都還做不到），公共衛生官員必須努力推算出約莫數年之後需要住院的病患人數會增加還是減少。說到底，我們所有人（可能只除了住院的病人與坐牢的犯人）都想知道明天天氣如何，這樣才能決定自己明天該穿什麼、該做什麼。

盧梭說，預測未來若非「一切智慧的來源，就是人類一切不幸的來源」。[9]他說得對，但這不是全部的答案，我們人類想要預見未來，不僅只是為了實際效果。或許，最主要的，這就是個為了滿足我們好奇心而問的問題，就像是伸長脖子想要探頭看看牆的另一邊有什麼，就像是許多科幻作家描述的：想要體驗面對新的、不同的、意料之外的事物的那種刺激感，那些東西讓我們心跳加速、瞪大眼睛、喘不過氣、張口結舌、兩腿發軟。當然，這些反應有很多跟希望、愛情、敬畏與其他一些事物所引發的反應類似，但說到底它們不同。換句話說，「預測未來」不是只是一種手段，而是若我們不了解，就根本無法存在。但「預測未來」也是目的的本身，實行這件事所帶來的成就感與喜悅不會輸給我們人生中其他任何作為。

然而，我們到這裡都還沒說到最根本的部分。先把後人類主義的觀點放一邊，這樣我們就可以下結論，說人類這種物種獨有的特質之一就是能夠感受到未來的誘惑力。此事的獨特性不下於道德，不下於分辨善惡的能力（《創世記》以及聖經整體內容），不下於敬老尊賢（儒學），不下於理性思考的能力（柏拉圖與亞里斯多德），不下於上帝信仰（基督教神學家聖奧古斯丁），不下於幽默感與發笑的能力（法國文藝復興作家拉伯雷），不下於自我意識、自覺或說自由意志（笛卡兒），不下於為了謀生而工作和生產（馬克思與恩格斯），不下於創造與欣賞美的能力（尼采），也不下於感受到罪惡感、羞恥與後悔的能力（佛洛伊德）。也就是說，當我們追溯為了理解未來可能性而設計出的那些方法，我們同時也在觀看人的本質。

我在這本書裡並不打算把了解未來一事拿來高談闊論，這問題本身已經困難至極，人類思考了數百年甚至數千年都還找不到一個恰當的答案。整體來說，我也不打算檢證這些預測未來的方法，或是討論如何改進這些方法。這兩項任務，特別是後者，已經有來自成千不同領域的無數專家進行了各種的不同嘗試。再者，我也不打算列舉一大堆成功或者失敗的預測例子，這件事也已經被做了上千次，而其做法通常都對這些例子的相關人士有過譽或過貶之嫌。[10]

既然如此，我要做的是從歷史角度進行討論。我所期望的目的是盡可能找出這些挑選出來的方法，是在何時、何地、為何與如何起源的（挑選是必要的，因為這些方法林林總總合計有上千個，說不定還更多），並探討它們所根基的原則與信念、它們與其他預測方法的關聯、它們面對的阻礙為何與它們本身一樣強大，以及我們預測未來的能力在這數百年來是否有所增進。除此之外，我還加進了一個章節，來探究如果本書討論的這些預測方法能達成任務，也就是達到百分之百的確定性，並永遠去除其反面的不確定性，那麼這世界可能會變成什麼模樣；這一方面是為了滿足我自己的好奇心，一方面也是給這項研究做個圓滿收尾。

最重要的是，除了那些大部分人熟悉且視為理所當然的預測未來方法之外，我希望讀者能夠注意到其他方法而做出「深入的」比較，並獲得只有藉此才能獲得的觀點或是自我矯正；很少人能得到這種機會，而試圖提供這種機會給別人的人則又更少了。

開始認真處理眼下主題之前，我必須先做出兩點保守聲明。第一，我在以下內容裡要討論的不是那些距離當下非常近且徹底遵守物理定律的未來事件，這類事件毫無疑義會成真，除非奇蹟降臨。如果用手碰火，手就會被燒傷，人對此因果關係早已確信不疑，其時間遠遠早於人真正理解「火」的性質之前。早在牛頓發現重力之前，我們就都知道一個人從屋頂跳下會跌落地面。如果我們站在朝自己方向飛來的砲彈之前，我們就會被擊中；如果我們看見閃電，那麼過不久就會出現響雷。要預測這類的未來不需特殊思路也不需特殊方法，只要有這類經驗就行，而任何有一點年紀的人必定都有這類求生圖存所需的經驗知識。

第二，我的目的是要檢驗歷史上某些主要用來預測未來的方法的背後理路，而不是使用這些方法的人如何欺騙觀眾、如何讓人相信這些方法與他們自己真實靈驗，也不是某些客戶如何為了得到想要的結果而去影響預測者。換句話說，本書既不會去討論騙子與騙術（更遑論要揭露它們了），也不會去呈現對掌權者進真言的困難。

我在此不是要說這些問題不存在，它們過去與現在都真實在那裡，天地可鑒。至少這可以追溯至古埃及中王國時期（始於西元前二〇五〇年），有許多預言在當時被人翻出來，然後把年代往前移個幾百年，接下來人又努力把這些預言內容解釋成符合當前局勢，讓它們出現一種權威性。[11]很久很久以後，舊約聖經許多書卷都被人以同樣方式處理，包括《以賽亞書》、《但以理書》和其他幾卷聖書，其中《以賽亞書》的年代非常難以確定，現代的學者認定它是由兩個，甚至三個不同時代的不同先知所作。一個最奇特的例子是《申命記》（十八章二十二節），不只是它的成書年代被往前推了好幾世紀，它的內文還明確提出如何區辨「真先知」與「假先知」的問題。

西元前七〇五到六八一年，亞述國王辛那赫里布在位，他教誨自己的繼承人以撒哈東說應把宮廷占星術師分成「三或四」組，而這麼做的部分原因想必是要防止作弊。他說，只要預防他們彼此聯繫，你就一定能得到你想要的結果。[12]後來，以撒哈東繼位後，他手下一名官員送來一封信，提醒國王將有月蝕，而月蝕預兆洪水；這位官員於是向國王自薦，提議讓微臣他本人「在巴比倫尼亞這裡挖開堤防，趁著深夜進行，〔這樣〕誰都不會知道！」[13]歷史上不知有多少人要過類似把戲，至今依然每天都有新例子。正如這些史料所示，有時候人覺得未來太重要，不該被掌握在那些預卜未來的人手上，於是這些預卜者就會受到嚴格控制，甚至是被迫不得出聲。不過，也有其他的狀況是各型各類先知與卜者試圖取信於他們的雇主和客人。但不論哪一種情況，說到底都是某一些人被另一些人牽著鼻子走。

然而，托勒密為占星術辯護時也說過，任何人類所致力發展的領域都被同樣的問題所籠罩。[14]從世界存在以來，世界上就一直都有男騙子女騙徒，這些人會提出最誇張的前提，承諾讓追隨者獲得各種利益，從快速致富到身體健康，一直到最終極的目標：上天堂。當然這不代表我們不能或不應去探究醫學、經濟學或神學的歷史，就算十九世紀早期著名的「土耳其人」騙了多少人相信它是個會下西洋棋的機器人，我們也不能因此就說人工智慧的發展歷史不值得花功夫追溯；就算二十世紀伊始那隻德國馬「聰明漢斯」被發現牠是看主人給的提示（必須說明主人不是有意為之）而答對數學題，這也不表示我們從此不必試圖了解馬如何思考。[15]

再者，欺詐手法都是依據人的信念而量身訂做，也正因此我們從欺詐手法可以更理解人信仰什麼，更何況其參考價值有時甚至比正統宗教儀式還高。基於這個原因，我在寫作本書時並不打算花力氣去區分真假兩類。當我們思考我們想預知未來的渴望，思考我們為此所設計出的各種方法，以及這些方法與彼此、與整體文明的關聯，那麼我們就是在探究我們身為人的本質要素，而這本書所可能具有的任何重要性也都源自於這項事實。

第一部

神祕旅程

第一章　反派魔法師

「薩滿教」，本章的主題，這種預卜未來的「方法」名稱一看就知道是來自「薩滿」這個名詞。*Samân* 這個字源自西伯利亞的通古斯語，意思是「一個被外力刺激、驅動或提升的人」。一名當代作家曾說它與古印度語代表「自我治療」的字彙相關，另一個可能有關聯的是梵文字 *saman*，「歌」。[1]

西方探險家在十七到十八世紀之交的數十年間前往西伯利亞，他們是最早將「薩滿教」概念引入西方語言並試圖解釋其內涵的人，這些人有的是為俄皇彼得大帝工作，其中最著名的是德意志醫師丹尼爾．梅塞施密特。梅塞施密特與同僚受命去往這些幾乎不為人所知的區域，調查其地理與民族，若該地有任何有用或稀罕的事物也要往上報知。其他的早期探險家則是傳教士或戰俘。

西方人對薩滿教的理解隨時間而變，過程可說經歷五大階段。歐洲社會約從西元一七〇〇年前後開始世俗化，在此之前，西伯利亞的薩滿與世上其他地方的同類人物常被西方人視為害人害己的惡魔使者。俄國教士阿瓦庫姆．彼得洛維奇是最早公開使用「薩滿」一詞的人，他筆下將這種人寫成是「召喚惡魔的壞人魔術師」。[2]某些人甚至認為薩滿就是「撒旦」。

至於啟蒙時代的旅人與學者，在遠行後返家的記述中提供了不同的看法。他們相信自己是理性的一方，認為薩滿不是無法無天做盡惡事的惡魔造物，而只是荒唐無稽的冒牌貨。各種語言裡對薩滿的稱呼也就由此而來：義大利文的 giocolare，法文的 jongleur，德文的 Gaukler 和英文的 wizard。不只如此，俄國的凱薩琳二世還煞費心思用這觀點寫了一部喜劇，她說她這麼做能給予迷信「沉重一擊」；但同時她其實也是在強化王權，強化她將啟蒙統治推廣到東方那片廣袤、陌生且落後的土地的權力。[3]有的人還提議應以「虛假陳述」的罪名懲治薩滿。

上面這些只是開端而已，十九世紀的殖民地行政官員與人類學家將薩滿教視為「半惡魔半童稚」心靈狀態的產物（此處引用英國詩人吉卜林的說法），他們覺得這類行為從人道與常識觀點來看是「可惡」的，於是盡其所能加以壓制。至於其他的部分，他們以被逗樂的心情寬容待之，機會來時還加以利用，作為控制他們眼中好騙的當地人的手段之一。接下來，到了十九和二十世紀之交，西方人出現一種從內部看薩滿的傾向（姑且這麼形容），其目的是要打通文化隔閡，以便理解這些人的推理方式、在社會中又是扮演何種角色。

約從一九七〇年開始，多元文化主義、多樣性與「新時代」思想嶄露頭角，導致上述傾向日益興盛。愈來愈少人說薩滿是古老時代的遺跡（不論好壞），愈來愈多人帶著崇敬之心將他們描述為智者、醫者、教育者、領導者，甚至是藝術家，將這些角色全集於薩滿一身。比起擁有悠久的科學和科技發展歷史的西方人，薩滿反而更接近「自然」，也因此更加可信、更為正直。對於那些相信薩滿、聽取他們建議的人來說，這些建議更貼近他們的社會與心理需求，涵蓋他們所生活的這個世界的方方面面，包括各種各樣的氣象與氣候、動物、植物、食物與草藥、毒藥與礦物等，鉅細靡遺。薩滿的「巫術」可不是只以迷信為根據，而是隱含著許多現代醫療，甚至現代心理學理論的影子。既然如此，薩滿信仰就值得我們深究，也值得我們在適當時機借用來解決現代生活問題。[4]

羅馬尼亞文化史學家米爾洽・伊里亞德在一九五一年寫下關於薩滿教的經典論述，將其定義為「一種達到宗教狂喜的技術」。[5]若用這種廣泛的定義來思考，薩滿教就不會受限於這個詞彙的起源地——東北亞地區（西伯利亞、中國與朝鮮），而是（或說曾經是）廣布全球。在那些居民從事採集狩獵、園藝與游牧的社會裡，這種說法更為正確，我在另一本書中稱這種社會是「無主的部族」。[6]今天世上仍有少數這類族群留存在偏遠未發展的地方，比如亞馬遜河上游區域。這種現象在拉丁美洲被稱為「混血薩滿教」。[7]

不過，薩滿教也已經輸入了現代都市，特別是拉丁美洲與南非、東非和西非那些發展中的城市，那裡有大量人口教育程度相對低下，他們被迫離開原本生長的環境，缺乏清楚的社會網絡來提供他們指引或協助。某些巫師有大量信眾，有些讓自己享受信眾供養。這些薩滿巫者有的完全不知自己與古老社會習俗之間的關聯，但應當有更多對此心知肚明，而他們刻意地、赤裸裸地利用這些關聯性，其結果常是製造出一種混合了萬靈論、基督教與猶太教元素的詭異產物。

薩滿教是一種精神活動，這是它最根本也最主要的性質，因此它通常很少留下物質痕跡。然而，現代某些考古學家聲稱他們能將薩滿教的起源追溯到大約三萬年前的舊石器時代。[8]無論這是真是假，可以確定的是薩滿教出現「祭司」與「信徒」的階層體系遠遠早於歷史上的組織性宗教；世上所有已知的社會，就連印度洋安達曼群島居民那種簡單而缺乏制度的社會，都擁有這樣的階層體系。[9]況且我們還有理由相信這是地球上最早的政府形式（或至少姑且稱之為「原始政府」）。

與靈體溝通的能力可能是由靈體所賜，但那些擁有能力或被認為擁有能力的人無疑也因此得到某些實實在在的好處。每個社會的情況都不一樣，但大致而言薩滿相信自己（也被別人相信）能夠做到控制天氣、施咒或抵擋詛咒、治療病人（或者反過來讓人與牛隻患病）和其他一些類似的事，再加上預測未來這一項，這些能力很容易就能轉化為經濟與政治權力。

薩滿巫師似乎大部分都是男性，但在許多社會裡也有女巫存在。俄國共產革命前，偏遠地區的鄉下人都知道有「克立枯夏」（klikusha，複數 klikushi），也就是「尖叫的女人」。現代女性主義者聲稱這些女人是被男性壓迫而崩潰，導致她們表現出各種類似瘋狂的症狀。但傳統上她們被視為鬼靈附身，眾人相信她們有某種預卜未來的能力。[10]

在某些最簡單、最缺乏組織結構、最平等的社會裡，特別是亞馬遜叢林裡的部落，那裡的薩滿是自我選拔出來的。這現象背後的意思是說：任何人都能找到與神靈溝通的方法來獲得神力，如果他或她能聚集一眾追隨者或信徒，他或她就會被眾人視為薩滿。某個社會的例子將這種做法推到極限，那個社會的人認為任何做了夢的人身上都有那麼一點薩滿神力，特別是預知的神力。[11]其他某些社會認為薩滿的靈力是家族相傳，還有其他一些是由薩滿來挑選繼承人，挑選過程或多或少是照著自己心意而行。

要成為薩滿的人幾乎都必須經歷一段漫長而複雜的訓練期，期間新手要熟習相關神話並學會必要的咒語。某些社會裡，新手在訓練期內還需接受考驗，譬如要他或她待在完全的黑暗裡一段時間，或是忍受疼痛和飢餓。訓練的最高潮是啟蒙儀式，新手在儀式裡找到自己的引導靈，與它結盟，自此之後他們的生活就受這盟約支配。一般情況下被選為薩滿是種榮耀，是心甘情願受選而接受訓練，但也有些例子是年輕人被迫成為薩滿，這可能是因為神靈驅使他們，也可能是因為長輩要求。新手與正式的薩滿在公開場合通常會配戴特殊標誌，穿戴特殊服裝、護身符和其他有象徵意義的物品。不過，他們也可能會在進行某些儀式時不著寸縷。

作為一種揭開未來面紗、指點他人將來會發生什麼的手段，薩滿教的基礎是下面這些明說或不明說的假設：預測未來極其困難，需要某些特質與專門知識才能做到，因此只有最超凡的人，在非比尋常的作用下擁有與眾不同的超凡力量才可為之，且這還需要居住在每一棵樹、每一道瀑布、每塊石頭與每座山峰的神靈幫助，我們或許肉眼看不見神靈，但祂們無處不在、力量強大且能操縱命運，這點不容置疑。

通靈意味著離開「正常」世界，進入一般人所謂的「意識變異狀態」。意識變異狀態可定義為「任何一種……在心理機能主觀經驗上可被個體自身（或被該個體的客觀觀察者）主觀認知為與該個體在意識清醒自主時，某些一般狀況出現足夠程度的差異的意識狀態」。[12]大家都知道的例子比如吸毒、精神狂喜、催眠、幻覺、癲癇與其他類似狀況，而某些研究人類心理生活各種型態的文獻也把做夢包括在內，我在本書裡也是這樣做。所有意識變異狀態的共通點是它們將深陷其中的人變成另一個人，且讓那個人對周遭環境的警覺性暫時降低，同時加強那個人感知其他某些事物的能力，至少一般人是這麼相信的。

我們可取得的資訊包括薩滿本人與那些觀察薩滿的人所提供，這些資訊指出上述所有意識變異狀態都與薩滿的心理狀態有某種相似性，但沒有一種完全相同。近來開始盛行以腦部核磁共振觀察薩滿儀式與一般意識變異狀態是否能改變腦內那些應當是構成思考的電流活動模式，如果能的話又是以何種方式。[13]有一支團隊使用這種方法，發現在意識變異狀態下大腦裡的電流活動與「正常」狀態下差異最大的區域是後扣帶迴皮質、背側前扣帶迴皮質和腦島。但就算我們能證實這些現象，我們也無法更理解當事人的主觀經驗。

每個文化裡用來使人進入意識變異狀態的方法不同。[14]在西伯利亞，薩滿會待在蒸氣室裡一段時間，讓自己的血壓升高，於是他出來時就會是渾身大汗、情緒高漲的狀態。世界各地最常見的一種方法是藉助音樂，特別是唱歌、敲擊聲，或是持續不斷的鼓聲，這類聲音無論古今都能製造出催眠效果。薩滿可能自行演奏音樂，或由其他人在旁演奏。別的方法還包括跳舞、祈禱、閉關、守夜、斷食、嘔吐（用以自我潔淨）、自我鞭笞，以及設計來加速或減緩新陳代謝的特殊呼吸法，也有使用禁慾（反之較少見的是進行具神聖意義的性事）或攝入烈酒的方式。儀式全程或部分可能在眾目睽睽下進行，但在某些文化裡儀式地點必須是在暗無天日的室內。

當心靈從一種狀態轉換到另一種狀態，過程中某些薩滿會使用特殊的手杖敲打地面，他們相信這種手杖具有魔力。其他某些薩滿會將衣物脫光，但這究竟是進入意識變異狀態的手段或是意識變異狀態造成的反應，有時不太能夠區分。最後一種方法是攝取某些據信與神靈有關的物質，有的學者認為宗教起源於人類使用這些物質，且至少有個人試圖證明耶穌本身就是薩滿，說他的門徒服食致幻蕈類來讓自己超越此世界限制，[15]事實上世界許多地方都有薩滿與信徒使用致幻物的紀錄。某些文化裡，相關儀式的內容還包括牲畜血祭，比如犧牲一頭綿羊或山羊。

上述每一種例子裡，進行這些活動的目的都是讓薩滿或說薩滿的靈魂（因為肉體留在原處）脫離正常環境，踏上一段神祕旅程。依據一般不成文的規定，旅程中薩滿要經歷的第一件事就是通過某種阻礙，可能是高聳山路，可能是住著各種野獸的黑森林，或是冰寒入骨的溪流。越過障礙通常是有風險的，走錯路的薩滿可能忘記自己從哪裡來，就像希臘神話裡那些喝下冥界遺忘河河水的人一樣；他們也有可能發瘋，甚至死亡。除此之外，這種經驗的確切特質很難言傳，很難以一種他人能夠理解的方式加以傳述。

度過難關之後，薩滿進入一個不同的領域、區界或現實，此處的特質之一就是它的現在、過去與未來之間沒有差異，於是未來像一本書一樣被打開呈現在人眼前。領域的性質在各個文化裡都不相同，例如柏拉圖認為這是靈魂處於此生與來生之間，可以看見過去、現在與未來；其實柏拉圖思想中隱含的薩滿教痕跡多於一般人所認知。[16]加拿大育空地區的因紐特人說那是「白色國度」，是一個任何事情都可能發生的神祕地方，而我們已經無從確知這名字是起因於當地萬物皆白，還是源自於當地人相信白人擁有神力。[17]澳洲原住民說那是「夢時光」，他們認為萬物存在的法則都源生於此。其他某些社會則認為那就是神靈居住的地方。

某些地理特徵是相關神靈的居所，也由這些神靈所代表，就像尼泊爾有「森林主神」與「交叉路口神」。[18]有的神靈會現身對薩滿說話，薩滿就聽從神命去做事；其他地方的神靈會附在薩滿身上，通過他的口或身體來講話。說到底，無論你是真先知或假先知，腹語術都是門值得精學的技藝。

大家找薩滿問事，那些關於將來的問題通常都很具體且與日常生活息息相關，鮮少人試圖遠觀未來，或是去預想一個與當前極度不同的世界。我（或家中某個成員，或家中牲口）會生病嗎？我會死嗎？我的病會好嗎？我會有孩子嗎？我即將著手進行的這項或那項事業能得到預期成果嗎？如果問薩滿「你怎麼知道」，他們會回答「我，或說我的靈魂，去了那裡」，意思是說去了那個地方，但那地方並不真的是一個地方，只是在那裡能看到這些問題的答案。為了證明能力，某些薩滿會讓自己的身體被利器戳刺，刀劍拔出後他們卻不會表現出明顯痛苦。

古希臘神話中的預言家泰瑞西阿斯是上面這個主題的一個重要變形。在他的例子裡，所謂神祕國度既非地處偏遠也非位於天界，而是住著另一性別的人。泰瑞西阿斯生為男性，但在某些神話版本裡他經歷過至少六次性別轉換，並在過程中獲得平凡人類得不到的預知靈力。[19]接下來講述神話的人更進一步強化他的能力，他們用的方法就是使他眼盲。造成他失明的原因眾說紛紜，有說他是看到雅典娜（某些資料說是狩獵女神阿提米絲）的裸體而受到懲罰，也有說他是看到兩條蛇在交配，拿木杖打牠們，因此惹怒宙斯之妻赫拉。還有種說法，說他之所以被罰，是因為他發現女性對性行為的享受程度比男性高。

泰瑞西阿斯的故事一直是文學與電影愛用的題材。古希臘人很清楚，當人的一種感官知覺受到損害，這個人可能會發展，甚至是過度發展餘下的感官知覺來反應。[20]泰瑞西阿斯正是因為盲眼才能聯絡人世與冥界、人與神、男與女、過去（因為過去也常被視為神祕難解）、現在與未來，他的預知能力高強到大家將他與他所祭祀的阿波羅相提並論。[21]傳統說法之一出自索福克勒斯的《伊底帕斯王》，說泰瑞西阿斯預卜得知伊底帕斯將會弒父娶母，之後此事果然成真。索福克勒斯另一部戲劇《伊底帕斯在科隆諾斯》所描述的伊底帕斯後來命運也有重要意義，觀眾在第一幕開場看見的就是一個無助的、為了贖罪而自戳雙目的失明老人，但後來卻發現此人遠比其他普通人更能洞悉未來；其情如此，索福克勒斯甚至在最後以逆理的一筆帶出高潮，讓盲眼的伊底帕斯領著同伴前行而非被同伴引導。

神話裡的盲眼預言家清單還有別人，[22]包括了小亞細亞厄文特里亞地區的漁夫佛米翁，他喪失視力，但同時也得到了做預知夢的能力。麥西尼亞的預言家奧菲歐紐斯一出生就看不見，後來他雙眼得見光明，卻又再度失明。到了亞得里亞海濱的阿波羅尼亞這地方，伊夫諾斯擔任守衛負責看顧一群聖羊，卻在崗位上睡著，導致許多羊隻被野狼殺害，這個倒楣的人因此被阿波羅尼亞的憤怒民眾處以盲目之刑；後來這裡的土地變得荒蕪，民眾求取神諭之後才知狼群是天神所派，大家這才發現自己做錯了，最後眾神給予伊夫諾斯預言能力作為補償。尤里比底斯的劇作《赫庫芭》中的戲劇人物波里墨斯托遭到特洛伊女俘虜襲擊失明後得到預言能力；盲眼的他預言希臘聯軍統帥阿加曼儂王與其俘虜卡珊德拉都會死於王后克萊坦涅斯卓之手，而事情後來果如其料。[23]這些都是神話人物而非真人，但他們的共通點在於外在受黑暗籠罩，而這導致他們靈魂之內點起某種光明。預知力有時是獎賞，有時是懲罰，但無論如何這都讓他們比一般人看事情看得更清楚也更遠。

盲眼薩滿的存在並不限於上古或神話，日本的潮來女巫（イタコ）這種盲眼女巫是有幾百年歷史的傳統文化的一部分，新人必須受嚴格訓練，時間可能長達三年，內容包括受訓者得在數日內承受數百桶冰水澆身。成為女巫後，她們是以彈奏日本箏的方式讓自己進入另一個世界。潮來女巫的地位一直持續到十九世紀下半葉才衰落，當時日本政府決心以西方標準推動國家現代化，因此對她們下禁令，甚至當場將她們以欺詐罪名逮捕。但政府的禁令看來不算徹底成功，因為目前還有少數幾名潮來女巫繼續從事巫職（據說目前全日本僅餘二十名，且年齡都超過四十歲）。一九四五年後政府控管較鬆，潮來女巫每年會在北日本荒僻的恐山火山地區集會，信徒也會群集在此請託潮來女巫溝通神靈，求祂們降福與預示未來。[24]

韓國的盲眼男性薩滿「倡夫」也是時至今日仍在活動，他們其中某些是先天失明，但其他人則是出於自己的後天意志讓自己失明。[25]有作者這樣寫，說眾人對他們法術的需求出自於「大眾對未來的不確定感。韓國人承受過一波又一波的外敵入侵、天災與疫病，他們自然而然會反射性地高度在意將來的事情。」[26]這方面某些相關儀式已獲韓國政府官方承認為「文化資產」來加以保存、發揚。此外，還有保加利亞的盲眼女預言家巴巴萬加（一九一一到一九九六），據說她準確預言了伊斯蘭國興起、九一一事件，以及二〇一一年的福島核災。[27]她自己的說法是她幼時被一場「龍捲風」捲到高空再摔下，讓她眼裡充滿沙塵，因而失去視力。另一個常見到盲眼預言家的地方就是許多青少年與某些成年人愛玩的幻想主題電玩，有的資料列舉七十部以上電玩出現這類角色。[28]這些電玩人物不只能看見幽靈，還能看見「亞空間與超空間」。

最後有一件很重要的事，我們必須強調預知未來只是薩滿所發揮的諸多功能之一，無論古今，無論真實或虛構，詳細情形每個社會不同，甚至同一個社會裡各個薩滿的情況也有所不同。他們最主要的用處是施咒與抵擋咒語，還有用靈力執行正義，也就是找出誰該為某些意外、疾病或死亡等災禍負責，除此之外最重要的就是治病。事實上，治癒病患的現象常被視為薩滿能力應有的展現，也能用來證明該名薩滿貨真價實具有神力。這些能力的共通點在於人認為一般人不會被賦予這般奇特力量，也正因此施展這些能力時都必須透過類似手段。

第二章　以上帝之名

無論過去與現在，薩滿都不是唯一一種利用意識變異狀態企圖預知未來的人物，還有另一種是「先知」。薩滿與先知之間並非界線分明，我們大多數人所知道的那種先知，特別是在舊約聖經裡讀到的那些先知，他們可說只不過是獲得一神宗教認可的某一種薩滿，或說是獲得薩滿教認可的某一種一神宗教信徒。

現代英文「prophet」這個字源自於希臘文 prophetes，意思是一名得到天界啟示的男性或女性而「預先言講」（pro：預先，phetes：講者）。先知與一般人不同處在於他們相信自己擁有看見未來、獲知未來內容的能力與其他能力，而其他人也這樣相信他們。和薩滿一樣，先知預見未來的過程中有時會踏上旅程前往神祕國度，他們在那裡會看見或經歷各種奇特事物；光是舊約聖經裡就有很多這類情節，「耶和華的靈就提你到我所不知道的地方去」（《列王紀上》第十八章第十二節＊），「於是靈將我舉起，帶我而去。」（《以西結書》第三章第十四節），「靈就將我舉到天地中間」（《以西結書》第八章第三節）。他們如同薩滿，從正常的環境移動到超自然世界，那裡生命與自然的一般規律不再適用。

這變化如此劇烈，他人很容易將其誤認為是疾病或瘋狂。[1]通常這過程既危險又痛苦：「我的肺腑啊，我的肺腑啊，」先知耶利米吶喊著，「我心疼痛！我心在我裡面煩躁不安。」（《耶利米書》第四章第十九節），後來他又一次說「論到那些先知，我心在我裡面憂傷，我骨頭都發顫；因耶和華和他的聖言，我像醉酒的人，像被酒所勝的人。」（第二十三章第九節）。[2]第二以賽亞書（指《以賽亞書》第四十到六十六章的內容）的說法是：「我許久閉口不言，靜默不語；現在我要喊叫，像產難的婦人；我要急氣而喘哮。」（《以賽亞書》第四十二章第十四節）。

薩滿與先知，這兩者甚至連細節都有相似處。最初以賽亞在說出預言時將衣服脫光，而許多先知也做過治病以及／或者展現超乎常人的忍受力來證明他們與神的關聯，尤其是以利亞的例子。先知與薩滿最大的差別是先知活在文字社會裡，且許多都屬於知識階級（若非如此，我們就幾乎不可能知道他們的預言內容，而這正是關於他們最有意思的部分）；的確有人說希伯來文（與阿拉伯文）指先知的這個字「nabi」是源自阿卡德語字根「naba」，意即「閱讀」。[3]某些先知會把自己的預言寫下來。[4]

＊本書中的聖經引文採用和合本翻譯。

以色列先知的預言能力是聖靈（ruach，這個字在不同脈絡下也可以指「呼吸」或「風」）所給，是聖靈進入他們身體、掌控他們心智，且過程常伴隨樂器演奏（比如以利沙的例子（《列王紀下》第三章第十五節）），這點也類似薩滿。《申命記》第十八章第十五到二十節有一段對於先知如何成為先知的詳細描述：

〔抵達迦南地之後〕耶和華—你的神要從你們弟兄中間給你興起一位先知像我，你們要聽從他。正如你在何烈山大會的日子求耶和華—你神一切的話，說：求你不再叫我聽見耶和華—我神的聲音，也不再叫我看見這大火，免得我死亡。……〔所以〕我（此處是上帝在說話）必在他們弟兄中間給他們興起一位先知像你。我要將當說的話傳給他；他要將我一切所吩咐的都傳給他們。誰不聽他奉我名所說的話，我必討誰的罪。

經文繼續說：

你心裡若說：耶和華所未曾吩咐的話，我們怎能知道呢？先知託耶和華的名說話，所說的若不成就，也無效驗，這就是耶和華所未曾吩咐的，是那先知擅自說的，你不要怕他。（第十八章第二十到二十二節）

先知（通常是男性，偶有女性）要建立信用讓先知的身分獲得承認顯然不太容易，通常他得先展現法力，然後他的族民才會認同他的地位並聽從他所傳達的訊息。摩西必須(1)將手杖變成蛇；(2)讓健康人的一隻手長痲瘋又變回正常；(3)把水變成血（《出埃及記》第四章第一到九節）。以利亞讓死者復活後，此人的寡母說：「現在我知道你是神人，耶和華藉你口所說的話是真的。」（《列王紀上》第十七章第二十四節）。

達到上述目的的另一條路是與其他先知對抗。以利亞在迦密山上先是讓信奉迦南神祇巴力的四百五十名先知顏面掃地，然後又將他們全部殺死。以色列的亞哈王一度必須選擇到底要聽從先知西底家還是先知米該雅，西底家連同其他先知都預言他會打贏對亞蘭的戰爭，但天性悲觀的米該雅卻預見亞哈王戰敗，對他說「你若能平平安安地回來，那就是耶和華沒有藉我說這話了」（《列王紀上》第二十二章第二十八節），最後米該雅預言成真。後來，先知哈拿尼亞折斷牛軛說出預言，耶利米卻當眾挑戰他，展現誰才是上帝真正選擇來替祂傳話的人（《耶利米書》第二十八章第十節）。畢竟只要有人聲稱自己是以主之名說話的先知，那分辨真假的問題就會一直存在，至今依然。

先知在社會中的地位隨時間不斷發展，摩西與撒母耳這些最早的先知都身具權力強大的政治領導者身分，摩西的威權至死未曾動搖，後來還被轉化成為整部以色列／猶太歷史中最重要的先知人物，也就是其他文化中所稱的「國父」。撒母耳曾不得不違背自己的意願用油膏抹掃羅，讓掃羅成為以色列君主，但撒母耳的權勢並未因此消滅太多，而是持續與他曾經扶植過的這位領袖相爭不讓，兩人決裂，最後撒母耳指定大衛來取代掃羅（《撒母耳記上》第九章第十六節）。

當王政與王權在大衛統治下穩固建立之後，「先知」的存在變得比之前更加普遍，但他們也喪失過去擁有的全部或大部分世俗權力。有的先知為國王做事，實際上成為宮廷運作的一部分，比如先知拿單曾就是否要為上帝建造神殿的問題向大衛進言，後來又在所羅門王繼位過程中扮演重要角色。[5]還有一個是先知迦得，他曾多次建議大衛應如何贖自己犯過的幾樁罪。另外兩個例子是亞希雅與耶戶，他們是在所羅門王死後領土一分為二的情況下分別事奉以色列的國王耶羅波安與巴沙。[6]

至於其他的先知，包括那些有幸把自己大名變成舊約聖經書卷名的人，通常都是傾向另一種方向。這些人無一例外地自擾且擾人，如果他們活在今天，其中某些絕對會被送進精神病院。他們很常做出奇特行為，比如以利沙讓兩頭熊撕碎四十二名膽敢評論他光頭的孩童（《列王紀下》第二章第二十三到二十四節），又比如說何西阿娶了狄布拉因之女為妻，也就是那不貞潔的歌篾，並與她生兒育女，藉此呈現他眼中上帝與以色列人民當前的關係（《何西阿書》第一章第二節）。

這類先知幾乎全都對當時風氣加以譴責，他們各自用自己的方式表達出這在上帝看來是為邪惡，並斷言神的懲罰將要降臨。這麼做當然可能招致危險，就像以利亞被王后耶洗別判處死刑（《列王紀上》第十九章第一到二節），還有米該雅和耶利米也都曾入獄（《列王紀上》第二十二章第二十七節；《耶利米書》第三十七章第十五到十六節），甚至有一名先知烏利亞（意思是「上帝之光」，與拔示巴那位戴綠帽而不知情的丈夫烏利亞不是同一人）真的被處死，他的遺體被「放進平民的墓穴裡」（《耶利米書》第二十六章第二十三節）。可想而知，某些先知是心不甘情不願走上這條路，比如最有名的約拿，而摩西成為先知的最初也曾請求上帝找別人扛這擔子。耶利米甚至咒罵上帝選中他來傳達神旨的那一刻，害他日後因此與周圍的人發生爭執。耶利米說他自己甚至試過閉口不言，但上帝話語的力量勝過他，因此他沒有成功（《出埃及記》第四章第三到七節；《耶利米書》第二十章第九節）。

聖經中提到名字的先知在當時操這門事業的人之中只占一小部分，這點自不待言。那些未留名姓的先知有許多是以團體而非個人來活動，例如掃羅在還沒當上國王前就曾加入過這樣一個群體。

> 掃羅轉身離別撒母耳，神就賜他一個新心。當日這一切兆頭都應驗了。掃羅到了那山，有一班先知遇見他，神的靈大大感動他，他就在先知中受感說話。素來認識掃羅的，看見他和先知一同受感說話，就彼此說：基士的兒子遇見什麼了？掃羅也列在先知中嗎？

那地方有一個人說：這些人的父親是誰呢？此後有句俗語說：掃羅也列在先知中嗎？掃羅受感說話已畢，就上邱壇去了。（《撒母耳記上》第十章第九到十三節）。

還有一群是前面提過的信奉巴力的先知，他們在迦密山上死於以利亞之手。聖經其他地方也有提到這些人，將他們描繪為沉醉於宗教信仰的狂熱分子，除此之外我們對他們的生活方式所知甚少，史料中也沒有任何特定預言是由他們說出，所以本書對此不會多加討論。

可想而知，先知常是配合當下時事在說話，他們可能告知眾人即將發生的事，或對未來的變化提出警告。先知的發言很多是由政治或軍事危機所觸發，比如上帝對撒母耳說：去伯利恆，你就會找到被我選為以色列之王的那個人（《撒母耳記上》第十六章第一節）。比如先知拿單對大衛說：你害死拔示巴的丈夫然後娶她為妻，你已有罪，上主將激發一場叛亂，殺死你跟她生的那個兒子，以此懲罰你（《列王紀下》第一章第七到十四節）。又比如以賽亞告知猶大人民：耶路撒冷雖被亞述軍隊圍攻，但不會陷落；在此同時上帝派遣一名天使在一夜之間除去十八萬五千名亞述士兵（《列王紀下》第十九章第三十五到三十六節）。相同的例子為數眾多，有的與實際史事有關，例如亞哈王攻打亞蘭與耶路撒冷圍城戰，這些我們可在其他史料中找到佐證。此處不必一一列舉。

先知最重要的預言裡不少是有條件的，意思不是說猶太教的神強迫信徒獻上各種物質性的供品來換取保佑，像美索不達米亞和其他地區的信仰那樣，而是說上帝要求猶太人在道德與宗教上有所革新，除非人願意悔罪、崇拜耶和華並遵守祂的律法，否則就會有這樣那樣的災難降臨到他們與他們的統治者身上。何西阿常做出內容凶惡不祥的預測，這些預言的年代約在西元前第八世紀中期，他曾這樣說（《何西阿書》第八章第一到九節）：

〔亞述國王〕敵人如鷹來攻打耶和華的家；因為這民違背我的約，干犯我的律法。他們必呼叫我說：我的神啊，我們以色列認識你了。以色列丟棄良善；仇敵必追逼他。他們立君王，卻不由我；他們立首領，我卻不認。他們用金銀為自己製造偶像，以致被剪除。撒瑪利亞啊，耶和華已經丟棄你的牛犢；我的怒氣向拜牛犢的人發作。他們到幾時方能無罪呢？這牛犢出於以色列，是匠人所造的，並不是神。撒瑪利亞的牛犢必被打碎。

他們所種的是風，所收的是暴風；所種的不成禾稼，就是發苗也不結實；即便結實，外邦人必吞吃。以色列被吞吃；現今在列國中，好像人不喜悅的器皿。他們投奔亞述，如同獨行的野驢。

耶利米也說（《耶利米書》第十五章第五到九節）：

耶路撒冷啊，誰可憐你呢？誰為你悲傷呢？誰轉身問你的安呢？耶和華說：你棄絕了我，轉身退後；因此我伸手攻擊你，毀壞你。我後悔甚不耐煩。我在境內各城門口，用簸箕簸了我的百姓，使他們喪掉兒女。我毀滅他們，他們仍不轉離所行的道。他們的寡婦在我面前比海沙更多；我使滅命的午間來，攻擊少年人的母親，使痛苦驚嚇忽然臨到他身上。生過七子的婦人力衰氣絕；尚在白晝，日頭忽落；他抱愧蒙羞。其餘的人，我必在他們敵人跟前，交與刀劍。這是耶和華說的。

雖然文字充滿詩意，但這種預言所說的都是歷史上實際發生過、且很可能再度發生的真實事件。某些預言特別說到某個國王或某些人民是上帝派來執行神意，來施加祂心中所定的災禍，較早是亞述人，後來是巴比倫人。何西阿與耶利米確實都不曾明說祂們預測的災難會在何時發生，難道是一年內，或是五年後，或要過二十五年？但無論如何，他們的語氣都和大部分先知一樣帶著急迫，時間顯然是有限的。

災禍不會永遠持續，好日子終會來到，但這件事到底會發生在我們所有人生活的真實世界嗎？還是預言內容說的是「世界末日」（關於這個猶太教的概念我們後面會說到更多）？答案時常很不清楚。舉個例子，《但以理書》預言巴比倫被毀滅，這是人類未來歷史中將要發生的事嗎？還是在說末日到來的景象呢？第一種詮釋有個佐證，這次聖經中確實提到了日期，說

「巴比倫之囚」將在七十年後結束（《但以理書》第九章第一到二節）。在許多現代學者眼中，這現象恰好證明這段文字創作時間是在巴比倫之囚結束後。或許是，或許不是，但其他很多希伯來先知心裡都有一個清楚的末日景象，他們描述的不是未來某時將發生的事，而是一個時間與未來都將結束的時點。當末日來臨，和平、富足與最重要的正義都將在人間貫徹，大衛的王朝將被恢復，從放逐生涯歸來的以色列人民將會團結一心，猶太人與外邦人都終將承認上帝為唯一而不可分割的上帝，他們在錫安會集，以應有的方式侍奉祂。[7]

猶太人周遭許多民族也對這種出神狂喜式的先知人物不陌生，裡面有的年代遠早於已知的希伯來先知。先知大部分為男性，但也有女性，像是猶太人中的米利暗和底波拉都是女先知。上古西亞其他民族的先知號稱自己是以美索不達米亞的達干神（聖經裡的「達貢」或「大袞」）和阿努尼圖姆神之名說話，[8]我們是從巴勒斯坦以北和以東等地發現的黏土板上所刻文字得知他們與他們的預言。幼發拉底河畔的古城馬里位於今日敘利亞境內，此地出土的成千上萬黏土板提供史學家無數文獻，其中有的黏土板還附著一綹頭髮或作者從衣服裁下的一片布以便辨識。文獻內容大多是行政或司法相關，但就目前所知裡面有二十七篇明白是在討論未來，作者試圖告知黏土板的收件人未來可能發生什麼事，比如叛亂、暗殺，又比如寫作者反對對方發動某場戰爭或與某方結盟，諸如此類。某些內容還附帶警告，說如果對方不照他們的指示去做，後果將會如何如何。

馬里國王茲姆里利姆就收到過這類書信，時間約比西元前一七五七年早一點。其中一份內文如下：

難道我不是卡拉蘇之主阿達德？難道不是我在我兩膝間養育他，讓他重登屬於他父族的王座？……現在既然我已讓他重登屬於他父族的王座，我應從他那裡得到世襲財產（來建造一座神廟）。倘若他不給，我是王座、領土與城市之主，我所給的我會拿走。倘若他滿足我的要求，我會把別的王座、別的家族、別的領土都給他，甚至會給他從東到西的土地。

另一份是：

阿彼倫（意思是「回答（問題）的人」）傳達夏馬許（太陽神）（的話）。這國度的主人夏馬許說：「為了讓繁榮持續（意思是「終生」），請立刻給我預定安放在西帕爾城我那壯麗居所的寶座，以及我向你索要過的你的女兒……至於庫爾達國王漢摩拉比，他以罪惡的言語毀謗你，但當他攻打你，你將會戰勝，然後你要免除這片土地的債務。我將整片土地給你。當你得到這座城，你要宣布免除債務。」[9]

這份預言最後證明錯誤，因為後來發生的事正好相反，是漢摩拉比擊敗茲姆里利姆，可能還將他處決。

美索不達米亞地區後續統治者的時代依然保有這項傳統，包括前面說到的辛那赫里布和以撒哈東。西元前六七〇年，以撒哈東收到屬下一名官員送給他的信，向他報告哈蘭城一名年輕女奴說的預言，內容可能是逐字記述；哈蘭城位在現今土耳其境內，距離亞述王城尼尼微很遙遠。當時哈蘭城有名就有名在當地出現的預言都很準確，其中一個例子是以撒哈東準備遠征埃及時哈蘭城有人預言他將會得勝，而結果果然如此。「這是努斯庫（光與火之神）的話，」據說這名女孩是在神智恍惚情緒激狂之下大喊，「王位要給撒西（辛那赫里布的另一個兒子）！我要摧毀辛那赫里布的名字與後裔。」以撒哈東之前已經歷過一場政變，也就是他父親辛那赫里布遭暗殺的那回，而這次出現預言的背景是又有人意圖發動政變。以撒哈東在之後的政治鬥爭裡擊敗對手，但這次經驗看來對他影響很大，讓他變得比之前更猜忌多疑，而這也很容易理解。他還不斷設法套出更多有關自身未來的預言。[10]至於那名年輕女奴，我們可以想像她說出這些話之後會有什麼遭遇，或者我們還是別想像了比較好。

上古中東還有其他非以色列人的先知，《摩西五經》中說到比珥之子巴蘭這個人，他是摩押國王巴勒宮廷中的先知。現代約旦王國境內的代爾阿拉有西元前第八世紀文物出土，上面銘文裡提到一個與巴蘭同名且同父名的人物，但如果我們接受聖經的歷史編年，那麼這兩位巴蘭的時代相隔了好幾百年，而我們對這兩人是否有關、如何有關都不清楚。銘文中的巴蘭想必是個知名人物，因為他開始哭泣斷食的時候眾人非常在意；當別人指責他，他解釋說這是因為諸神彼此商討後決定要用黑暗籠罩世界。[11]聖經《民數記》裡的巴蘭則是被國王召去詛咒擅自踏入他國土的以色列人民，但巴蘭並未從命；相反地，巴蘭見到天使，獲得新的命令，於是他反而對以色列人民施加祝福。當他心中充滿聖靈，他做出許多預言，包括預告未來將出現一名征服以東和摩押的君王（《民數記》第二十四章第十四到十九節），之後他就被放回家去。不過後來國王又傳召巴蘭，顯然國王對他的信任未曾稍減。

更往西去，希臘的蘇格拉底聲稱他生命中有一個「代蒙」（意思是某種具有神性或說層次較高的靈魂）一直在引領他。據普魯塔克說，就是這個代蒙讓蘇格拉底預測雅典入侵敘拉古的計畫將會失敗。[12]在蘇格拉底的學生柏拉圖看來，預測未來的能力是根基於「神聖的瘋狂」，也就是今天我們所說的意識變異狀態形式之一；這是阿波羅的贈禮，不是一般的瘋狂，甚至也明顯與儀式性瘋狂、藝術家創作時的瘋狂和愛慾導致的瘋狂不同。[13]處在這種瘋狂狀態的人表現異於常人，因此旁人看待他們的態度混雜驚異與尊敬，但這也有可能導致他們被處死，比如蘇格拉底自身遭遇就是如此。數百年後，西塞羅在他寫的《論占卜》（西元前四四年）中借他弟弟昆圖斯之口說出：「人的靈魂與生俱來擁有預感或預知的力量，這力量是由神的意志由外而內融入靈魂成為它的一部分。」昆圖斯解釋說，這世界上有些人：

他們的靈魂排斥他們的軀體而生出翅膀飛走，被某種激情點燃而心神蕩漾。我說啊，這些人絕對看見了他們在預言裡所說的那些事。這樣的靈魂不會緊附在肉體上，而是受到許多不同力量影響刺激，例如某些人會因聽到特定聲調而興奮，比如弗里吉亞的歌曲。他們有很多是會被樹叢與森林〔引發異狀〕，也有很多是被河流與海洋所致。[14]

還有籠罩「皮媞亞」的那種煙霧當然也算在內。

除了耶利米的悲嘆，整部文學史就屬下面這段文字最能闡釋身為先知的感受。文獻出自某部佚失的戲劇，作者身分不確定，戲劇中一小部分被西塞羅引用而留存下來。[15]這段是特洛伊普利安國王的王后赫庫芭的台詞，她對她女兒，也就是女先知卡珊德拉，這樣說：

為什麼那雙眼如火燃燒，突如其來的激狂？
一向的閨秀氣質、一向的睿智，
那冷靜的端莊又去了何方？

對此，卡珊德拉答道：

母親啊，女性中最高貴的人！
我被指派說出預言：
這非我情願，但阿波羅迫我瘋狂
揭露出將來的災殃。
童女啊！我年輕歲月的同伴，
我的父親，人中之龍，因我的使命而蒙羞。
摯愛的母親啊，我如此厭惡自己
又如此為你悲傷，因你替普利安生下
至美至好的子女，只除我以外。
可悲啊，他們帶給你的是福
我給你的卻是禍；他們順從，我卻違抗。

接著她說特洛伊即將覆滅，描述那情景：

來了！來了！血腥之炬，被火包裹，
這麼多年來卻都隱藏不為人見！

我的國人快來援助，澆滅那火焰……
在那壯闊深淵已建成一支迅捷艦隊
載著蜂群般的災難趕來
鼓脹的風帆送它船艦接近，
我們海岸將被成群野人占滿。

回到猶太人這裡，聖經次經《馬加比書》最早提到「預言的靈」已在猶太人被波斯征服時離開了以色列，永遠不會再回來；《馬加比書》成書年代是在西元前第二到第一世紀。[16]大約兩百年後，猶太教法律與神學正典《塔木德經》內容也呼應此一說法。[17]精確來講，事情並非一夕之間徹底改變；第二聖殿時期（約西元前五一六年到約西元後七〇年）留下的史料，像是死海古卷，以及亞歷山大的斐洛（西元前二五年到西元後五〇年）和約瑟夫斯（西元三七到一〇〇年）的著作，都證明當時還有人相信當世有先知。[18]然而，時間逐漸過去，後來那些受天啟的猶太先知通常會遭人懷疑，這些人通常發現自己與主流強調讀書、學習與學術的拉比*傳統格格不入，例如十六世紀的大衛・呂本尼和比他晚一百多年的沙巴臺・澤維。

---

* 猶太人中精通經典的精神領袖，負責主持宗教儀式。

不過，在基督教傳統裡，這種被上帝賜與力量預見未來的先知持續有一席之地。耶穌自己就說過不少預言，最出名的就是耶路撒冷將成荒城（《路加福音》第二十一章第二十到二十二節），這句話在三十七年之後應驗。耶路撒冷、該撒利亞（《使徒行傳》第二十一章第八到九節）、安提阿（《使徒行傳》第十一章第二十七到二十八節）和科林斯（即哥林多，《哥林多前書》第十二章第十節），這些早期基督教信仰中心每個都出過先知和／或女先知。[19]就在西元一〇〇年之前不久，《約翰一書》那位不知名的作者鼓動他的追隨者去「測驗那些靈，看它們是不是出於上帝，因為世界上來了很多假先知」（《約翰一書》第四章第一節）。至於約翰本人就更別說了，他就是史上那卷最有名的末日預言（即《啟示錄》）的作者，預言內容如下：首先會有長期的戰爭、混亂與災難，包括四活物現身、七顆頭的怪獸、歌革與瑪各的戰爭，以及更多更多。在這一切之後，最終痛苦與死亡都將結束，新耶路撒冷會建立起來，各國與人民被治癒，罪的詛咒終結，基督宣告再臨。

歷史上名聲最響的先知大概是穆罕默德，他生於西元五六〇年，原本從商，但天使加百列在他大約四十歲時來找他，開啟他成為最後一名偉大先知（阿拉伯文中的「拉蘇爾」）之路。一開始他跟許多前輩一樣，對上天的召喚不太願意回應，但他半是被說服半是被阿拉的命令所迫，於是從那一刻開始直到西元六三二年他過世為止，他都不斷地告訴門徒未來會是什麼樣。有兩樁事實讓他在追隨者眼中樹立起威信，第一是他始終依照自己所傳的教義與當時一般人的道德標準過活，從不踰矩；第二是他施展過幾次奇蹟，包括製造水的奇蹟與讓麵包憑空增加的奇蹟（兩者顯然都以舊約與新約聖經中類似的故事為範本），甚至還有一次是他把月亮分成兩半，讓一半出現在山前，另一半出現在山後。最後這個奇蹟要怎麼解釋，又或者這到底是什麼現象，這些問題直到今天還備受爭議。[20]

埃及開羅艾資哈爾大學近年一篇碩士論文裡的總集清單，呈現「先知穆罕默德為人所知並確認由他所講的預言中，至少有一百六十個在他生前或死後一代人之內應驗。」[21]下面列舉幾個最重要的：

> 拜德爾之戰，發生在遷離麥加之後第二年（西元六二三年），是穆斯林與麥加異教徒之間決定性的第一場戰役。開戰前，先知穆罕默德精確預言每一個麥加異教軍士會在哪個地點戰死，參戰者用自己的眼睛見證預言應驗。
>
> 先知告訴他的女兒法蒂瑪，說自己死後她會是家族中第一個死去的。這預言了兩件事：法蒂瑪會比父親晚死，法蒂瑪會是父親死後家中第一個過世的人。兩件事情都應驗。

先知預言穆斯林所打的第一場海戰將由烏姆．希蘭見證，她是第一個參與海軍長征的女性。先知還預言他們第一次襲擊君士坦丁堡的戰事。

先知穆罕默德預言，在他還活著的時候，將有一名假裝以神之名說話的騙子死於正義之人手中（葉門的假先知阿斯瓦德．安西在穆罕默德生前被費魯茲．戴拉米所殺）。

耶穌死後，基督教再無此等盛事，但次要的先知與女先知一直都存在。杜爾的格雷戈里（五三八到五九四年）記錄下中古早期的典型先知形象：

約在這時候（西元五八五年），一個住在巴黎城的女人對城中居民宣講以下內容：「你們應當知道，這整座城鎮即將被大火燒毀，你們最好疏散離開。」聽者大多嘲笑她，說她是去找人算命的，說她做夢夢到的，或說她是大白天被惡魔給附身了。「你們說的都不對，」她回答，「我對你們講的事情真的會發生，我在幻覺中看見一個人從聖文森教堂走出來，散發光芒，手裡拿蠟燭，把商人的房子一間接一間點燃。」她發出警告之後，過了三晚，正當曙光初露，有個身分高貴的市民點起燈，走進儲藏庫去拿些油和其他需要的東西，走出來的時候卻把燈留在很靠近油桶的地方。他的房子是城門進去第一間，城門白天開啟。房子失火燒成灰燼，火延燒到其他房子，很快城裡的監獄也著火，但聖日曼諾斯在囚犯面前現身，擊壞巨大的木門栓以及拴著囚犯的鐵鍊，破開獄門，讓那些關在裡面的人得以逃生。〔這場火災燒毀城裡大部分地方，只除了教堂與屬於教會的房屋。〕[22]

此時天主教早已將自身組織成一個正式結構，結構內的神職者一心一意要維護自己世上唯一信仰捍衛者的身分，因此教會對各種先知的態度變得很曖昧，畢竟誰都不知道他們究竟是不是「真的」由神所派。話說回來，當權者從未明令禁止說預言，中古時期號稱具有預知能力的重要基督教人物包括十一世紀的瑞士僧侶修士赫皮達努斯（很久以後有人把他的預言重新翻出來研究，發現他預言了拿破崙崛起）[23]，有義大利修士暨神學家非奧雷的約阿西姆（約一一三五到一二〇二年），有約阿西姆的同時代人、法國編年史作家聖丹尼斯的里戈德，還有奧地利修士約罕．伏立德（一二〇四到一二五七年）和其他許許多多的人。[24]

預知能力可以有諸多來源，其中以眾人認知的上帝親賜的靈視或異象最具權威性，這種情況通常發生在該名即將成為先知的人臥病在床或甚至瀕臨死亡（本書後面會談到瀕死經驗）的時刻。先知名氣愈大，他或她愈有可能聚集一批追隨者，造出一批聲稱繼承其精神並以其名發言的仿效者。假約阿西姆、假西比拉和假梅林到處都是，這種人發掘陳年預言，假造出新預言，甚至說自己親眼看見預言從天而降。同樣一個預言偶爾會被人在細節處加以修改，然後歸到另一個聲名更響亮的作者名下，這種情況從上古時代就有；當時人不以抄襲為恥，反而視之為回歸古典，這也讓這種風氣更盛。

中古時期一個有名的女先知是瑪茹夏（意思是「小瑪麗」），某些北歐傳奇故事會提到她。她原本是基輔大公斯維亞托斯拉夫宮中一名女管家，但她與大公生了一個兒子，也就是將來的弗拉基米爾一世。據說她活到一百歲，住在山洞裡，有時會被召進宮去預卜未來。另一個更出名的中古基督教女先知是本篤會修女院院長希德嘉・馮・賓根，[25]她被稱為萊茵的西比拉，時人說她能力比聖經中的米利暗和底波拉還要強大，有無數人前來聽她的預言。希德嘉出身貴族家庭，年紀很小就進入迪希波登堡修道院，後來她請求轉移到聖魯珀茲堡修道院而獲得允准。一一四一年她四十二歲，那一年上帝命令她把自己所見所聽記錄下來「不得有任何遺漏」。她一開始不願照做，於是她身體開始生病，至此她才願意動筆，如她所說「以簡單拉丁文」書寫這些內容。

經過三十四年之後，她向一名崇拜者解釋她預知未來的「方法」。她說一切都要追溯到她童年，上帝從那時候就開始讓她看到東西。對這些異象，她從不是用外在的耳朵來聽，不用她自己心裡的想法，也不用任何五官知覺組合的能力來感知，而只用她的靈魂，同時她外在的眼睛必須睜開，因此她從不會在異象中陷入狂喜無法自持，她只在清醒時看見這些異象，不分日夜。「所以說，我看到的光不是空間性的，但比承載太陽的雲朵明亮太多太多。我在裡面感覺不到高度、長度或寬度。」她稱此為「有生命的至高之光的反射」。她還說上帝會用祂箭袋裡的箭射穿那些懷疑她的人。[26]希德嘉之所以做出這段解釋，目的似乎是要確保他人認定她的預知能力來自神啟，因為其他任何看法都會讓她生命陷入危險；她的目的達到了。一一七九年她過世時，同院修女聲稱她們當時看見天空出現兩道光，在她的房間上方交會。二〇一〇年，教宗本篤十六世將她封聖。

在一三九七到一四〇一年之間的某一刻，有個即將成名但尚未成名的巴黎學者讓．熱爾松受夠了民眾把一大堆預言傳得滿天飛，於是他發表一系列演講，教人如何分辨先知的真假。[27]他說，首先，我們應當排除任何出自病人或瘋子心中的幻象，特別是女性，因為女性天生體溫較高，會比男性更容易偏向這個方向。[28]接著他專門去講各種顯示這個人過度狂熱、過度自辱的行為，比方說在髒汙裡打滾、穿著粗布或動物毛製成的苦行衣、禁食、自我鞭笞，甚至包括守貞禁慾。熱爾松警告說，極端的宗教行為與反面的異端信仰只有一線之隔。他承認史上曾有成千上萬的人經驗過玄理揭示，這他無法否定，但任何擾亂教會或世俗平靜的預言都應受到質疑。

大約在十九世紀中葉，史學家開始將文藝復興時期詮釋為從超自然到世俗再到科學的轉變關鍵。這種說法有真實的成分，但文藝復興時期也出現大量先知，或更精確地說是女先知。[29]

舉例而言，曼圖亞幾位公爵聘用奧桑娜・安德烈希與史蒂芬娜・德坤札尼斯兩名女性，讓她們透過靈視與預言給他靈性上的指引。[30]在一五〇〇年前後的西班牙，有個「女先知」竟能獲得阿拉貢國王斐迪南以及西班牙教會首腦西斯內羅斯樞機主教這般貴人的支持保護。[31]

女先知在王侯宮廷裡成為炙手可熱人物，但我們幾乎不曾聽說這時期有男性先知，或許是因為大家擔心男性可能在政治上成為威脅，而女性鮮少能產生這種威脅。梅迪奇家族在一四九四年遭薩佛那羅拉這名修士驅逐出佛羅倫斯，又在一五一二年回到佛羅倫斯重掌權位；出身梅迪奇家族的教皇利奧十世於一五一六年主持第五次拉特蘭會議，他擔心類似的變亂又會發生，於是讓會議通過對預言行為的禁令。會議中對「真先知」存在並現身的可能性並未加以討論，不過為了保險起見，會議最後決議讓每一件號稱天啟的事蹟都必須先經主教或教皇檢驗才得公諸於世；這導致男女先知的地位逐漸被耶穌會教士取代，而耶穌會面對宗教與生活的態度和「出神狂喜」四個字簡直八竿子打不著。

十六世紀的天主教國家有宗教裁判所來處理那些製造太多問題的先知，但新教國家就沒這東西，因此先知在這些地區仍然大行其道。如人所知，約翰・喀爾文全心贊同舊約聖經中的諸先知，但如果說到與他同時代的先知，他的懷疑態度就很明顯。他曾寫道，「上帝不會在這時代預言未知的事，祂只要我們以福音書為宗就好。」[32]相比之下，馬丁・路德對先知預言非常熱中，聲稱這些事情在這個時代依然存在。路德相信先知有兩種，一種說的是紅塵俗事，另一種聲稱自己以神之名發言。對前者他沒意見，他在著作裡說就讓那些有天賦的人善用天賦吧；但他認為後者必須小心以對。[33]甚至連他自己偶爾都會開口說預言，追隨者在他死後將他說過的一百二十個預言公開出版，其中大部分都出自《但以理書》，內容說的是世界末日將近。巧合的是，據說路德的前驅冉恩・胡斯就預言過路德這個人的出現。胡斯在一四一五年受火刑之前曾有預言，說在鵝（捷克文的「胡斯」意思就是鵝）之後過一個世紀將有天鵝出現，迫使眾人聽牠的話。[34]

伊莉莎白一世厭惡先知預言，並盡其所能禁絕此事，這或許與她當初繼承王位的權力遭到質疑有關。她的後繼者採取相同政策，其後一直要到一六四二至一六五一年英國內戰，先知才又如雨後春筍冒出來。此時一個特別令人印象深刻的是女先知艾蓮諾・戴維斯，[35]她家世良好、受過很高的教育，而她是在一六二五年某天早晨被一個極其超凡的聲音喚醒，說：「距離最後審判十九年又半年，你是那溫順的童貞聖女。」從此她再無反顧。首先，她向坎特伯里大主教提出關於國際政治的建議，而大主教並不把這當一回事，只將她寫的東西退還給她丈夫，她丈夫把這些東西扔進火裡燒了。她的反擊手段是預言她丈夫命不久矣，結果她丈夫居然就在三星期後過世。艾蓮諾夫人這下膽子大了，她開始勤往剛登基的查理一世宮廷走動，並就韓莉埃塔王后妊娠情況（王后花了五年才終於生下繼承人）向國王提供建言。舉國知名的她，最大的成就之一就是正確預測白金漢公爵之死，此事發生在一六二八年。

從這時起，艾蓮諾夫人開始發送小冊子，內容暗指查理國王是統治巴比倫的暴君。很快地她就被逮捕，罰款三千鎊（交付這筆鉅款的責任落在她丈夫身上）並受兩年徒刑；當時她已在一般民眾中擁有「精明女性」的名聲，因此法官認為她具有危險性。她一出獄馬上在某間教堂裡現身，拿著一壺焦油往牆上掛簾塗抹，說這是「聖水」。這回她被判定精神失常，送進倫敦瘋人院讓遊客參觀。艾蓮諾夫人餘生時間不斷在寫小冊子，指稱政府某些成員就是啟示錄裡的怪獸。一六四九年，查理一世被處死刑，這下子艾蓮諾又有一個預言成真，她的聲望也因而重振；她甚至還收了個男性徒弟，這是很不尋常的事。她的最後一本小冊子裡預測一六五六年會發生史上第二場大洪水，但她在一六五二年就過世，來不及看自己到底說對了沒（她沒說對）。

與艾蓮諾夫人同時代的還有安娜．查普內爾，[36]她應當是生於一六二二年，十五歲時出現第一次靈視經驗。一六五七到五八年間她在床上躺了十個月，雙手握拳、雙眼緊閉，偶爾會開口說出「預言」，而她聲稱這些預言是上帝直接傳給她的。這段期間她靠烤麵包與啤酒果腹，由一群群各種不同的徒弟加以照顧，這些徒弟都為她的可信度與她預言的神異性作證。後來有人將她的預言蒐集起來出版。

查普內爾援引上帝之名，聲稱祂將懲罰「墮落」的奧利佛．克倫威爾。她也像艾蓮諾夫人一樣被逮捕，原本要被送上法庭，但當局知道她名聲響亮，對於要不要判她刑頗有疑慮，最後還是將她釋放。後來她繼續寫作，號稱自己正確預言一六五〇年英格蘭戰勝蘇格蘭、一六五三年英國戰勝荷蘭，以及其他事情。很多新教作者認定預言是女人的事，那些說預言的男性都被他們視為具女性化傾向。新大陸麻塞諸塞地區的清教徒牧師甚至自稱為「上帝的乳房」，會眾經由他們吸取聖道的乳汁。新英格蘭的牧師卡騰·馬瑟寫道：「這種牧師也是你們的母親，他們難道不是為你承受分娩之痛，讓基督能在你裡面形成？他們的嘴難道不是乳房，讓真正的聖道之乳通過那裡進入你、滋養你？」[37]

於此同時，歐洲大陸的情況應驗一句老話，說人在苦日子裡就會傾向投靠非理性陣營。歷史上最後一波先知潮出現在三十年戰爭期間（一六一八到一六四八年）[38]，任何人若著手鑽研這時期的歷史文獻，很快會被成千上百條提到先知的文字淹沒；這些可能是當時人留下的紀錄，也可能是先知本人或追隨者寫出的宣傳冊子。許多先知要求人民悔改，這樣才能免除即將到來的神罰；其他人說的則是特定事件，聲稱他們早已預見事情如此發生。最有趣的一個先知大概非約翰·瓦納·布肯多大莫屬，他是薩克森農民，卻跑去參加瑞典軍隊，他的預言之成功讓他能以某種代表上天的身分成為參謀軍官一員，軍旅生涯一帆風順，連瑞典陸軍元帥雷納特·托斯騰森都信任他而看重他所提的政治與戰略建議。

十七世紀後半葉，社會秩序重新建立，這導致天啟預言在西方的影響力下降。至於科學革命以及後續的世俗化發展則更加強化了這股趨勢，因為眾人不再將所有歷史事件理所當然地視為上帝的計畫。此時最早的報紙開始興起，替代先知預言在大眾認知中扮演的角色，某些學者認為這也是一個起作用的因素。[39]其他地方的預言家可能還能對現有政治社會秩序造成嚴重威脅，比如在中國或伊斯蘭國家裡，但西方剩下的先知幾乎沒人有這本事；那些想走上這條路、號稱獲得天啟神示的人，他們被送進精神病院的機會比進監獄要大得多。

然而，連最淺薄的研究都會顯示先知與預言從不曾徹底消失。據說摩門教創始者約瑟夫・史密斯口述或寫下了數十條預言，其中有些似乎還真的說中，比如某幾條關於美國爆發內戰的預言；但其他的，例如他預測紐約和波士頓將毀於上帝之怒，這些就沒應驗。[40]其後一百五十多年，那些繼承史密斯成為摩門教會會長的人也都一個個被傳說有預言能力。[41]摩門教徒在這方面並非獨一無二，世界各地幾乎每天都有新的「著名的」「真正的」當代先知冒出頭來，懷著上帝交給他們的「祕密」，施展人們所傳說的神蹟。任何時候這種人的數量都有成千上萬，甚至可能更多，而他們的「方法論」（如果能這麼說的話）天南地北各不相同。阿塔娜西亞・克里克托這名希臘女子還聲稱與聖靈有接觸，聖靈堅持要將預言文字寫在她的乳房上。[42]現代很多先知是美國靈恩派的信仰領袖，比如「國際基督教會」這個新五旬宗的教會就是一個例子，而這些人都獲得追隨者的無比崇敬，只是這現象並不限於任一國家。雖然世上時不時會有某個先知被揭露他並非「真」使徒，但這也表示人依然相信真先知的存在。如今這問題都已爭議了數千年，而我們眼前仍然看不見答案。

第三章 神諭、皮媞亞、西比拉

神諭在古希臘與古羅馬非常盛行，西元前四四年西塞羅那本《論占卜》一開頭就寫說：「希臘人送去伊奧利亞、愛奧尼亞、亞細亞、西西里或義大利的殖民隊，有哪個未曾先問過皮媞亞、多多納（希臘西北部著名古神廟）或阿蒙（利比亞神祇）的神諭？或說希臘人何曾在取得眾神旨意之前就開戰？」[1]大約二百年後，反對基督教的希臘哲學家克理索對此補充：「多少城市是因神諭而興建……是神諭讓我們躲過疾病與飢荒！又有多少忽視或忘記神諭的人自食惡果而毀滅！多少人被派出去殖民，他們遵照神囑行事之後獲得福祿！」[2]這些說法裡有的可能屬實，因為預言者發出預言時，大家差不多已在計畫推展預言內容所講的那些事；但其他也有不少是後世的發明，這點無庸置疑。

德爾菲神廟可說是最重要的神諭來源，而那站立於（或說安坐於）神廟中心的就是「皮媞亞」。這個詞可以指德爾菲的女先知，也可以泛指其他地方從事相同職務的人，最早的皮媞亞可能是被視為阿波羅的新娘。我們不知當時人如何選出皮媞亞，普魯塔克（約西元四六到一二〇年）說他那個時代德爾菲的皮媞亞是個貧困農家的女兒，這女子的確出身清白、生活守分，但沒受過什麼教育，對外界也所知甚少。[3]由此，我們可以判斷人格大概比學識更重要。

繼續說德爾菲，某些時期這裡不是只有一個皮媞亞，而是由好幾名女性在一週之內輪流擔任此職。準備值班的皮媞亞要先沐浴，地點可能是聖泉卡斯塔利亞，據信這泉也是詩人的靈感來源。接下來她要手執月桂樹枝或用月桂葉的煙燻自己，還有一種說法是她會咬嚼月桂葉，以此與神明建立聯繫。最後，她進入黑暗的地底空間，坐到裡面的三腳架上；古希臘的奧菲斯信仰也最愛在這種地方舉行儀式，包括預測未來的儀式。她在地下室裡吸入地面裂縫噴出的煙氣，據說這煙氣來自一條巨蟒（希臘神話中的「培冬」）的屍體，也有說這是阿波羅呼出的氣。現代學者常質疑這些描述的真實性，但德爾菲確實是地質活動活躍地帶，最近的研究證實從附近泉眼採集的某些泉水樣本含有乙烯氣體。低濃度乙烯聞起來帶甜味，吸入後會產生漂浮感或脫離軀體的亢奮感，並使人降低自我控制；較高濃度的乙烯可能造成更激烈反應，包括譫妄與四肢急遽抽搐。上述這些都與普魯塔克對此事的紀載頗為契合。[4]

皮媞亞與薩滿不同，她們不會踏上神祕旅程，而是等待阿波羅進入她身體，將她送入某種出神狀態，同時她的發聲器官會被神明當成自己的來使用。正因如此，德爾菲神諭總是以第一人稱而非第三人稱來表達。皮媞亞在此時發出的大多是混亂無意義的聲音，而神廟結構裡包含一批特別的祭司，他們會接手詮釋皮媞亞所說的話，其做法通常是將這些聲音組成六步格詩句，但也有別的方式。這樣說來，觀視未來預測將至之事的這份工作是被分成兩階段，各自由不同的個人或一群人來負責。祭司在這套程序中擁有很高程度的自由與權力，這點自不待言。

德爾菲神廟也幾次出過事，比如有一回某個皮媞亞在心情低落時開始值班，又感覺到預兆不祥，她似乎因此遭到「喑啞邪惡之靈」附身，最後她衝出神廟尖叫，把所有人都嚇跑。後來她神智總算清醒，但數天後她就身亡。[5]話說回來，這名皮媞亞平時能力十分強大，她說自己能「數清海灘沙粒數量，測量大海，理解啞巴所言，聽見沒有聲音的人說話」。[6]曾有無數人來找她求神諭，有的親自來，有的派使者來。

皮媞亞所傳最著名的幾條神諭裡，其中一個是給斯巴達建城者賴考格斯（約活躍於西元前八二〇年）：「斯巴達將毀於金錢。」另一條是給立法者梭倫：「你去坐在船中央，因你是雅典的領航者。用你雙手緊緊掌穩舵，你在你的城市裡有眾多盟友。」還有一條是在波斯入侵前夕給雅典人：「莫要在陸上安靜等待馬匹、行軍腳步、武裝大軍。溜走，轉身，你們無論如何會在戰陣相逢。神聖的薩拉米斯啊，從穀物播種到收成之間，你將是許多女人的兒子的死亡。」[7]要注意，這個例子和其他很多例子一樣，神諭內容其實模稜兩可，它沒有明說是波斯方還是希臘方死亡的人多，也就是它並未指明誰贏誰輸。某些神諭預示的內容據說距離當時有五百年之久，比如某個皮媞亞曾諭示羅馬人會先打敗迦太基，再打敗馬其頓國王腓力五世。[8]普魯塔克認為這些都是「昭然的證據」，證明預言確實能讓人先一步知曉未來。

求神諭的人應當要獻上昂貴禮物來酬神。依據古代史料的記載，掌理神廟的祭司對金銀器皿特別有興趣，據說利底亞國王克羅索斯所獻的一隻金獅重達三十他連德（古代重量單位），[9]而時日一久這些東西累積起來就成為可觀財富。但事情可不總是這麼莊重文明，有個故事是這樣說的：亞歷山大在他還沒被奉為「大帝」之前來過德爾菲，期望神諭會說他即將征服世界，[10]但他得到的神諭對此卻不直接回應，反而要他改天再來。無論當時或後來，「自制」從來就不是亞歷山大的強項；憤怒的他抓著皮媞亞的頭髮，把她從地下室拖出來，直到皮媞亞大喊「我兒啊，你是無敵的！」他一聽到這話就鬆手，說：「這就是我要的答案。」

德爾菲的皮媞亞絕非唯一，她只是其中最廣為人知的一個，其他還有八座類似的神廟散布在地中海世界。這些神廟裡的女預言家被通稱為西比拉*，也就是希臘文的 sibulla（「女先知」）。西元前第五世紀哲學家希拉克利圖斯是第一個留下相關紀錄的上古作者，據傳他曾說這些人「用狂急的口」「無裝飾也無薰香」「說出不可輕慢以待的話語，〔他們的〕聲音得神之助達到一千年之遙」。[11]就連柏拉圖也曾在某處作論，說這些西比拉「受天啟進行卜算，曾正確預言許多事情發生」。[12]歷史上大多數留下名字的西比拉存在的時代實在太早，我們可以合理認定她們純粹只是神話。不過，據我們所知，有兩個西比拉確實是歷史人物。

希臘時代有九個西比拉，羅馬人後來加上第十個，也就是庫邁或稱泰柏坦的西比拉。眾人相信這個西比拉站在生死之間，因此能通曉生與死，是特洛伊英雄埃涅阿斯在冥界的引路者。

現代考古學家已經找到泰柏坦西比拉所居住（或說據信是她居所）的洞窟。自從埃涅阿斯到訪之後，某些資料顯示泰柏坦西比拉的後繼者數百年來持續接待訪客、講述神諭，但箇中細節我們所知甚少。古羅馬人對這領域有個第一手的貢獻：《西比拉之書》，傳說這是西元前第六世紀的羅馬城第五任君主塔克文・布里斯庫斯從當時在任的西比拉手中獲得。此書以古代失傳的希臘六步格體裁寫成，內容是各個西比拉所說那些令人似懂非懂的話。[13] 西元前八三年，收藏西比拉之書的神廟被火燒毀，於是元老院下令從地中海世界各處蒐集斷簡殘篇編成新書。[14] 據普魯塔克說，羅馬人非常認真看待此書內容，甚至有那麼一次他們為此推翻所有傳統來進行活人獻祭。[15]

《西比拉之書》跟其他號稱能預示未來的人或方法一樣，都是潛在的麻煩製造者；書中可能出現一些極端的預言，這些預言可能被詮釋、有時也確實被詮釋為意指政權改朝換代，由此促發政治動盪或革命等亂局。為了避免這種危害，羅馬人特意指派兩名高級官員（後來變成十名，再後來又變成十五名）組成委員會嚴密保管此書，並免除這些人其他任何職責；古羅馬歷史上所有聖物沒有一個被人這麼小心看管。若有人未經授權就將此書內容示人，其罪等同弒親

＊暢銷小說《哈利波特》中，主角所在的學校霍格華茲學校中，有位占卜學老師西碧（Sibyill），故事設定她是偉大先知的後代，而西碧這個名字就是出自西比拉。

或類同於護火貞女違背守貞誓言，所以受到的刑罰也同樣殘酷。[16]西元三八〇年，那些負責從此書中尋求指引的人得出結論，說羅馬帝國即將滅亡，世界即將結束；或許這就是為什麼《西比拉之書》在二十年後被斯提里科將軍燒毀，斯提里科有一半汪達爾人血統，是當時羅馬帝國最權大勢大的人。

不過，西比拉與她們的預言仍頑強留存著，繼西比拉之書後又有所謂的《西比拉神諭書》，這是異教傳統、猶太教與基督教作品的大雜燴，內容明顯創作於約西元前一五〇年到西元一八〇年之間，在某個時候被集結成一套作品，取了我們所知道的「西比拉神諭書」這個名字。書中預測了很多事情，包括預測未來將有救世主降臨，後來的人認為這個預言說的就是耶穌；這解釋了為什麼某些地位崇高的基督教神學家非常看重《西比拉神諭書》，例如第二世紀的安提阿的狄奧菲魯斯和亞歷山大的克烈門，以及兩百年後的奧古斯丁。奧古斯丁對此書內容加以詳細討論，最後結論說這些預言的作者所說所寫都沒有反對基督教之處，因此他們應當被視為上帝之城的合格城民。[17]

事情至此尚未結束，從中古時期到現代早期都還有大量「西比拉式」的作品在世間流傳，其中許多內容包含各式預言。現代大眾最熟悉的或許莫過於西班牙〈西比拉之歌〉，這類歌曲說的是世界末日即將到來，氣氛宏大莊嚴卻經常帶有陰鬱氣息，在不同地方有許多不同表演方式。時間再往後，西比拉成為文藝復興藝術家鍾愛的題材，且他們特別喜歡一個故事，故事內容是羅馬皇帝奧古斯都去找西比拉，問說他該不該讓別人把自己當神崇拜。[18]西斯汀教堂的天花板壁畫裡有十二個人像圍繞中央排列，這些都是據說預示過基督降世的人物，其中七個是希伯來先知，全為男性，但剩下五個就是古典世界的西比拉。畫這些西比拉像時，米開朗基羅決定賦予她們健壯而幾近於男性的奇特體格。

長話短說，文學、戲劇，甚至政治論述裡都會提及西比拉，並在需要時加以利用，一個用到西比拉的例子就是英國都鐸王朝時代爭議伊莉莎白公主的王位繼承權是否因她性別而有損，另一個是爭論她是否應介入一五六二到一五九八年的法國內戰。[19]晚至一八〇一年都還有人模仿提弗利（泰柏坦西比拉遺跡所在地）某座古蹟建築，在波蘭的普瓦維蓋起一間仿古造型的西比拉神廟。今日世界仍有許多人事物是以西比拉來命名，包括書籍、電影和電視連續劇，甚至還包括各種電腦程式，比如程式語言 Cybil、「書目資訊檢索軟體」SIBYL，以及「多重基因組比較與視覺化軟體」Sibyl。

第四章　難忘的夢

真實世界與夢境的關係是什麼？我們能不能從夢境裡學到關於真實世界的東西？這些問題大概從人類開始在地球上行走以來就爭論到今天。亞里斯多德在《論夢》（約西元前三五〇年）中說：「白日清醒時，我們某些感官會在生病時陷於幻覺，而它們就是睡眠時製造幻覺效果的感官。」他在另一部次要作品《論睡眠占卜》中則說夢是一個人清醒時接收的知覺印象之殘餘，這些知覺印象可能像是良好鏡子裡看見的影像那樣明確清晰。但他接著又說，這些印象與未來之間的任何類似處都純屬巧合，而他認為在這項法則之下只有兩種情況屬於例外，一種是源自做夢者生理情況的夢，這種夢能為他（或她，雖然亞里斯多德在此並未把女性包括進來）的健康提供先見之明，第二種夢則會導引做夢者採取某些特定行動，因此導致這些夢的內容實現。[1]

我們曉得大多數的夢發生於快速動眼睡眠期，某些學者補充說快速動眼睡眠期夢境常偏向噩夢，非快速動眼睡眠期的夢境偏向愉快安寧。[2]既然科學家在「高等脊椎動物」身上也觀察到快速動眼睡眠期，我們只好推斷牠們也能做夢。[3]杏仁體是一對杏仁形狀的神經元，位於內側顳葉深處，科學家相信它在形成記憶、下決定和情緒反應裡都扮演關鍵角色，而我們知道它在引發人類做夢的過程（不論是什麼過程）裡也占有重要地位。有人以此推論說做夢有助於修補我們的記憶，但此說全然缺乏證據。

腦科學家挾著掃描儀的威力得出結論，說夢境是大腦內電流活動的結果，其情況與我們清醒時差異頗大。然而，這些電流活動是為什麼，又是如何製造出各種變化萬千且經常是天馬行空的夢境，對此我們仍然一點兒頭緒都沒有。更何況，就我們所知，那些伴隨夢境的影像、聲音、氣味、味道與觸覺經常不是做夢者藉由感官從外界得來，而是由做夢的大腦自己產生。

無論如何，就算大腦掃描儀再怎麼精密，它也無法偵測像符號或意義這樣抽象的東西。舉個例子，我認為沒有哪台掃描儀會遵循佛洛伊德的學說，把某位女士夢裡的一件大衣與某名真實生活中的男性連結在一起，除非有人先給它設定了這種程式。簡言之，大多數神經科學家之所以贊同亞里斯多德的說法，不是出於實證知識，而是出於忽略。雖然我們對夢的性質所知愈來愈多，但科學家已經放棄理解夢的含意，也放棄從夢中學到東西；對他們來說，好像夢的最顯眼的部分「夢境內容」都是無關緊要。此屬不幸，畢竟我們的一天通常都是從昨晚夢境留下的印象開始；「法老醒了，不料是個夢。到了早晨，法老心裡不安」（《創世記》第四十一章第七到八節）。有的人只對腦部成像科技與腦部影像有興趣，也有的人只想把自己的夢拿來讓人剖析，前者與後者人數大約一比一百吧。

既然無法直接進入做夢中的大腦，我們唯一能做的只有去看人所記得或號稱記得的夢境內容。最早記載在史料裡的夢境可能是西元前三千年晚期《吉爾伽美什史詩》中的吉爾伽美什之夢，夢裡吉爾伽美什和同伴恩奇杜穿越一座深谷，卻被一座大山當頭壓下。恩奇杜聽到夢的內容之後絲毫不膽怯，反而開始解夢，說大山代表大巨人胡姆巴巴，夢境內容代表巨人將要死在他和吉爾伽美什手下（後來確實如此）。史詩後面寫到恩奇杜夢見自己即將死亡，而他的夢也應驗成真，吉爾伽美什為此哀悼。

解夢這門藝術從美索不達米亞傳播給亞述人、以色列人、希臘人與羅馬人，再往後也一樣，史上幾乎沒有哪個民族的文化裡不包含試圖利用夢來預知未來的部分。上帝在《民數記》裡說：「你們且聽我的話，你們中間若有先知，我耶和華必在異象中向他顯現，在夢中與他說話。」（第十二章第六節）。上帝也特地讓所羅門王做了個夢，使他在夢裡選擇智慧為最大的利，而我們知道上帝後來滿足了所羅門王所求。這表示以色列人完全接受以夢來預卜未來的做法，將其視為上帝的授意（《列王紀上》二章五到十五節）。此處也可看到以色列人對待解夢與其他一些做法的態度完全不同，比如他們特別嚴禁占卜行為，違犯者會被處死（《出埃及記》第二十二章第十八節）。

如約瑟的故事所示，眾人認為夢境傳達訊息的方式並不是用白話陳述，而是要借象徵符號之助。約瑟先是夢到他和他幾個哥哥忙著收割，但哥哥收穫的麥捆卻向他的麥捆鞠躬，然後他又夢到太陽、月亮與十一顆星辰向他鞠躬（《創世記》第三十七章）。接下來約瑟為另外三個人解夢，其中以法老做的夢意義最重大，約瑟說法老夢裡的七頭肥牛象徵七年豐收，七頭瘦牛象徵七年歉收（《創世記》第四十一章）。我們知道西元前第九世紀的亞述就有「解夢大全」這種東西存在，書裡會列出夢中出現的事物以及它們代表的涵義。下面是西元前第七世紀一本亞述解夢書的內容摘抄：

如果〔在夢中〕他掉進河裡，河水灌進口中：他會變成重要人物。

如果他沉入河水（又）浮出水面：〔這個人會擁有〕財富。

如果他穿著衣服〔沉〕入河水：這人的根基〔堅固〕。

〔如果〕他掉〔進〕河裡然後往上游〔漂／游〕：他會找某個跟他不好的人要（某樣東西），那人會給他；地點在王〔宮〕。

〔如果〕他掉〔進〕河裡然後往下游〔漂／游〕：他會找某個跟他親好的人要（某樣東西），那人會給〔他〕。

〔如果〕他……入河中，沉下去（又）冒出來：牢獄。

……

如果他一直在「黑水」中行走：麻〔煩〕的官司〔〕*，他們會傳〔召他〕去作證。
如果他在河裡清洗（自己）：失〔〕。
如果他沉入河裡（又）冒出來：他會有憂〔慮事〕。
如果他橫越河流：他會經歷困惑。
如果他掉進河裡（又）出來：他會上（法庭）與對手相抗。如果他從河裡出來：好消息。
……
如果他夢裡的「寶座」與女人共寢……
如果他夢裡的「寶座」〔親吻（？）〕女人嘴唇……
如果他夢裡的「寶座」〔〕〔女人的〕乳房
如果他夢裡的「寶座」，有女人〔〕〔她的〕乳〔房〕
如果他夢裡的「寶座」與〔〕〔同寢（？）〕[4]

很顯然地，「性」對古代解夢者與他們的現代後繼者來說一樣重要。上面這串清單往下還有很長，沒完沒了，且有一堆難以忍受的枝微末節，幾乎所有夢境裡可能出現的東西都列在裡頭，比如夢見吃蟲代表自己現實生活裡會立功得勝，還有夢見一匹馬代表有人會來救助自己。

希臘人也有他們的解夢書，[5]現今所知最早的一本是西元前第五世紀安提豐所寫，後來又有很多人也跟著寫。這類書把大部分夢境視為「信使」，意思是說夢是眾神所賜，警告當事人關於未來的事。至於夢境內容的含意，或是夢的預知能力源自何處，這些都是眾說紛紜。修昔底德斯寫史書時完全不花筆墨記載歷史人物可能做過的夢，而西元前第二世紀那位一板一眼的史學家波利比歐斯更說解夢記夢根本是浪費時間。[6]

不過，其他人寫作時對此可是願意大書特書。希羅多德講過無數個夢境應驗的故事，其中許多故事的主角都是公眾人物（希羅多德解夢時用的似乎是亞述說法）。比方說，米迪亞城主阿斯提阿格斯夢見他女兒曼達妮的陰戶長出藤蔓覆蓋整個亞細亞；他向法師求教，法師告訴他這表示他女兒的後裔將會取代他的王位，而歷史後來果然如此發展。[7]

亞歷山大大帝之父馬其頓國王腓力二世夢到他將妻子奧林琵雅的子宮封起來，解夢者說這表示她已經懷孕，將會生下一個本性如獅的兒子。羅馬國王塔克文・蘇佩布夢見一顆星星逆行運轉走上新軌道，這個夢的解釋是羅馬有朝一日會統治宇宙。凱撒遭到刺殺的前一夜做了個夢，夢見他飄浮在雲上把手伸向眾神之王朱庇特，而他的妻子卡普妮雅也夢到自家屋宅的三角山牆崩塌，還夢到她丈夫在她懷裡被刺死。[8]就連最卑下的人也會做夢，他們也想知道夢境暗

＊〔　〕空格處表示原史料文字無法辨識。

示出什麼樣的未來；古希臘劇作家阿里斯托芬的《黃蜂》裡就有一名奴隸願意花兩個奧波（一種小型銀幣）購買被解夢的特權。[9]

夢進入人的睡眠，但有的夢會去找同一個人不只一次，而是兩次。並非所有的夢都能成真，荷馬史詩《伊里亞德》就說宙斯讓阿加曼儂王做一個假夢，刻意讓他相信特洛伊之戰很快就能打贏。希羅多德也提到波斯國王薛西斯曾夢見一個神祕發光的形體出現在他眼前，鼓勵他出兵進犯希臘，但薛西斯對此並無信心，於是他找來他的叔叔阿塔巴努斯穿上他的衣服睡在他的床上，結果阿塔巴努斯聽命照辦之後竟也做了同樣的夢，這時候薛西斯才下令著手準備遠征希臘。[10]這個故事是真是假很可疑，但它的確讓我們比較了解當時的人怎麼想。

關於睡夢為何能夠預測未來，眾人對此有千百種解釋。古希臘悲劇作家艾斯奇勒斯評論說「沉睡的心靈有了眼睛，故而明亮」，與他大約同時代的平達爾認為夢境常會顯明「令人歡悅的決定或是將至的逆境」。[11]西元前第四世紀早期的軍事指揮官與作家色諾芬相信睡眠狀態接近死亡，此時靈魂中神性的部分特別彰顯，不再那麼受肉體拘限，所以能夠看見未來。希臘化時代哲學家楊布里科斯解釋夢之所以能夠預示未來的原因，說睡眠時的靈魂不再受軀殼的管理牽制，因此能夠無旁騖地思索外在現實，明確來說也就包括未來之事；還有，靈魂愈與軀殼分離就愈能與「原源」（original source）這個無所不知的大智慧或說天理合而為一。[12]依據普魯塔克的說法，某種「湧溢之物」會從外界透過毛孔進入身體使人產生夢，並讓做夢者看見未來的景象。[13]

過了很久以後，第四世紀的基督教神學家阿塔納修斯曾如此立論：

當身體靜止，處於休息與睡眠狀態，這個人就是在進行內在活動。他思考外界事物，他遊歷陌生國度，他遇見朋友，且他常藉由它們〔夢〕去感察、去預先知道他每天的行為。[14]

這與佛洛伊德的學說有些類似，大致說來佛洛伊德的解釋是睡眠導致超我降低防備，於是平時潛藏的部分得以浮上水面。夢的重要性高到讓人想刻意引發夢境，比如有人求神問卜時就在那個神的廟裡睡覺，這種情況在醫藥之神阿斯克勒庇厄斯的廟裡特別常見。其他較少為人使用的方法包括斷食、待在神聖洞窟中，或是睡覺時以各種器物傍身，比如說把月桂冠放在枕頭底下。第二世紀詩人尤韋納爾說在他那個時代羅馬有一些猶太女人，只要你給她幾個錢，她就能賣給你任何你想做的夢。[15]

地中海世界到處可見有人夢境成真後為此建造的碑銘和奉獻物，柏拉圖說「各種女性〔和〕生病、身處險境困境，或突然得到天降幸運的男性」會特別熱中此事。[16]古羅馬的蓋倫是史上公認最偉大的醫師，而他當醫生的原因是他父親尼孔做了一個真實無比的夢，夢見他兒子在帕加瑪學醫，才讓蓋倫走上這條路。蓋倫與那些否定夢境有效性的人持相反立場，後來他還將解夢列入教學內容。他不僅聲稱自己用病人的夢來開方子成功治癒許多人，甚至還舉出一些例子，說有的醫生對病人夢境內容毫不關心，結果最後把病人給醫死了。[17]

古代最有名的解夢專家大概就是阿特米多魯斯，他出身於小亞細亞西部的以弗所，在西元第二世紀中期大為活躍。[18]他的大作《釋夢》以各種語言出了無數版本，一直有人不斷重新發行此書，使它成為史上唯一一部完整留存下來的古代解夢專書。[19]阿特米多魯斯寫說他自己花費多年歲月鑽研這門技藝，讀書、旅行、找人求教，盡全力把它研究透徹。一般人都看不起那些在市街算命的人，說他們是乞丐、江湖騙子，或覺得他們滑稽可笑，但阿特米多魯斯卻願意跟這種人相處。

夢是神所給，阿特米多魯斯如此寫道。只不過，依據接收夢、表達夢的人類靈魂性質不同，比如老或少、男或女、自由人或奴隸、大人物或小人物這樣的差別，他們的夢可能會展現不同的模樣。並非所有的夢都值得詮釋或有預示未來的成分，但那些有的就是阿特米多魯斯感興趣的對象。預知夢可分成兩類，一類是內容簡單而幾乎立即應驗的，另一類則是以比喻方式來傳達訊息，這種就要花比較長時間才會成真。前者很容易解釋，比方說有個債務人夢見債主上門，那顯然這事情未來很快就會發生，解這種夢根本不需要特殊智慧。阿特米多魯斯專注探討的是第二種夢，他寫道：「解夢一事不外乎將相似的東西並置」，也就是找出夢中意象與未來可能發展的相似之處。[20]

舉個例子，「因為橡樹結實營養，所以代表富人；因為橡樹高壽，所以代表老人或時間本身。」夢到在娼館嫖妓代表會遇上一些困窘事與小小破財，夢見一頭驢子（發音為「歐諾斯」）代表利潤進帳（發音為「歐納斯泰」）。這種以類似之處進行推理的方式讓人可以判斷一個夢是吉兆還是凶兆，但所謂的「類似處」可能不在視覺而在聽覺。「所有符合自然、法律、習俗、職業、人名或時間的意象都是好的，反之所有與這些相反的意象都是壞的、不祥的，這是基本原則。」某些夢境藉由特定人物來把訊息告知做夢者，比如讓父母、老師或其他受做夢者重視的人出現在眼前，告訴他或她未來會遇到什麼事。接下來，阿特米多魯斯說同樣的夢對不同的人可能代表不同含義，男女有別，貴賤有分。如果平民百姓夢見跟媽媽一起睡覺，那他可能接著就去找媽媽一起睡了；但如果是煽動民意的野心家做這種夢，那就表示他登上高位統治城邦的希望可能實現。

在所有的文明裡，伊斯蘭文明裡賦予夢的角色最為重要。據說先知穆罕默德在受命口述古蘭經經文之前曾從真主那裡領了六個月的「真夢」，他的妻子愛夏在史料紀錄中說：「天啟啟動的形式是在他睡眠時出現好且正當（真）的夢。他所有的夢都會成真，昭如天日。」[21]無怪乎阿拉伯人會建立起一套史上最詳盡最廣泛的解夢之學「塔比爾」，內容部分援引自古美索不達米亞與古希臘傳統，部分則是阿拉伯人自己加入的元素。[22]就像舊約與新約聖經一樣，古蘭經的內容也表示夢境天經地義就是由神所賜，用意可能是鼓勵或警告。問題在於惡魔也會給人夢境，所以任何人要解讀夢境加以利用的第一步就是區分善惡，把惡魔造成的夢排除掉。

穆罕默德自己曾經每天早上都問同伴是否做了什麼夢，然後將這些加上自己的夢拿出來進行討論，過程由他主持，決定每一個夢可接受還是必須排除。他的接班人，也就是歷代哈里發，依舊延續這個傳統。接在穆罕默德之後的第二任哈里發烏瑪爾夢見一隻白公雞用喙啄了他三次，這夢的意思是他大限將至，且預告了他是如何絕命，後來他被刺客暗殺時果然身中三刀而死。第八世紀有一位著名的哈里發哈倫．拉希德，他的兒子與繼承人比魯茲．阿敏在睡夢中得到警示，阿敏於是藉此提出他對塞爾柱突厥人勢力日漸擴張一事的憂懼。例子還有很多，舉都舉不完。

既然如此，解夢者就成為炙手可熱的人物，他們有的獲得重賞，有的走約瑟路線而當上高官。從這門學問產生出無數解夢書籍，裡面以纖毫必較的分析精神討論睡眠與夢的本質、解夢的規則，以及其中各種事物的含意。光是阿布．法茲．胡賽因．伊本．易卜拉辛．穆罕默德．提弗利希寫的《夢境全書》裡面就包含一千種與夢有關的主題，依照字母順序排列。

阿拉伯專家與現代繼承解夢之學的人不同，他們會擯除任何明顯由於心靈全神貫注在某件事情上而產生的夢，比方說像是談戀愛的人在夢裡見到情人，或商人夢到他的商品，又或是編織工人夢到紡織機、士兵夢到武器。去掉這些以後，他們把夢分為兩類：一種呈現過去或現在事件的真實情況，另一種預示人所做之事在將來會得到的結果。後者再分為兩類，一種是給做夢者鼓勵，另一種則提供警告。如果一個人想做好夢，他應當保持平靜的心情，不要喝醉，讓肚子適度飽，且還要注意保持右側躺臥，最後這個大概是為了讓心臟能不受壓迫地跳動。

至於解夢者自己，他們必須是善良、虔誠、謹守教規的人，必須持之以恆禱告，必須時時尋求神的協助來引導自己，必須勤懇執行信徒的所有義務，特別是閱讀古蘭經這一項，且他們也應當精通其他宗教各種經典以及占卜術。替人解夢時，開頭應先把做夢者的身分問個仔細，比如生活環境、心靈狀況、宗教信仰等等，這些都會影響夢境該怎麼解讀。有錢人的夢比窮人的有份量，做夢的時間（白天或晚上）也有關，連當時的季節都有關。假使有人夢到坐在象背上，如果這是在晚上做的夢，那代表他會去做一件很重要的事，從中獲得大利；但如果做夢時間是白天，那代表他要休妻，並因此惹出一堆麻煩災殃。某一派的解夢者還試圖去發掘那些被遺忘的夢，也就是探究我們今天所說的「潛意識」。

如果某人在夢裡讀古蘭經，這代表四種意義：平安渡劫、窮而後富、成功獲得心中所欲，以及即將踏上朝聖之旅。如果某人在夢裡只讀了半部古蘭經，這是警告他的壽命已過了一半，也就是說他該把人生中信仰與世俗的事務規劃清楚了。如果某人在夢裡聽別人讀古蘭經，這是好夢，表示做夢者會獲得更多神恩；但如果是聽人讀古蘭經卻聽不明白，那就表示有災難降臨。《夢境全書》在接近結尾的地方介紹了幾個「值得一聽的夢」，這些都是難解之夢的範例。有個人夢見從自家抬出十具棺材，實際上他家裡包括自己剛好十個人，當時除他之外的九人都死於瘟疫；正當這人等著輪到自己時，家裡來了竊賊，結果這賊竟從屋頂上跌進庭院摔死，於是就填滿了夢中的數字，最後這名做夢者逃過死劫。另一個人夢見自己的左腿是黑檀木做的，解夢者當下不知怎樣解釋，但後來這人買了個絕佳的印度教徒奴隸，於是解夢者就說夢裡的腿代表僕人，右邊代表是個好僕人，黑檀木代表僕人來自印度。

直到今天，伊斯蘭文明都是地球上最重視夢的文明，就連恐怖組織蓋達和伊斯蘭國的成員都聲稱他們從夢中獲得發動聖戰的神啟。[23]奧薩瑪．賓拉登曾親口說自己夢見一群手下身穿飛行員衣服在足球賽中打敗美國隊，他認為這個夢預示我們現在稱為「九一一事件」的攻擊計畫將會成功。[24]

從第二世紀的特圖里安開始，很多基督教作者看待夢的態度都有些模稜兩可。[25]他們同意說某些夢境是天啟神授指點未來，但其他的則是惡魔所致，就是些充滿妄想的胡說八道而已。最具權威性的基督教神學家聖奧古斯丁將夢境區分為「物質」與「精神」兩類，他警告說前面這種夢會帶領一個人犯下「大錯」，但後者則是天使給的靈感，能讓人深刻洞悉事情，這是其他任何方法都達不到的效果。[26]

傳統從這裡開始產生分歧，拜占庭有一本大約寫於西元七〇〇年的《解夢論》，[27]作者顯然是個用「阿赫梅特」當筆名的不知名希臘人，他在緒論解釋自己的寫作動機是要提供一份輕薄簡便的夢境符號與意義對照。可想而知書中大部分材料都取自異教，主要來源是古希臘文獻，但它們都被覆蓋上厚厚一層三位一體、童貞聖母、天使等基督教概念。

在此同時，西方最重要的解夢權威是五九〇到六〇四年間在位的教皇「大格雷戈里」。他將夢分成惡魔所致、源自上帝，以及兩者之間的這三類，有時候就連第一種的內容都是可信的，然而這三種夢常難以區辨分明，所以要從夢境推出結論的人應該極其謹慎小心。[28]西方對於這個課題從未完全達成共識，部分原因可能是西方從一一五〇年開始重新引回亞里斯多德的諸多著作，於是也吸收了亞里斯多德對解夢一事高度懷疑的態度。不過，中古時期某些最重要的思想家，比如波微的文森（約一一九〇到一二六四年）和大阿爾伯特（約一二〇〇到一二八〇年）都認同說至少某些夢是可靠的，這些夢能為未來提供真實可信的指引。[29]

不管在這個時代或其他時代，只要人高度相信夢的力量，就會有人刻意往裡面摻進自己的希望與期待，以此讓別人更認真看待自己所做的預測，[30]下面我們要說一個手法特別粗糙的實際例子。一五一六年，住在布魯塞爾的義大利律師梅庫里諾．迪．嘉第納拉遇上經濟困境，於是他寫了一封長長的祈願信給該年十六歲的勃艮第親王查理，當時布魯塞爾也屬於查理的領土。[31]梅庫里諾在信裡預言這位親王將成為普世主宰，並說他這想法是在夢裡得到，夢中一個來自上方高處的聲音告訴他人間所有邪惡都肇因於「王侯眾而非單一」，那麼查理的天命就是要矯正此事。梅庫里諾信中大部分內容都不是他的原作，而是從十五世紀晚期另一個義大利學者阿尼歐．達維特博寫的一篇論文裡一字不改抄出來。後來，查理先被加冕為西班牙國王，然後又成為神聖羅馬帝國皇帝查理五世，這下子梅庫里諾的「夢」可算應驗，只是「王侯眾而非單一」的問題始終沒有解決。但不管怎麼樣，梅庫里諾終究獲得厚賞而被任命為王的首相，在這個位子上一直待到一五三〇年他過世為止。

無論神經科學家如何嘲笑這種想法，全世界仍有千百萬人不知凡幾繼續對解讀夢境的意義，以及夢境對做夢者本人與整個世界的未來的預示深感興趣。宗教信徒依然認為夢是上帝所給的訊息，其他還有許多人拒絕相信他們在睡眠中的經驗毫無意義且與清醒時的生活毫無關聯，畢竟睡眠可占了人生的三分之一時間。心理學家也依舊試圖利用病人的夢境來更加了解病人本身。事實上，當代解夢者用的手段與歷史上阿拉伯人所宣揚的十分相近，現代還有人試圖用夢來「創造性地解決問題」。[32]從一九五〇年代開始，奧地利出現一系列書名為《傳統威尼斯鞋匠學徒解夢書》或《吉普賽女人解夢大全》之類的書，總共賣了幾百萬本。威尼斯鞋匠這本說夢見結婚代表重病，夢見痛感代表有好事，夢見有人被吊死代表獲得極大榮耀。吉普賽女人這本則說夢見樹上結柑橘代表一段不好的感情，夢見皮草外套代表未來陰鬱不祥，夢見生產代表令人不快的損失，夢見擔架代表忘恩負義。[33]

今天，任何人只要上網就會很快發現「預知夢」這東西多到一點都不值錢，[34]還會發現有那麼幾個預知夢在機緣巧合下成了真。但解夢一事倒也搭上了科技發展的潮流，現在有專門設計出的解夢軟體給那些想要記錄夢境並探究其含義的人使用，「〔本軟體〕設計目的是要幫助你發現一個你能控制一切的祕密世界，呈現一個非常真實，甚至比清醒時的生活還要真實的世界。這個世界充滿驚奇，你能學到心想事成的法門。」[35]自稱解夢專家的吉莉安・哈羅威說自己的「檔案庫」裡已經蒐集到二萬二千個夢境，並說這都要追溯到她童年，那時「我把自己的夢記下來，發現夢境與白天生活的相似性有時非常明顯，有些夢境則用古靈精怪、幾乎是詩情畫意的方式來提升我的自信，並提示我將來會展現出哪些才能，讓我很開心。」她說夢是「內在壓力的壓力計」，能暗示出「感受、記憶、價值和意向」。「在面對重大決定和開始新關係的關頭，我們常會做特別重要且能深刻洞悉問題的夢。當你站在人生的十字路口，你能做的最實際事情之一就是仔細注意你夢境所提供的觀點。」

這位解夢專家與她的許多前輩有個重大不同，她的解夢完全只有吉沒有凶。比如說，夢境中的「悲劇」未必預示著「戀愛、婚姻或新工作的失敗，你所踏上的旅程不會完蛋，但那些相關的誇張計畫可能會遮蔽你本來應當感受到的幸福。」夢到親人即將過世會令人「非常不安」，不是因為夢一定會成真，而是因為這種夢可能透露「潛藏的恨意」；但請保持冷靜，因為她的建議是：「與我們最害怕的事情相反，夢裡的死亡反映的常是改變，而非映照出實際的死別。」「夢到父親或母親死去未必預兆著將來會發生什麼，也未必像佛洛伊德說的是做夢者過去曾如此期望，這種夢純粹代表一個時期的結束，新的親子關係將是未來的一部分。」據哈羅威所言，那些讓人心神不寧的夢，比如夢見把自己小孩弄丟了，這種夢「通常都不是關於真實事情的警訊」。[36]

有個自稱為榮格派的作家效法前面提過的阿布・法茲・胡賽因編纂出一本依照字母排序的解夢辭典，[37]辭典中說夢見墮胎表示「決定消除〔某物〕以便迎來新的」，夢見深淵則表示你已到達已知現實的極限，應當鼓起勇氣面對未知。夢見出意外「可能是警告你應對前進的目標做出不同考慮」，一顆橡實代表「一粒種子最後會長成一株大橡樹」。「嬰兒，」他寫道，「應該是在表述你人生剛要開始、尚未全面開展實現的新篇章。」諸如此類。

總之，至少早從古希臘開始，世間總有那麼幾個學者會否定夢境與未來（或其他事情）之間可能有任何真實關聯，就像今天的腦科學家一樣。這之中最出名的就是亞里斯多德。但從更早之前，在上古美索不達米亞，大家就已經相信夢有意義，並提出各種理由解釋為何睡眠特別能讓這些信息（也就是夢境所隱含的信息）清楚呈現。他們認為夢既非渾沌無章，也不是睡眠者心靈活動的象徵性呈現；夢其實是從天上傳來的訊號，大多數情況發訊者都是天界眾神，或以舊約時代以色列人的觀點來看是出於上帝。神明有時是應做夢者過去的要求而賜夢，有時則非。不過也有一些基督教與伊斯蘭教學者相信某些夢是由惡魔造成。

「夢是神所降的預言」，這種思想現在仍在全世界的伊斯蘭社群裡起著重大影響力。相反地，西方相信解夢的人更傾向把夢視為做夢者人格與心靈活動的產物。在西方的歷史上大部分時間都流行一種詮釋，認為夢反映外在世界對做夢者靈魂造成的影響；但第二種詮釋出現於十九世紀，後來被佛洛伊德為首的許多人加以宣揚，這種詮釋認為夢是做夢者將自己的心靈活動投射到外在世界。無論採用哪種觀點，我們都看到大多數做夢者選擇相信專家，而這些專家時常會組織同業公會，但也有些做夢者決定自己解讀自己的夢。

夢本身的根基是「睡眠」這種意識變異狀態，但解夢專家總以一種理性衡量的態度看待夢境，完全不把意識變異狀態納入考量。這些人所遵循的解夢手法常要花費數年時間研習才能精熟。不論是阿特米多魯斯或現代心理分析師，他們考量的通常不只夢境本身，還包括做夢者當時的情況及其人格特質。

說到底都是那一套罷了。

第五章　諮詢死者

回溯目前已知最早的歷史，一個預測未來的重要手段就是去問將死和已死之人。召魂術（necromancy，字源是希臘文的 nekros「死亡」和 manteia「占卜」）背後的基本假設是將死之人正在接近某種關口，已死之人已經通過那道關口，這兩種人知道的都比活人要多。

《創世記》第四十九章第一到二節說高齡一百四十七歲的老祖宗雅各臨終時躺在床上講話：「你們都來聚集，我好把你們日後必遇的事告訴你們。雅各的兒子們，你們要聚集而聽，要聽你們父親以色列的話。」事實上這位老祖宗後面講的話大概令聽者大失所望，因為內容比較像是祝福而非預言，且基本上沒提到與在場任何人未來有關的特定事情。不過這個「遺言金句」的傳統一直延續不衰，其中許多都據稱是在預言未來，只要在網路上搜一搜就能找到大量真實的與偽作的例子。[1]

記載中最早的召魂術出現在前面提過的《吉爾伽美什史詩》裡，年代約在西元前二一〇〇年前後。[2]史詩中寫到太陽與冥府之神匿甲（聖經《列王紀下》第十七章第三十節也有提到祂）召喚恩奇杜的亡靈「如風一般」從地面洞窟裡升起，讓他跟悲悼亡友的吉爾迦美什說話。從這之後一直到新亞述時代（約西元前九〇〇到六〇〇年），兩千多年間美索不達米亞關於魔法的著作裡出現無數次生者與死者魂靈的會面，有一片新亞述時代的黏土板就說到某位「先王后」的亡靈因為「真實無欺」而享有盛譽，看起來她是向某個王侯（可能就是她兒子）承諾說他的後代會「統治亞述」。

黏土板內容還告訴我們，當時人認為聯絡死者是有危險的，如果不夠資格的人以不當手段為之，這非常可能導致施術者死亡。大英博物館現藏有幾份新巴比倫時代的書信，書信內容解釋召魂的方法：第一步你得先拿到一顆骷髏頭，接下來你要把發霉的木頭與胡楊葉子泡在水、油、啤酒與葡萄酒的混合液體中搗碎，接著加入搗爛過篩的蛇脂肪、獅子脂肪、螃蟹脂肪、白蜂蜜、一隻青蛙、狗貓狐各一隻身上的毛、變色龍的剛毛、紅蜥蜴的剛毛、蟋蟀左邊的翅膀、鵝的長骨裡的骨髓。最後把這些跟葡萄酒、水、牛奶以及「安哈拉」這種植物混合。準備工作完成後，把做好的油膏抹在雙眼，然後唸這句咒語重複三次：「我召喚（你），骷髏堆中的骷髏，請骷髏頭裡的人回應我！」

雖然從事召魂是一件拿命在玩的事，但這並不阻礙召魂術從美索不達米亞傳播到整個上古中東。[3]依據某份文獻，赫人*讓死人說話的方法是先挖個洞奉上祭品，然後唸咒：「靈魂偉

* Hittite一般翻譯成西臺人，在聖經中翻譯成「赫人」。此處使用聖經的翻譯。

大。靈魂偉大。誰的靈魂偉大？不朽的靈魂偉大。它走什麼路？它走偉大的路，它走看不見的路。」其他民族，比如艾布拉、烏加里特與前面提過的馬里（以上三座城都位在敘利亞）這些城邦的居民也都對召魂術不陌生，此外還包括以色列人建國之前的迦南地區居民。[4]

以色列人在這件事與其他很多事情上都是唯一一個例外，他們的聖典《摩西五經》明白禁止召魂術（《民數記》第十八章第十一節、《利未記》第十九章第三十節），這原因可能是召魂儀式出自異邦，可能是召魂術暗示敬拜祖先而非耶和華，可能是召魂術被歸類到《利未記》所訂律法中的「不潔之物」，也有可能只是因為他們認定召魂術沒用，真相我們並不清楚。[5]《傳道書》說「死了的人毫無所知」（第九章第五節），《以賽亞書》第十九章第三節則預言「埃及人的心神必在裡面耗盡；我必敗壞他們的謀略。他們必求問偶像和念咒的、交鬼的、行巫術的。」這些話的意思是說，召魂術並不被當作預卜未來的有效手段，如果有人想要依靠召魂術，那就表示這人既脆弱又混亂。如此說來，就算有人愚昧到去使用召魂術，他也得不到任何效果。

然而我們仍有零星證據證明某些以色列人／猶太人還是碰了這東西。[6]《塔木德經》裡面解釋說召魂師「在死人皮肉分解後取其髑髏，以香供奉，問它未來之事，它就會回答。」[7]還有一處說摩西派遣幾個探子去探看上帝應許的「以色列地」情形（《民數記》第十三章第二十二節），其中一個叫迦勒的人用這機會去了希伯崙的猶太諸祖之墓。後來，一代又一代的拉比

（猶太學者階級）都急於保護迦勒的名譽，因此他們用盡方法證明這段記載並不表示迦勒是去與先祖的靈溝通。[8]除此之外還有個故事，主角是一個名叫恩其洛斯的羅馬人，後人認為此人很可能是第二世紀早期羅馬皇帝哈德良的侄兒「錫諾普的阿奎拉」（錫諾普這座城市位於現在土耳其境內）。恩其洛斯曾一度考慮是否要改信猶太教，當時他為了能獲得更多資訊而召喚出好幾個死靈，其中還包括也修（即耶穌）的靈魂。召喚完畢，他與耶穌展開以下對話：

「〔恩其洛斯問〕誰是未來世界裡重要的人？」他〔耶穌〕回答他：「是以色列的子孫。」「〔恩其洛斯又問〕你認為我該去加入他們嗎？」他〔耶穌〕回答：「去尋求他們的善，不要去尋求他們的惡。〔這是因為〕任何〔懷著惡意〕接觸他們的人都如同是在碰觸祂〔上帝〕的瞳孔。」他〔恩其洛斯〕對他〔耶穌〕說：「那樣的人會被怎樣審判？」他〔耶穌〕對他〔恩其洛斯〕說：「在滾燙的糞尿裡。」（猶太法典引文 57a）。

人類文學史上對於死者復活最具戲劇性的描述莫過於《撒母耳記上》第二十八章第七到二十節的內容，文筆精妙，值得我們全文引用：

〔見識過非利士人大軍而感害怕〕，掃羅吩咐臣僕說：當為我找一個交鬼的婦人，我好去問他。臣僕說：在隱多珥有一個交鬼的婦人。於是掃羅改了裝，穿上別的衣服，帶著兩個人，夜裡去見那婦人。掃羅說：求你用交鬼的法術，將我所告訴你的死人，為我招上來。婦人對他說：你知道掃羅從國中剪除交鬼的和行巫術的。你為何陷害我的性命，使我死呢？掃羅向婦人指著耶和華起誓說：我指著永生的耶和華起誓，你必不因這事受刑。婦人說：我為你招誰上來呢？回答說：為我招撒母耳上來。婦人看見撒母耳，就大聲呼叫，對掃羅說：你是掃羅，為什麼欺哄我呢？王對婦人說：不要懼怕，你看見了什麼呢？婦人對掃羅說：我看見有神從地裡上來。掃羅說：他是怎樣的形狀？婦人說：有一個老人上來，身穿長衣。掃羅知道是撒母耳，就屈身，臉伏於地下拜。

撒母耳對掃羅說：你為什麼攪擾我，招我上來呢？掃羅回答說：我甚窘急；因為非利士人攻擊我，神也離開我，不再藉先知或夢回答我。因此請你上來，好指示我應當怎樣行。撒母耳說：耶和華已經離開你，且與你為敵，你何必問我呢？耶和華照他藉我說的話，已經從你手裡奪去國權，賜與別人，就是大衛。因你沒有聽從耶和華的命令；他惱怒亞瑪力人，你沒有滅絕他們，所以今日耶和華向你這樣行，並且耶和華必將你和以色列人交在非利士人的手裡。明日你和你眾子必與我在一處了；耶和華必將以色列的軍兵交在非利士人手裡。

掃羅猛然仆倒，挺身在地，因撒母耳的話甚是懼怕；那一晝一夜沒有吃什麼，就毫無氣力。

不過，在掃羅離開之前，他的僕人與那名女人還是逼著他吃了點東西（第二十八章第二十三節）。

希臘人與之後的羅馬人都覺得「用死人占卜的」（第一世紀地理學家史特拉波的用詞）這種人是從中東來，[9]艾斯奇勒斯大概是因為這樣才在《波斯人》劇作中讓波斯國王大流士的鬼魂通知兒子薛西斯他將在普拉塔亞打敗仗。[10]隨著召魂術向西流傳，過程中雖然有不少內容產生改變，但也有很多部分或多或少保存原貌。我們所知古希臘最早的例子是《奧德賽》主角在女巫瑟茜建議下決定前往冥府，去那裡探聽自己到底將來能不能回到家。首先奧德修斯與屬下開船前往「西美里亞人」那裡，那是個被「憂鬱長夜」所籠罩的悲慘地方。他們挖出一條壕溝，奉獻飲品給死者，先是蜂蜜與牛奶，再來是葡萄酒，而後是水，最後往上面撒大麥。向死者禱告之後，前面提過的那位泰瑞西阿斯（他就算死後依然擁有預知能力）現身。奧德修斯宰殺兩頭羊，把血倒入壕溝，於是死者靈魂從四面八方靠過來，奧德修斯認得其中一些。泰瑞西阿斯也在這群鬼魂裡面，他把奧德修斯想知道的關於自己未來的事都對奧德修斯說。

某個為《奧德賽》作注的人是這樣解釋召魂術為什麼有用：「因為呢，他們說，靈魂與肉體分開以後還能相當程度維持著對此世的見解與知識。比起靈魂與肉體共同組成的活人，死者的知識較不具物質性也較為純粹。」[11]繼奧德修斯之後下一個造訪冥府的是埃涅阿斯，[12]他已逝的父親安喀塞斯擔任嚮導引介他與好幾個未來人物碰面，其中包括埃涅阿斯的兒子西爾維歐斯（傳說中，他後來成為羅馬母城阿爾巴隆珈的國王）、羅慕盧斯（建立羅馬城的雙胞胎兄弟之一）、大西庇阿（「戰爭的閃電、利比亞的天譴」）、加圖（羅馬政治家）、格拉古兄弟（羅馬改革派政治家），還有凱撒和馬克盧斯（羅馬政治家）。埃涅阿斯甚至還得知大約一千年之後的事，知道羅馬會在奧古斯都統治下重返黃金時代。至於那段眾所周知預言羅馬將要統治世界的名句也是出自此處：

> 其他的呢，我確信，將要把滾熱青銅鑄得更柔和，把大理石慢慢調教成生命的模樣，以更無礙的辯才處理法律問題，以木杖描畫天體軌跡、預測星辰升降。而你們，羅馬人，你們必將統治世界（這是你們的技藝），將以正義為和平加冕，饒赦敗者、除滅驕者。[13]

其他講到召魂術的文獻還有很多，普魯塔克說斯巴達將領鮑薩尼亞斯在西元前四七九年擊敗波斯軍隊後趾高氣昂不可一世，某天晚上他傳喚一個名叫克麗奧尼絲（意思是「輝煌勝利」）的「自由人少女」來侍寢，但她來時卻引發意外，導致鮑薩尼亞斯誤殺了她。從那之後，鮑薩尼亞斯就開始被克麗奧尼絲的鬼魂糾纏，女鬼告訴他「男人最要不得的是自大」。擺脫不掉女鬼的鮑薩尼亞斯搭船前往黑海邊的赫拉克里亞本都卡，造訪那裡的「塞克龐培恩」，也就是死者靈魂聚集的地方。到了以後，鮑薩尼亞斯也是獻上求情的供品與奠酒來召喚少女靈魂，於是克麗奧尼絲真的現身，告訴他他必須回到故鄉斯巴達才能解決問題。最後他踏上歸鄉旅途，但回家之後不久就過世。[14]

除了赫拉克里亞之外，那些最重要的召魂勝地還有位於義大利南部坎佩尼亞的阿維努斯湖（埃涅阿斯去的就是這裡）、希臘瑪尼半島（伯羅奔尼薩的「中指」）的太納隆角，以及希臘西北部伊庇魯斯的阿克隆河。這四個地方都有人進行考古發掘，進展不一。阿克隆河的考古成績最佳，考古隊在這裡發掘出一整片神廟建築群，而參與此處考古計畫的考古學家至少有一部分人認為遺跡裡有讓幽靈用來代步的機械裝置殘跡，以及依照聲學設計來產生特定聲響的回音室。[15]訪客抵達神廟後要先等待幾天，期間遵守嚴格飲食限制，這樣才能獲得允許進入主建築。接下來，訪客會在神廟人員協助下進行複雜儀式，讓死者靈魂現身回答問題。

其他常被用來進行召魂術的地點包括墳場、戰場、洞窟，以及義大利與西班牙那些火山口裡的湖泊。當時還有專業的「領魂人」四處遊走找尋顧客，他們之中有一群人叫做「恩嘎斯提米托」，意思就是「腹語者」。某些召魂師是社會上地位崇高的人物，也有些被鄙視為下等小販。

在《奧德賽》與《埃涅阿斯記》之後，其他許多希臘羅馬文學作品也多多少少說到了召魂術細節。[16]詩人盧坎在長詩《法沙利亞》（約西元六一到六五年）中讓龐培之子塞克斯圖斯・龐培去找女巫艾利克托，問她他父親與凱撒開戰之後誰會贏誰會輸。「她（艾利克托）精挑細選拿來一具喉嚨被割開的屍體，把用來縋死人入墓穴的繩子繫上鉤子，拖著這具被拉長的屍體經過岩石沙礫，讓它再活一次。」接下來她用各種噁心的材料製作一種乳液，塗在屍體身上，讓凝固的血液回暖，讓肺臟在冰冷胸腔裡開始鼓動，讓新的生命力鑽進骨髓，讓筋肉伸展，讓這具身體「自己起身站直，像是又被土地排拒出來」，讓雙眼睜開。她以「穿透塔塔羅斯（希臘神話中的地獄）」的可怕聲音發問，要求知道未來會發生什麼。等到她問出答案，得知龐培將會戰敗、塞克斯圖斯與兄弟都會被殺，她才終於放這個又活起來的年輕人再度回歸塵土。[17]

或者我們也可以看看艾梅沙的赫立奧多魯斯的小說《衣索比亞故事》，成書年代大約在西元第三世紀。書中說兩名旅人遇見一名老婦，老婦的兒子死在波斯與埃及之戰的戰場上。兩人暗中跟蹤她，發現她已經找到了兒子屍體，要用屍體來問得她另一個兒子的去向。她四下確認，自以為無人在看，於是她開始在地上挖坑，並在坑旁點起火來。赫立奧多魯斯寫道：

她把兒子的屍體放在土坑與火之間，在她身旁有個三腳架，她從架上拿下陶碗，澆蜂蜜進土坑獻祭，然後把第二個碗裡的牛奶、第三個碗裡的葡萄酒都倒進土坑。接著她拿出一塊用細麵粉烤的糕餅，把糕餅弄成人形，給它戴上月桂與茴香的冠冕，然後扔進坑裡。最後，她執起劍，在一種激烈的恍惚狂喜之下用一連串稀奇古怪的名字呼喚月亮，然後以劍刃割破手臂，用一枝月桂枝沾抹鮮血灑入火中。在這之後她又做出許多怪誕行為，然後她跪在兒子屍體旁邊，往他耳朵裡輕聲唸咒，最後她終於將死者喚醒，用魔法使他站立起來。[18]

她用這些「卑賤手段」迫使屍體告訴她他兒子的兄弟的命運，結果卻是得知她另一個兒子和她自己都會死在戰爭裡。這事不久之後就應驗了。

另一本比《衣索比亞故事》有名得多的書是阿普列尤斯的《金驢記》（又名《變形記》），這本拉丁文作品成書於第二世紀，裡面也說到一個有點類似的故事。曾經，有個名叫札特拉斯的埃及人是「第一等的預言家」，他被延請去「讓一具跨入死亡疆域的屍體重新活起來」並「帶回〔他的〕靈魂」，對方同意付出高額費用。札特拉斯的做法一開始是把魔法草藥放在屍體口中與胸前，然後對著升起的太陽祈禱，於是「胸膛因呼吸而起伏，血管因健康而搏動，生命注入軀殼。屍體坐起，像個年輕人那樣講話：『告訴我，為什麼我已經喝過遺忘河水、游過冥河靜水，你還要叫我回來擔負這塵世的責任？停止吧，我求你，停止，放我回去長眠。』」接下來，在場有人質疑他是否真能提供什麼神祕知識，此時這具屍體已經站立起來，他就承諾給出「明明白白的證據，證明我無瑕的真實，並……揭露出事實上不可能有人知道或預測得到的事情」，而他果然沒有食言。[19]

各家大師寫出這些名作的目的之一顯然是要嚇得讀者或聽者渾身發抖，但除開這些，大眾對於召魂術的觀感似乎頗有分歧。阿普列尤斯就寫得很清楚，世上總有些人認定召魂師是愚弄觀眾的騙子。在赫立奧多魯斯的小說中，實施召魂術的老婦還受到處罰，不是因為她預測有誤，而是因為召魂術本身過於噁心。然而上面這些只是事情的一面，既然前面說的那四處場所和其他較不知名的召魂地點持續存在好幾百年，那就表示有許許多多人相信召魂術，會長途跋涉去這些地點，並花錢在當地召魂來預卜未來；況且這些地方的廟宇都對外開放，如果當局有系統地要剷除召魂術，它們絕對逃不過。

接續以色列人／猶太人的傳統，早期基督教作家反對所有形式的魔法，其中自然包括召魂術。亞耳的凱撒留（約四六八到五四二年）就主張召魂術是惡魔做的事，但既然惡魔要做任何事也必須得到上帝允准，那麼這顯然是上帝特地創造出來給基督徒的考驗，就像祂考驗約伯（舊約聖經《約伯記》主角）那樣，我們只要戒慎以對就行。

後來，一直要到十二世紀，普遍存在的戒慎態度才轉變成直接的憂慮。某個現代史學家對這轉變有如下解釋：在那之前，召魂術和廣義的魔法都是民俗傳統的一部分，從人信仰基督教之前的時代保留下來，主要是由下層民眾輔以一些簡陋的儀式來操作，內容代代口傳。既然人不怎麼把這當一回事，那當然也不會怎麼去反對。然而十二世紀的社會上層階級也開始接觸召魂術，甚至包括像威爾斯的傑拉德（約一一四六到約一二二三年）這類教會菁英人士[20]窮盡畢生所學來研究這東西，搞到教會本身幾乎都要被滲透的地步。後來，到了十四世紀，每個王侯、每處宮廷都得弄來一大群各門各類的魔法師和召魂師替自己服務，這下子當時每一任教皇也就不得不著手處理這情況。[21]

在教皇詔令《他的守望》（一三二六年）裡面，若望二十二世下令宗教裁判所使出「所有可用的手段」來對付那些所謂的魔法術士，其中特別針對召魂師。但就連這樣都起不了作用。等到文藝復興時期，召魂師已經遍地皆是。在克利斯多夫．馬羅的版本裡，那位傳奇性的浮士德博士也遭人懷疑操弄「被詛咒的召魂術」，[22]但他的目的不是預測未來，而是要復活特洛伊城的海倫，讓「美貌引來千艘戰船」的她用雙唇吸走自己靈魂。同樣被懷疑的還有法國占星師諾斯特拉達姆斯和同類的英國博學家約翰．迪伊，迪伊曾有一回為自己辯護說他只召喚好幽靈，不召喚壞幽靈。在這過程中，召魂術被納入廣義的魔法範圍之內，因此喪失了它作為預卜未來手段的特殊性。

時間來到十八世紀末，召魂術成為當時廣為流行的「哥德式」恐怖故事一部分，故事裡的必備要素還包括冰冷溫度、眼睛裡大片混濁的晶體、暴風雨、高聳危塔與伸手不見五指的黑夜、鬼魂、哥布林小妖怪、吸血鬼、蛇、瘋子。要有呻吟、嘆息、耳語這類低沉顫抖斷斷續續的聲音，要有陰沉沉的建築物，要有人被監禁，還要有刑求與暴政。舉例來說，卡爾・弗里德里希・卡勒特的《召魂師》內容就結合上述所有要件與其他更多元素。[23]之後，直到今天，召魂術都還以這種型態繼續存在於某類型的書籍、電影與電視劇中，陰魂不散。[24]

事情還沒完呢，一八五〇到一九二〇這幾十年間是通靈術的黃金時代，[25]這股風潮從英國吹到美國與歐洲，從中產階級的紳士淑女那兒往上吹，風靡無數人，就連正忙於抵擋實證主義與唯物主義的教會都願意在某種程度上接納此事。通靈術信徒之一是林肯的夫人瑪莉・陶德，她因兩個兒子的死而心神紛亂，結果她竟把通靈術帶進白宮，在那裡諮詢靈媒、舉辦降靈會，有時候總統本人也在場，甚至有紀錄說是瑪莉夫人與她背後的靈說服林肯廢除奴隸制。另一個提倡降靈術的知名人物是創造出夏洛克・福爾摩斯的亞瑟・柯南・道爾，他也是喪子之人。親身參與數百場降靈會之後，柯南・道爾寫了好幾本書為通靈術與靈媒辯護，但後來卻又收回這些言論。[26]

既然牛頓已經證明「重力」這種看不見摸不著的超距力存在，那為什麼別種隱形的力量就不可能存在呢？科學家裡頭實際參與降靈術的人還不算少，或許這就是這些人的思路。邏輯學與數學的先驅人物奧古斯圖・迪摩根（一八〇六到一八七一年）據說是最早參與降靈術的一個，他對關係代數的早期發展很有貢獻，月球表面有個隕石坑還是以他命名。詹姆士．克勒克．麥士威爾是十九世紀最偉大的電磁學家，我們今天還在使用他發明的公式，而他的學生裡至少有兩個人接觸過降靈術，其中一個是瑞利爵爺約翰．威蘭．斯特拉特。瑞利接續麥士威爾在一八七九到一八八四年之間掌管劍橋大學舉世知名的卡文迪西實驗室，一九〇四年獲得諾貝爾物理學獎，並在一九〇五到一九〇九年間擔任皇家學會會長。此人興趣廣泛，試圖調和科學與宗教，實際上還當過靈學研究學會的會長。[27]還有個更重要的人物是奧利弗．洛奇，他生於一八五一年，出身於富裕的高級知識分子家庭，在倫敦大學修讀物理，並在一八七七年獲得理學博士頭銜，還在完全不知道海因利希．赫茲研究成果的情況下獨力發現無線電波的存在。柯南．道爾曾說洛奇在當代人眼中是「物理學與靈學兩方面的偉大領袖」，[28]不過今天我們對洛奇的印象主要是他發明了火星塞。

從一八七〇年到一九〇九年，人們發現一種又一種前所未知的放射線型態，彷彿這些知識是應了某種召喚而陸續前來。英國醫師理查德．卡頓踏出第一步，他告訴我們人的大腦就是個電子設備（一直到一九三〇年代，某些教科書都還會把大腦比做大型發電廠的控制室），[29]它發出的電波可以被偵測、記錄、分類、加以實驗，這為後續腦電圖的發明開出一條路。緊接著，在無線電波之後人們又發現了X光、阿爾發、貝他、伽馬射線以及更後來的宇宙射線。宇宙射線最早是由德國科學家西奧多．烏爾夫偵測發現，烏爾夫年輕時加入耶穌會成為修士，或許因此他對靈學也很感興趣。對於瑞利、洛奇、C・F・瓦爾黎（他曾與著名的克爾文男爵威廉・湯木生密切合作）[30]以及許多同時代的人來說，這段期間這些新發現清楚呈現一個結論，那就是過去整個世代的科學家都被牛頓「光是粒子」的主張給帶偏了，因為波才是光的真正性質。

要有海水，才有我們在海邊看到的波浪；要有空氣，才會有聲波。同理，麥士威爾在他為一八七八年版本《大英百科全書》寫的文章中指出：「光的波動說」必須依靠某種足以承載電磁波的未知物質（他自己的用詞是「介質」）才能成立。他和同時代的人將這種物質命名為「乙太」，而這個詞其實起源於好幾千年前；「乙太」不只是某個古希臘神祇的名字，還是亞里斯多德所說形成行星的「完美」（意即「永恆不變」）原料。就算我們只看現代的定義，「乙太」仍然是個奇異的現象，它無所不在、充盈於宇宙空間，且還是種具有彈性的惰性物質，但除開光波造成的細微變形運動以外，構成乙太的粒子交互影響的運動，因此它不會被任何物理裝置或實驗所偵測。乙太的驚人特質還不只這樣，我們都知道光有偏振性，也就是說我們可以讓光波只朝單一方向振動，但是液體內部無法產生振動方向與能量傳遞方向垂直的橫波，由此可證乙太必然是固體！

為了解決這怎麼講都不對的狀況，有人說乙太除了承載光的性質之外還必須具有「半固體」性質。當時幾乎所有有水準的科學家都相信乙太是真的，直到愛因斯坦（本書這幾段出自他的某次演講內容[31]）證明我們不必把乙太設想成這種型態的存在為止。說了這麼多，只要從這些科學觀念再往前一步，人就很容易相信世界上還有未被發現的放射線、引力或作用力透過乙太傳輸（瓦爾黎為了偵測這類力量的存在而隨身攜帶電流計，而他應該不是唯一一個這樣做的科學家）。接著，再下一步就可以說世上或許有某些人擁有超越「一般」科學法則的特殊天賦，這種人被稱做靈媒，他們可以在乙太中呼吸，藉此感覺到死者靈魂發出的各種波動。此處必須補充一點，我們要注意到洛奇也有個兒子雷蒙死在第一次世界大戰中，而他為此大受影響。簡言之，降靈術、科學上新發現的各種電磁波，以及科學家假設出不存在的乙太，這幾件事協同並進，彼此間有互相增補、互相強化之效。[32]靈力如同電力一般有其用處，但同時它也具有危險性，必須小心使用。

假設乙太真實存在，有種說法是某些人能靠著吸入乙太來獲得特殊能力，就像瑜珈大師呼吸普通空氣所達到的效果。柯南．道爾寫說這些人這麼做的時候常發出「特別的吸氣嘶嘶聲，這是起始；以及深深的呼氣聲，這是結束」，而他的結論是「此處是可供未來科學界研究的豐碩田地」。[33]死者現身的方法不一，有時他們會借助靈媒之口講話，其他時候則是發出清晰可聞的叩響聲，還有的是使用特製的通靈板，讓一個玻璃杯或其他小東西在不受明顯外力推動的情況下，從板子上的一個字母移動到另一個字母來進行自動書寫。

靈媒的出身涵蓋所有階級、所有職業，其中大部分聲稱他們從小就察覺自己稟賦非凡。很多靈媒是女性，一般認為女性具有特別敏銳的感覺而能與死者溝通。在這脈絡下很常說到的一個詞是「調諧」，這個詞源自物理學的分支學門聲學。過了很久以後，女性在降靈術領域所占的壓倒性比例造就出一個新的學術研究方向，討論降靈術如何幫助女性面對父權社會加諸她們的枷鎖；[34]但究竟是降靈術給了女性力量，還是像許多醫學界成員認定女性是在性慾遭受壓抑之下以降靈術為發洩管道，箇中因果尚不明朗。[35]某些男性或女性靈媒應當是確信自己擁有特殊能力，但有些則被人揭露是刻意造假、不擇手段蒙騙那些缺乏判斷力的信徒。以蘇格蘭靈媒丹尼爾．鄧格拉斯．侯姆（一八三三到一八八六年）為首的少數人能夠名噪一時，並藉此賺進大筆財富。「大英通靈者協會」這個組織成立於一八七二年，總部位於倫敦，顧客在營業時間可以付錢與靈媒進行一次三十分鐘的私人諮詢。

無論過去與現在，就像薩滿與先知一樣，某些靈媒會施展奇蹟來證明自己的能力，比如憑空讓物體飄浮，或是把自己身體變短變長，又或是用手觸摸燒紅的煤炭而毫髮無傷。靈媒有時也會聲稱自己去了另一個地方，從那裡帶回來自未來的消息透露給追隨者知道，這點也跟薩滿或先知雷同。他們拿去問死者的問題以及獲得的回應絕大部分都與公眾大事無關，而是本人或親友（在世的或過世的）的人生問題，因此這類紀錄鮮少留存下來。

召喚死者問事的儀式在今天某些非西方的文化裡依舊很常見，馬達加斯加的梅里納人相信生者與死者的界線並非牢不可破，因此他們的祖靈可以來回穿梭。當地甚至還有「翻屍節」（famadihana）這種喪葬習俗，每隔七年就將死人的屍骨掘出，然後大家一邊飲宴作樂一邊向死者祈求保佑與指引。據說印尼的托拉查人也認為陰陽之間隔著的像是可穿透的紗布而不像牆壁，在這種信念之下，他們會在死人下葬兩年後重新挖出屍骨，好好加以清理裝飾，這樣死者就會聆聽生者發問並回答。[36]

召魂術還有一種變體，下面我們這就來討論。「瀕死經驗」指的不是人瀕臨死亡，而是說那些已經死亡卻又不知怎麼很快還魂的人，他們有此經歷之後告知他人自己過程中所遇所見。各個時代的各個文明都有關於瀕死經驗的紀錄，詳細程度不一。[37]這種事在中古時代一度盛行，宗教改革時期聲勢減弱，到了十九世紀又因當時的通靈術風潮而跟著再興，最後大約從一九七〇年開始整個浩浩蕩蕩捲土重來，現今這類案例在數量與知名度上都是歷史上數一數二。

大多數擁有瀕死經驗接受採訪的對象都是普通人，但也有少數是知名人士，好萊塢尤其是孕育這類事件的溫床，其中最重要的當事人包括貓王艾維斯．普里斯萊、英國喜劇演員彼得．塞勒斯、導演喬治．盧卡斯和美國總統隆納德．雷根。[38]「瀕死經驗」這個詞是司法精神醫學家雷蒙．穆迪在他一九七五年的暢銷書《死後的生命》裡面所提出，在那之後大家對於穆迪本人、這本書與這個主題的爭議從未止歇。現代有些科學家對這種預知未來的特殊方法有所關注，試圖加以研究並證明其真實與否，還有人想從生物神經學的角度來解釋此事。某些醫生認為是當事人體內二甲基色胺濃度突然增加導致瀕死經驗，這種著名的致幻化學物質會在人的大腦內自然產生，與夢境和做夢顯然也有關係。[39]

從相關報導看來，說到底，瀕死經驗與薩滿神祕旅程或一般人的夢境內容並無太大差別。有時當事人在過程中感到狂喜，有時感到徹底的無牽無掛與平靜，有時又會獲得各種有意思的資訊啟示，比如「死亡無非是一扇通往更佳生活的門」，或是「愛是創造的本質」，或是我們認識的宇宙只有極小一部分而整個宇宙「充塞著生命」。[40]很多這類報導說當事人靈魂似乎飄到軀體上面，看著親戚、神職人員、醫生或其他人對這個軀殼做什麼。其他人則說他們見到已逝的人或超自然的存在，對方可能渾身發光或顯示其他特質，其中特別常見的一個對象是耶穌。

在此我們要說到本書討論的重點，許多有過瀕死經驗的人聲稱過程中時間是混亂的或全然失去意義，某些人說自己看到未來，可能是當事人自己的未來或整個世界的未來，但不是每個擁有瀕死經驗的人都這樣。[41]二〇一八年二月五日，不知是誰在網上發了一篇文章，標題為〈瀕死經驗與未來〉，裡面是一份據稱為經歷瀕死經驗者所做出的預言清單，內容包括第一次與第二次世界大戰、一九二九年股市崩盤、蘇聯與共產主義垮台、發現死海古卷、一九九〇年美國進攻伊拉克的「沙漠風暴」行動、九一一恐怖攻擊，以及其他好多好多事情。[42]

雖然這類調查非常難以做出可靠數據，但據調查結果顯示，英國超過一半的人相信死後有來世，還有三分之一青少年相信活人或能與死人交流，[43]美國二〇〇五年的一份問卷調查也呈現四分之一美國人相信通靈術，[44]其中就包括已故歌手麥可・傑克遜的姊姊拉托亞，她曾聘請一位專業靈媒泰勒．亨利＊幫她通靈。[45]有人想把「相信靈異世界」與各種不同心理問題連結起來，比如說他們會去研究「神經質」的人是不是更容易相信這種事，但這些研究都未能得出清楚結論。[46]

網路上教人如何通靈的人多如過江之鯽，除了靈媒以外，還有人建議使用白羽毛（「這是表示已故親愛之人來到我們身邊的徵象」）或是通靈板（上面印有字母、數字與其他符號，使用者用乩板或其他可移動的指示物在上面移動）。有「六種與過世親友溝通的方法」，也有「十種現象顯示死者正在與你溝通」。順便一提，據信泰勒．亨利的資產淨值超過三百萬美金，且他聲稱有一萬五千人預約排隊等著諮詢他。

還有一類真假參半的故事，說的是人死後大腦還活著或是被保存下來活著。最新的某些案例是由科學家發布，其中一個登上頭條新聞的是十三歲美國男孩特連頓．麥金利的經歷。他在意外中頭部遭受重創，被醫生判定腦死，意思就是他腦內的電流活動已經停止。過了數天，他父母都已經簽下捐贈兒子器官的同意書，他卻突然恢復生命徵象。[47]

又或者我們可以看看耶路撒冷希伯來大學的神經生物學家亞密．齊特利，他曾發表過「Tensin-3－Cten 交互開關調控表皮生長因子驅動的乳腺細胞遷移」這樣的專業文章。齊特利

＊原文書中寫成亨利．泰勒，此處更正為泰勒．亨利。

以老鼠為實驗對象，發現「記憶，也就是隨著時間積累的資訊，其用途常是影響未來的行為抉擇，這種東西會在〔老鼠〕腦內留下痕跡，甚至保留到死亡之後。」[48]如果此事屬實，這項發現可以延伸應用到人類身上，且我們還找得出方法從死者腦中取得資訊，那麼「與死人溝通」這條路確實是前途無量。

第二部

理智清明

第六章　往天上去尋

薩滿教、先知、神諭、解夢與召魂術，目前為止我們討論過這幾種預知方法，而各位讀者應當已經注意到它們有個共通點：無論操作者是男是女，這些方法都建立在一個基礎假設上，那就是說人必須先離開「凡間」進入另一個不同的世界，然後才能知道未來會有什麼。現代的分析家、未來學家與預測專家用的是（或號稱他們用的是）理性與邏輯，但薩滿、先知這類人物不走這條路，反而要用各種手段掙脫理性邏輯，把自己從束縛中解放出來，這樣其他的力量才能產生作用。

但這不過是事情的一面，幾乎早從人類歷史開始的時候，就已經有人不採取上述假設來進行預測；這類預卜未來方式的設計者與操作者必須完全保有理性知覺，這樣他們才能做出仔細的觀測，使用觀測結果獲得一些法則，再利用這些法則得出各種答案，其中也包括未來會發生什麼事。使用這類方式的人絕不能搞什麼出神狂喜，他們必須抱持著科學家或至少是技術人員的態度。

就我們所知，這類方法中最早也最長壽的一種就是占星術，英文中 astrology 這個字的意思就是天體所呈現的「邏輯」或「道理」。從中石器時代留下來的骨骼刻紋與洞穴壁畫看來，早在距今二萬五千年前，遠早於書寫文字發明之前，人類已經會花時間注視天上的星星。[1]當他們這樣做的時候，他們一定會注意到這些星星的動向在許多方面都表現出某種規律與秩序。發現這個現象之後，人理所當然會開始思索天上星象與地上人生之間是否存在什麼關聯。

史上記載最早的占星術出現於美索不達米亞，時間約在西元前三千年之後。不同文明、不同帝國在歲月裡興亡盛衰，但占星師卻不斷將他們的知識傳下去。到了西元前第七世紀，宗教祭司已經擁有足以預測日月蝕的知識，[2]在數世紀間留下千百份關於天象變化如何預示人間事的黏土板紀錄。下面是幾份典型的亞述占星預卜文書，這些占星師服侍的對象就是前面提過的新亞述國王以撒哈東（西元前六八一到六六六年在位）和他的兒子亞述巴尼拔（西元前六六八到六二七年在位）：[3]

〔倘若〕在第十四天看到日月並列：此言不虛，這片土地會變得快樂，眾神會對阿卡德留下好印象，軍隊歡慶，國王會變得快樂，阿卡德的牛隻會在大草原休憩不受打擾。

火星，它給予阿姆魯之地＊決策，它在埃亞（水神）的路徑上大放光明，預兆統治者

＊約西元前二千年位於今日敘利亞黎巴嫩一帶的王國。

與其領土變得強大。
﹝倘若﹞金星進入﹝她的﹞祕密處：吉。她進入獅子座。
﹝倘若﹞金星沒有進入祕密處就消失：這片土地會遭難。
﹝倘若﹞金星在西方可見，進入祕密處而消失／眾神﹝會﹞與阿姆魯和好。
﹝倘若﹞金星在西方可見，確實進入祕密處而﹝消失……﹞，眾神會對阿姆魯發怒。

以撒哈東在位早年時期的一份占星預卜內容如下：

金星，﹝眾﹞星辰中最閃亮
顯現於西方，在埃亞的路徑上
為了安撫眾神，她去往
黃道的最高點﹝然後﹞消失。
火星，作出關於阿姆魯的決策
在埃亞的路徑上光亮閃耀。
他允許，
讓國王與他的國家

更強大
這是他降的兆……
當我看見
這些吉兆，
太陽出現。
我心中獲得勇氣
感到自信。[4]

這些文獻內容通常很難解釋，很大原因是大多數黏土板都不完整。但至少我們可以確認的是，當時人是以口傳或書寫的過去事件紀錄為基礎進行預測，把它們與看起來有相似性的天文現象聯想在一起；或者是將觀察到的天文現象與某些想法概念連在一起，有時候這種連結只不過像是在玩文字遊戲而已。和後世許多占星術士不同，上面這兩種預測方式都不包含價值判斷，也就是說無關乎地上人類的行為，也無關乎天上對這些行為的獎懲。最重要的是，它們都不會牽扯上什麼神祕經驗，而是使用固定規則，任何人無論男女只要具備足夠智能就能加以研讀、應用、傳授他人。[5]

史料裡保存了好幾個亞述占星師的名字，他們跟其他無數官員一樣為國王工作，其中可能有某些人會定期向國王交報告，但這點我們不確定。從巴比倫到尼尼微，占星這門技藝往東傳播到中國，也往西傳入埃及。如果第一世紀歷史學家約瑟夫斯的紀錄可信，埃及人正是從老祖先亞伯拉罕那裡獲得占星知識。亞伯拉罕出生在美索不達米亞（烏珥城），後來遷往巴勒斯坦，但他也曾在埃及暫住。[6]占星術從中東傳到希臘，希臘人是讓星座與天宮圖得以出現的大功臣，然後占星術又傳到羅馬。因為占星術起源地是美索不達米亞，所以羅馬人會稱占星術為「迦勒底的」學問，這說法有時帶著敬意，有時則否。[7]

有一份以巴勒斯坦亞蘭語（耶穌講的也是這種語言）寫成的猶太文獻，寫作年代約與耶穌同時，經過將近兩千年後才在死海附近昆蘭的洞窟裡被發現。文獻內容如下：

1. 當〔月亮〕升起，兩角同高，世界將危。
2. 若你看見月亮直指南方，另一角指向北方，請將其視為關乎自己的預兆；當心邪惡，不好的事會從北方來。

……

5. 〔如果〕月面靠北方處呈黃色／綠色，將付出高代價，饑荒將會降臨……
8. 如果（月亮）在西彎月（猶太曆的三月）發紅並有蝕，海中……深處會有混亂；令下，殺死猿猴與非家畜的動物。[8]

如此這般，一個韻腳接一個韻腳，直到列滿十七條。最前面五項預兆可能發生在一年任何時間，其他則只管特定月份。這裡頭絕大部分都是凶兆，應當被視為對災厄的預警，但也有幾項是帶來好消息的吉兆。總體來說，愈是罕見的天文異象愈讓人感到驚惶無措，而人愈是害怕就愈需要把現象加以解釋，以便知道它顯示出什麼樣的未來。

在世界的另一端，馬雅人也獨立發展出占星術，甚至天文學與占星術在馬雅文化中根本無法區分。可以料想到的是，馬雅占星術的操作原則與中東有些不同。一年的日數未必是三百六十五天，占星者依據不同的目的可以使用三百六十五天、三百六十天或二百六十天作為一年長度，馬雅人作出的大部分占星預測都是以一年二百六十天為基準，且一個月也可以是二十天或三十天。馬雅人的黃道宮包含十三種動物圖像（13×20＝260），某些我們認得出來是什麼動物，某些無法辨識。這裡舉個例子，如果金星在偕日升（意即星體在隱沒於地平線下一段時期後首度在拂曉時出現於東方）之後通過地球與太陽中間，那在當時是非常恐怖的事，因為眾人認為它的光芒會殺死許多類的人或化做人形的自然事物，因此大家為了防備都會把自己鎖在家裡不出門。此外，日蝕也令馬雅人恐懼不已。[9] 某些學者認為馬雅統治者可能依照占星結果來訂定作戰日期，但此事尚未有定論。

無論何時，世間總有反對占星術的人，比如西元前第二世紀的懷疑論哲學家卡內阿德斯就說：如果有人相信占星術，那人就是在否定自由意志這個概念。[10] 早期基督教學者巴戴珊（一五四到二二二年）特地寫了一篇論著〈萬國律法之書〉來解決這個矛盾，[11]他將世界與世上萬事萬物分作三類：一種完全受命運控制，這種可以用占星方法來預測；一種被上帝留給人的自由意志做抉擇，還有一種處在兩者之間，這種他稱為「自然」。我們在後面會看到，決定論與怎樣面對決定論的問題始終都在，這問題不只被用來反對占星術，它也是被用來否定其他許許多多預知未來方法的主要論據，直到今天都還是這樣。

羅馬覆亡之後，占星術在歐洲開始衰落，部分原因是基督教早期神學家擔心信眾會被誤導，怕他們以為那自顧自無情橫過天空的星星擁有超過上帝的力量。在這其中最重要的人物莫過於聖奧古斯丁，他認為占星術在理論上為謬誤，在實用上為無用；他寫說，占星術是那些占星師「不虔誠的胡言」造出的產物。[12]他與他的後繼者都會時不時試圖打壓占星術。另外還有一個可能的原因，當時一般人的教育程度與識字率整體下降，但占星術需要進行的運算有時很複雜，如果擁有相應數學能力的專業人才短少，占星術就無以為繼。

於是乎，這下子該領域的領導權（如果可以用這個詞的話）就轉移到阿拉伯人手上。[13]中古時期有一些最重要的伊斯蘭學者反對占星術，包括著名的法拉比、阿維西納（原名伊本·西納）、安薩里和阿威羅伊（原名伊本·魯世德），他們將占星術斥為迷信或騙術或兩者皆是。宗教當局發出教令禁止占星術，世俗政權也偶爾發起行動壓制此學，盡一切手段把占星師從主要市場與大街上趕走。但事實就是這些禁令效果有限，一般人大概還是普遍受到希望與恐懼的雙重影響，因此他們就繼續向占星師問事；其他也有許多人將占星術視為大宇宙整體的一部分，或是整個伊斯蘭哲學與法律（*hikmah*）的一部分，認為占星術與此有關連。

和其他諸多學問領域一樣，阿拉伯的占星學也是從翻譯古希臘作品開始，然後再加入一些自己的創作，以便讓占星學符合伊斯蘭教教義。在這之中貢獻最卓著的可能是阿布・麥舍爾，他從西元七八七年活到八八六年，達到百歲高齡。如同當時許多人，他對宇宙的認知，特別是對於行星與行星所依附的天球的認知，主要都是來自亞里斯多德。他著作開頭的方式與別人相同，都是先講太陽、季節、月象變化、潮汐與女性月經之間的明顯關聯。他寫道，只要再加上「行星合」*與「各天體的跡象」這兩個要素，我們就能得到某個一貫的原則來進行預測，可以做到的程度包括告知農夫何日應該犁田、播種與收割，告知水手何日啟航，告知醫生何日開藥方。[14]這原則甚至可以經受驗證，而這也是麥舍爾將占星術視為高等科學的原因之一，他認為這門學問可以、也應當成為其他學科效法的典範。

另一名關鍵人物是數學家巴塔尼（約八五八到九二九年），他是第一個對我們所熟悉的黃道十二宮進行增補的人。「黃道」一詞可上溯自古巴比倫時期，是以地球繞日的路線為基準，而所謂的「宮」則是以地球繞地軸自轉為基準。據說這讓巴塔尼的同僚不僅可以告訴客戶他們

---

* 指從地球上觀察到兩個天體在天空上的位置相當接近。

最重要的特質是什麼，還能說出他們人生會在什麼領域收穫豐碩。一如往常地，那些存留下來的預測內容通常都與大人物的生活有關。當時的占星師預測西元一〇〇六到〇七年會發生土星合木星的天象，他們解釋說這預兆了哈里發政權終結，出現一段毀滅、屠殺與饑荒的時期，甚至可能代表穆斯林的力量在非穆斯林文明的面前逐漸衰落。[15]

在那個時代，占星術原本由西向東傳播的趨勢已經開始反轉。距離穆罕默德的時代四百年後，歐洲最早的大學得要向阿拉伯人尋求在歐洲已經消失的專業學問。阿布・麥舍爾的著作被翻譯成拉丁文，且還有兩個翻譯版本。此時更重要的名人或許是這位奧里亞克的葛培特，他後來成為教皇思維二世（九九九到一〇〇三年在位），而他特意跑去西班牙只為取得一些天文學（其實就是占星術）文獻。一一八四年，身為基督教教士的西班牙占星師托雷多的約翰寄了一封信給教皇路爵三世而引發恐慌，他在信中預測一一八六年九月二十三日將發生恐怖浩劫，那天所有行星都將聚集在秤的標誌之下（天秤座），將有狂風暴雨、旱災、饑荒、蟲災、地震。天空會變得黑暗，眾人會聽到一種可怕的聲音，那聲音會摧毀人的心臟，濱海城鎮會被沙土覆蓋。這則新聞搞得東羅馬皇帝在君士坦丁堡要人把他皇宮的窗戶都砌牆擋住。到了英格蘭，這裡的坎特伯里大主教宣布某一天是舉國贖罪日，雖然到了那天什麼特別的事都沒發生，但人們的恐懼卻未因此消滅，他們反而不斷把這日期往後推遲，各種不同版本的主教文告也一直在民間流傳。

其他花費心力想把天體運行與地上大事連在一起的重要思想家還包括十二世紀英國教士湯瑪斯・貝克特和十三世紀英國學者羅傑・培根。十二世紀時，古代人假托托勒密之名寫的《占星百訣》被翻譯成六個版本的拉丁文，目前已知存留下來的真品手抄書超過一百五十本。[16]但丁在《神曲》第三部〈天堂〉裡頭至少提到占星術一千四百三十一次。更何況，相信占星術、會多多少少用占星術來指導生活的人絕對不只是上層識字的階級，平民百姓也會感受到占星術的威力，只要想想喬叟筆下「巴斯夫人」這個角色就知道。《坎特伯里故事集》裡用這角色出生時的天上行星來描述她的命運。如她所說：

若說我全部的感官，那我生在金星之下，
確定無疑，但我的心卻屬於火星。
金星給我色慾，以及我需要的
每個部分，但火星才讓我敢於冒險。
我的上升星座是金牛，與火星共享
夜空。哎呀，哎！這愛情必有罪孽。
我的星辰將我放在這路上，我順著走，
我只能是我一直以來的模樣，無從選擇。

我這人從來不懂節制：我的金星之室
對任何有能力的男人開啟。
但是，記住，我把火星披戴在臉上
以及我另一處私密的地方。[17]

現代一名占星師從這段文字切入，說這是「金星與火星之間的辯證，很能呈現她的性格與她面對生命的衝突態度，特別是面對男人的時候。」[18]

某些占星師也以醫生身分執業，試圖建立黃道十二宮與人的四種「氣質」（多血質、膽汁質、憂鬱質和黏液質）之間的關係，依此判定病人是否能夠存活。其他還有人把六顆行星（土星、木星、火星、太陽、金星、水星）再加上月亮，申述這七顆星球與世上六種主要宗教團體（猶太人、迦勒底人、埃及人、基督徒、穆斯林、敵基督者）之間的相似性。歷史上至少有一個人試圖推測生在金星下的男孩子會偏好哪種性姿勢（結論是「女上位」）。[19]據說博學家吉羅拉莫．卡達諾是自殺而死，目的是證明他對自己壽數的預測（七十六歲）正確。[20]某一個人推算說伊斯蘭教是在木星與金星影響之下出現，因此注定在人間延續六百九十三年，不多不少；結果第六百九十三年那一年來了又過去了，這下子這位預測者大惑不解，不曉得這到底怎麼回事。[21]

占星術與占星師從世界上各個文化採擷各種材料：希臘、阿拉伯、波斯、猶太，諸如此類。相信它的人愈來愈多，它的地位也愈來愈高，且它常被與其他預測未來的方法湊在一起，最常搭配的就是召魂術。占星術的影響力可能是在文藝復興時期達到高峰，任何自重自珍的王侯都要聘僱一個或多個占星師在身邊，教皇烏爾班七世、英女王伊莉莎白一世和西班牙國王菲利浦二世宮廷裡都有占星師，且他們覺得遇事諮詢占星師是稀鬆平常的事。大學圖書館的藏書反映當時人對占星術的興趣，且還有許多人憑藉占星學問成為大學講座教授。值得注意的是，現在的日常英語裡依然滲入不少占星術詞彙，比如 conjunction（星體合）、opposition forecast（對分相）、aspect（相位）、lunatic（瘋子，原指「受月亮影響」）、mercurial（機敏的，原指「受水星影響」）、bovine（牛類動物）、saturnine（冷靜平穩，原指「受土星影響」）、martial（戰爭軍事，原指「受火星影響」）、jovial（友善歡快，原指「受木星影響」）、ill-starred（運氣不好，原指「星象不佳」），還有所謂的 lucky stars（幸運星），甚至包括猶太人的問候語 mazal tov（「mazal」在塔木德希伯來語中的意思是「星座」），這些都呈現占星術的影響力。

雷吉奧孟塔努斯是那個時代著名的德意志學者，原名約翰尼斯・穆勒・馮柯尼斯堡，他說占星術是「永生上帝最忠實的信使」，說上帝將「閃耀火光的星辰四處擺放，以此預兆未來之事」。[22]馬丁・路德自己曾公開表示，說雖然占星師可能出錯，但占星術本身不僅是上帝允許的事，且非常符合理性。[23]路德最重要的追隨者菲力・墨蘭頓甚至動用占星術來弄清楚路德是否真受上帝指派，而他在做出一點點人為調整（就算是今天，我們也無法確定路德究竟是在哪一天的幾點鐘誕生）之後得到結果，認定路德確有天命。[24]

是什麼把占星術與前面討論的其他預測未來方式區分開來，讓它更接近現代科學？答案就是占星術不以任何一種意識變異狀態為基礎，它要的是精確觀察、固定的規則（雖然很多人會說這些是想像的產物），以及數學計算，從非常早的年代開始就是這樣。數學計算是製作天宮圖不可或缺的一環（天宮圖 horoscope 這個字來自希臘文，意指「出生時辰的觀察者」），天宮圖是西元第二世紀的創新產物，之後一直是占星這門學問的重點。現代占星師與占星術必須知道一個人的生日，有時還得知道這人是幾點出生，否則他們全然無用武之地。只有神智完全清醒、具備充分思考能力的人才可能操作這種預卜方法，才可能執行過程中常有的複雜數學運算。他們常會利用當時最先進的設備，例如鐘錶、各種天球儀與星盤（用來測量天體高度的儀器）、麥卡托環組（由三個圓環組成的儀器，在天文學上有多種功用）和星象轉盤（改良後的星盤）。依據某位現代占星師的解釋，只有用這些方法才能「測定每個人誕生時照看他的太陽所發出的獨一無二振動波，以及當時太陽與其他天體和星座的相對位置」。[25]

這些儀器將占星術與正統科學技術如測量學、地圖學、導航技術與光學連結在一起，同時也提升占星師的地位，特別是賦予他們一種相對於各類魔法巫師的身分；某些有錢有勢的人甚至會把家裡整間房間依據屋主的天宮圖加以設計，呈現此人從何而來，以及他將來預計會經歷什麼、成就什麼。占星術深植於數學的土壤裡，雖然現在大多數人把占星術視為天文學的旁枝末流，但歷史上的天文學知識反而常是從占星術孕生出來。[26]從第二世紀的托勒密到十七世紀的約翰尼斯・克卜勒，這些學者都是為了畫出更好的天宮圖才會費神費力更仔細地觀測星空。無心插柳柳成蔭，他們這樣做的時候把天文學推上科學之后的地位，讓那些研究天文學的人能以此謀生。

占星學的核心概念是天上日月對地上人事有很大的，甚至是決定性的影響（要知道月亮一直被定義為行星，後來哥白尼才證明它不是），而這話根本無從反駁，因為它就是事實。季節遞嬗、下雨與乾旱、晝夜長度的漸變、影子的長度與方向、潮汐起落，這些全都受天體控制。同樣受制約的還有無數動植物生命，只要看看向日葵花海的情況就知道了。[27]很多宗教都將太陽視為代表生命源頭的尊神，這些宗教的神職人員盡心盡力研究太陽與太陽對人間生命的影響，這也都是有理可循。

自從上古以來，人就試圖找出恆星每年升降與氣候變化的關聯，這麼做的人裡頭包括了某些當時科學界最響亮的名號，比如哲學家德謨克利圖斯、天文學家尼多斯的歐多克索斯、雅典的默東、卡里普斯，以及最重要的希帕克斯。據說希帕克斯的成就包括最早嘗試計算地球圓周長，而他得到的數字與正確數字相距甚小。這類紀錄都留在書裡或是特地刻的石碑上，古希臘人稱這種石碑為「帕拉佩瑪塔」，是一般人都能使用的東西。目前為止考古發現共找到大約六十個這種石碑，最早的年代在西元前第五世紀，但我們有理由相信它的歷史比這悠久得多。[28] 就算在今天，世界各地還有許多科學家（特別是醫生）在努力尋找一個人的出生季節與他將來健康、智能與人格之間的關係，[29] 而這些特質可想而知都會一直影響這個人的命運。

羅馬詩人與占星師馬可斯．曼留斯活躍於奧古斯都皇帝的時代，他這樣說過：

> 整個人間都分屬星辰管轄，星辰在人間各自擁有領土。各地之間的關係如同星座之間的關係，當原本合在一起的〔星座〕因恨而分離，在各種影響力導致的不同動機之下有時完全對立，有時又組合成三角形，於是土地與土地、城市與城市、港灣與港灣、王國與王國之間的關係也是如此。如此，每個人都當知道要避開某些地方、選擇某些地方，且要依據星辰來期望彼此互信或擔憂發生危險，因為他的宗族〔種族、家人〕是從最高的天上來到人間。[30]

簡而言之，天界是完美的，而人間雖不完美，但也是模仿著天界的模樣。正是因為設想天人之間有這等關聯，所以像彼得羅．蓬波納齊這些文藝復興時代的學者才會把占星術歸為自然科學的一門。[31] 占星師要考慮的是天上其他行星與各個恆星的運動，以及所有天體之間的關聯，而他們也跟科學家一樣必須盡全力以最精確最詳細的方式陳述這種關聯性。當一個占星師能做出最準確的運算，他或她就最有預卜未來的本錢。

托勒密絕對是史上數一數二的占星師，他在《占星四書》裡表示：因為行星和恆星距離地面較遠，所以它們對人事的影響不如日月，但這絕不代表我們在討論細節的時候可以或應該把它們排除。現代科學研究或能證明托勒密所言不假，一篇最新研究顯示爆炸的恆星會噴出無數以接近光速移動的帶電粒子，而這確實會干擾地球氣候。[32]現代物理學家中的佼佼者霍金曾立論說宇宙局部區域的物理定律是由整個宇宙的巨觀結構所決定。[33]如此說來，那位著名的十六世紀英國占星師、曾在伊莉莎白一世還是公主時就當她顧問的約翰·迪伊所寫的這段話「一個占星師不只要知道地球的真正大小，還要知道行星與所有恆星的真實大小」[34]似乎也有了道理；這意思就是說，為了獲得正確結論，天上大大小小所有情況都必須被發現、被觀測、被納入考量。

今天的書商仍在出版《占星四書》的譯本，其中有些是專門作為占星師的指導讀物。市面上其他關於占星術的教學書籍也是汗牛充棟，有一個現代占星師寫書警告我們：《行星與星座不能控制我們的人生》，相反地它們只呈現自然法則如何運行，驅動它們的原則和力量與驅動我們的一模一樣，它們形成一個巨型「宇宙時鐘或廣義曆法，讓我們可以參考。」[35]寫作本書取材的過程中，我很驚訝地發現母校圖書館竟然藏有一本《本命占星學最新發展》，此書顯然把占星當成嚴肅學問，內容討論了會影響占星學的科學新知，包括剛被天文學家發現的新行星天王星、海王星與冥王星，包括任何被假設存在但尚未發現的行星，包括小行星，還包括「音律盤」。最後這個原來主要是英國占星大師約翰．艾迪（一九二〇到一九八二年）的創作，據說這是他在「對行星運動之作用進行四年觀測獲得巨量紀錄」之後得出結論，認為「留行星」，也就是那些在一個人生日前後兩天之內改變運行方向往回走的行星，應當是整個音律盤的主角。[36]

以上這些都呈現了，無論是占星術或占星術所用的論理脈絡，它們都還繼續存在且富有生命力。光是在西方世界裡頭，據說就有數千萬人或多或少相信占星術，某些報導顯示美國大部分年輕人認為占星術是科學，且這類人的人數還在增加。[37]倘若我們用課稅資料作為證據，那一九九一年法國的占星師人數比天主教教士還多。[38]世人每年花在探究星象祕密的錢絕對有幾十億美金之譜，這數字不僅包含付給占星師的私人諮詢費，還有媒體在這方面的開銷；不論這些報章雜誌主編私下怎麼想，他們的刊物確實一直在報導星座運勢，偶爾還會有占星師訪談，這都是他們賣給讀者的一部分內容。過去曾有段日子，那時陌生人在派對上碰面時會這樣自我介紹：我是什麼什麼星座，你呢？

時至今日，某些國家的領導人仍然多多少少會定期諮詢占星師，一個聲名狼藉的絕佳例子就是美國總統雷根；如果雷根某些助手的言論可信，那麼這位總統是被他太太南西所影響而沾上這習氣。[39]一九八六年雷根與時任蘇聯領袖戈巴契夫在冰島雷克雅維克會面，白宮準備此事時居然也用上了占星術。至於戈巴契夫的繼承人葉爾欽也曾請人幫他蒐集占星資料。[40]我們日常生活中很少遇到有人不曉得自己的星座，而這門向天探詢的技藝之所以飽受缺乏公信力的批評，大概也是因為這種樹大招風的情況吧。

第七章　眼見為憑

吉兆和凶兆都是自然發生的現象，不同只在於它們的異常性質。理論上它們是神明所降（一神信仰的社會會說上帝所降）的警示，提醒人未來將會發生什麼事。這類現象包括彗星、日月蝕、地震、暴風雨和洪水、產婦生下畸形兒或是動物生下畸形幼獸，還有各種顯靈的情況。這類現象新奇怪異又罕見，而那些見識到的人既不了解它們的自然成因，也找不出清楚解釋，只能留下滿心驚異，甚至可能被嚇得喪失思考能力。很少人能覺得這種事情無足輕重而把它們擱一邊，相反地，大家都竭盡全力想弄清楚這些現象代表未來將要如何。自然預兆與占卜時獲得的預兆不同，後者是刻意為之且常需經過特殊儀式求得，但前者是在出乎預料之下自行出現。

「預兆」能夠預示的各種事情天差地別，其中包括大人物的降生與死亡、即將發生的政治或軍事大事、種種蓄勢待發的自然災難，以及更多更多。下面這份清單是一名現代學者參照多種資料蒐集而成，呈現了西元前一八〇〇年到西元前六〇〇年之間美索不達米亞的人怎樣看待這些事。

> 如果某個人家中發現飛蛾，房屋主人會變成重要人物。
>
> 如果他眉毛右側有顆痣，那他決定要做的事不會成功。
>
> 如果出現一隻畸形新生（羊犢）有兩顆頭，第二顆頭在背後，眼睛往不同方向看，國王的統治期會以流放告終。[1]

《伊里亞德》提供一個不太相同的預兆運作例子（第八章第六十八到七十九節），此處寫到宙斯對其他神明介入特洛伊戰爭的狀況非常不滿，祂獨自坐在艾達山上，眼前是特洛伊城與沿著海岸排列的希臘戰艦，一覽無遺。從這個舒服的觀景位子，宙斯發出三道雷電鼓勵特洛伊人，讓特洛伊人把亞該亞人（指希臘聯軍）打得節節敗退。結果這下子宙斯開始擔心了，因為特洛伊人大勝，祂怕希臘人真的會被打敗而放棄圍城撤軍，這樣特洛伊城早已注定被摧毀的命運就不會實現。祂於是派出一隻老鷹，「飛禽中最重要的兆象，爪裡抓著一隻幼鹿，不知是哪隻靈巧母鹿生的幼崽。牠將幼鹿拋向宙斯的宏偉神壇——希臘人在此處向一切預兆的來源宙斯獻祭。希臘人知道這是宙斯派來的鳥，於是士氣大振攻擊特洛伊人，心中充滿戰鬥的意念。」

在各種預兆背後的乃是人的恐懼，是無時無刻不感覺到諸神善妒、好管閒事且毫無道德原則，而人只是這樣的諸神手中玩物。西元前第七世紀阿莫戈斯島詩人西蒙尼特斯留下的斷簡殘篇裡說宙斯是：「一切現狀的完成都受祂控制，隨祂心意處置。人並不能擁有見識，我們如野獸般活著，對命運帶來的事毫無招架之力，對於神明會讓我們的行為有什麼結果也一無所知。」[2]我們也可以看看下面這幾句話，據說是出自西元前第六世紀某時期的詩人泰奧格尼斯筆下：

> 沒有人……能為自己的毀滅或成功負責任，兩者都是神明所賜。沒有人在採取行動時知道後果是好是壞……人完全盲目，只遵循自身那無用的習慣，但眾神會將祂們的計畫全都實現。[3]

到了古典的希臘化與羅馬時代，我們發現人對預兆與占卜的真實性與預知未來的價值看法非常分歧。斯巴達人是一種極端，這個民族一向趨於保守，他們非常認真看待預兆，常因兆頭不佳而取消或延遲軍事行動。[4]亞歷山大大帝曾要求他的首席占卜師亞里斯坦德為即將開打的戰役祈福，但卻一再遭到回絕。[5]西元前第三世紀中期的羅馬將領克勞迪烏斯．普爾克是另一種極端，他在羅馬對迦太基的海戰前夕發現船上的聖雞（羅馬祭司養來占卜的雞）不吃東西，於是下令把這些雞扔進水裡，說：「如果牠們不吃飯，至少讓牠們喝水。」[6]說巧不巧，這場仗打下來羅馬人一敗塗地，普爾克麾下所有戰艦幾乎盡沉。他被召回羅馬，被拔掉執政官的職務，被以無能與不虔信的罪名送上法庭，最後被罰了一筆錢。不久之後他就過世了，死因可能是自殺。

波利比歐斯說那些聽占卜師（希臘文複數為 manteis）話的人就像染上了慢性病，但他也說軍事將領（希臘文複數為 strategos）應該永遠帶一兩個占卜師在身邊，就算不為了預卜未來命數，至少也可以在部隊因迷信而恐慌時加以平息。西元第一世紀的軍事理論家奧納桑德也強調指揮官應該要能以聰明的方式解讀預兆，還說主將應該讓部將也來親自檢驗祭品情況。「軍人呢，」他說，「如果相信神明站在自己這方，就能勇氣百倍面對危險。他們自己本來就會一直保持警覺，他們每一個人都仔細留意去看去聽任何兆頭。只要全軍獻祭時出現好預兆，那就連對此心中有疑慮的人都會受到鼓舞。」[7]第二世紀早期的弗朗提努斯將軍做得更徹底，他列出各種用於沙場的戰術，其中還建議帶兵者假造能夠提振士氣的預兆來欺騙部屬。[8]後世應當有不少人聽從這項建議吧。

整體而言，雖然史料內容不一，但有個方法可以證明大多數人重視預兆，那就是古人會把這些東西詳細記錄，且歷史上鮮少有占卜師因為預測錯誤而受懲罰或至少喪失信用。羅馬歷史學家李維的觀點最有趣，他的代表作《羅馬史》（西元前二七到九年）內容涵蓋數百年往事，裡面記錄的預兆數量超出其他任何上古史學著作，此處僅能舉少數幾個例子；薩賓人裡面有人生了一個雙性嬰兒、維伊城有人生了雙頭男孩，西努薩城有人生了少一隻手的男嬰，還有奧西莫城有個剛降生的女嬰已經長了牙齒。「我也不是不知道，」他說：

這些日子以來大家都採取漠視態度，他們普遍覺得眾神不會給什麼預示，因此官方不會對任何兆頭加以通報，也不會在我們的史書中留下紀錄。然而，當我寫著這些古事，不僅是我的心靈變得有那麼一點老派取向，並且我還有一些良知原則，讓我不會覺得那些被史上智慧超卓之人認定為公眾大事的事情不值得記在我的歷史書裡。[9]

今日世界的「專家學者」們在評判前人作品時，又有幾人能像這樣虛懷若谷不自以為是？另一位古代史學家蘇埃托尼烏斯也是只恐人間大小預兆不夠他寫，此人是羅馬皇帝圖拉真與哈德良那個時代的優秀作家，但對各種小道消息情有獨鍾。他寫過《人的肢體殘障》，此書今已佚失；他還寫過《論那些有名的交際花》這種書。蘇埃托尼烏斯說西元前四四年凱撒死後天空出現彗星，並解釋說眾人一如往常認定這是對未來災難的預兆。不過，也有人說彗星是凱撒的靈魂升往天界，而凱撒的繼承人奧古斯都一定比較肯定這種說法。[10]

後來的各個羅馬皇帝生平故事也充斥各種預兆，最有意思的例子可能是維斯帕西安。[11]出身不顯赫的維斯帕西安選擇走上從軍之路，他的人生從很早就開始遇見一個又一個兆頭，數量超過其他任何羅馬皇帝（只除了奧古斯都）。維斯帕西安每一個小孩出生的時候，某一棵橡樹都會冒一根新芽來告訴他這孩子的未來。某一次有條狗帶了一隻人的手給他，還有一次有隻狂奔的閹公牛衝進他吃飯的房間，然後馴服地趴在他腳邊。他父親的田產上有株柏樹因為不明原因倒下，隔天卻又還原如初。尼祿皇帝被殺之後不久，有一尊凱撒神像自己轉動起來，直到面朝東邊才停止，而那時五十幾歲的維斯帕西安正在東方指揮軍隊鎮壓猶太人的起義。西元六九年他在亞歷山大港待了一陣子，期間治好一個瞎子跟一個瘸子（或者依據某些資料說是個陽痿）。這些故事有的還不是出自好事者筆記，而是由最嚴肅、最富懷疑精神的最偉大歷史學家之一塔西佗所留下。簡言之，這表示維斯帕西安的步步高升早已是命中注定，且不論這其中至少有些預兆可能是後來編造，目的是要證明維斯帕西安接近皇座、登上皇位是天命所歸，證明他受到眾神所愛。

霍諾留皇帝（三九五到四二三年）一生中也遇見許多兆頭，但到那時羅馬帝國早已基督教化，而基督教作家看事情的角度自然不同。「兆頭這東西，」聖奧古斯丁這樣寫道：

> 背後的力量就是有惡魔參與其中……〔且〕裡面充滿了有害的新奇性，令人惶惶不可終日，且讓人自我奴化，這很要命。人並不是先知道此事有意義而投入心力，是因為有人投入心力把一些東西挑出來強調，才硬是給它加上意義。

「這種東西，」他的結論是，「沒有重要性，其重要性完全來自觀察者內心原有的設想。」[12]

然而「預兆」在整個中古時期仍是舞台上的要角，杜爾的格雷戈里所寫的《法蘭克民族史》裡面就記載了一堆預兆，這還只是諸多例子中的一個。除了一般常見的彗星日月蝕這些，他還說到星辰突然開始往不正常的方向移動，此外還有天空裡的異光、持續長達數星期的神祕吼聲、血雨、民家日用容器上出現解讀不了也去除不掉的怪異符號，諸如此類。這些預兆「通常預示君王之死或整片地區遭到摧毀」，「讓〔他〕心中充滿不祥的感覺」。

大約二百五十年之後，查理曼的僕從與傳記作家艾因哈德列出一長串的預兆，說他筆下這位英雄終生都受此困擾。[13]這其中有經常出現的日月蝕，有一次太陽表面還出現黑點，整整七日可見。其他還包括了地震（某次地震導致亞琛新建的宮殿倒塌），還包括有一回一顆飛越天空的火球嚇到查理曼的坐騎，導致這匹馬把騎士摔落。艾因哈德說，查理曼自己面對這些都能處變不驚，但就在他過世幾個月前，眾人開始注意到查理曼蓋的大教堂簷口周圍所刻銘文裡頭Carolus Princeps（「第一人查理」）這兩個字居然已經模糊消失。

十四世紀義大利佛羅倫斯的編年史學家喬凡尼．維拉尼為故鄉這座城市寫了一本史書，書中說一三四八年卡林提亞／夫里阿利一帶發生的地震是預兆世界將要結束（而他自己確實不久之後就染上黑死病身亡）。諾斯特拉達姆斯（一五〇三到一五六六年）與那些惠顧他的文藝復興王侯商人個個都恨不得彗星、日月蝕、畸形動物與神鬼顯靈這些東西愈多愈好。[14]我們不該單純把諾斯特拉達姆斯視為吹牛的騙子或不學無術，這位占星師自稱是個靈視者，他曾周遊列國，除了母語法語（他本名米歇爾．德諾斯特達姆）以外，他還精通拉丁文、希臘文、義大利文、希伯來文與西班牙文，甚至可能包括阿拉伯文。他的書信中到處可見引用古典學者作品，在他看來這些人是所有智慧之源。他終生一直在閱讀詩歌、占星學與歷史等領域的書籍來增加自己的知識，從未間斷。

在一封寫給兒子西薩爾的信裡，諾斯特拉達姆斯對自己在進行的工作加以省思，說他是固執地，或可能是知其不可為而為地試圖找出方法來結合上帝神意（任何事都要依靠神意才能達成）、巫術（他對此嚴詞譴責）、意識變異狀態，以及他真正在追尋的真知。他的結論是說，此等真知只有審慎鑽研方能獲得。[15]不出所料，諾斯特拉達姆斯的預測經常出錯；他在一五六四年見到法國太后凱薩琳．德．梅迪奇，向她保證她會享有和平，結果他完全沒料到兩年後法國就爆發內戰。接下來，他說：她的兒子，也就是未來的法王查理九世，將會活到九十歲（結果查理九世二十四歲就駕崩）。諾斯特拉達姆斯留下許多四行詩，他以這種體裁寫下九百四十二篇《先知預言》；這些詩不僅富有詩意且涵義模糊，因此它們幾乎可以被套用到任何情況，這或許解釋了為何他一再出錯卻聲名不減。[16]

我們前面提過彼得羅．蓬波納齊，他是比諾斯特拉達姆斯年紀稍大一點的同時代人。他的說法如下：

> 我實在不記得，史書裡讀到的任何重大政治變動或任何重要人物的生平，不論此人是有德或邪惡，有哪一次不是伴隨著天界星象的異兆出現在他出生或死亡時，也就是出現在紀錄的開端或結局。既然這類預兆總會出現或經常出現，它們一定有自然成因〔而不像其他學者說的是天使或惡魔所為〕。更何況，我們可以立論說這是源自天體星辰的力量，論據就是占星師以觀星結果為基礎來預測或詮釋這些歷史故事。[17]

蓬波納齊的看法是：雖然我們可能無法說明某些預兆為何以這種形式來提示某些事件，但我們也無法否認兩者之間確實有關。進一步說，愈重大的歷史事件就會有愈「非凡而驚人」的兆頭先出現，最最重要也最最權威的證據就是伯利恆之星在耶穌降生時顯現。

彗星與新星（我們現在稱之為「超新星」）也在一五八五、一五九三、一五九六、一六〇四與一六〇七這幾年出現在天空中，每一次都被解讀為警訊；解釋者說大多數時間上帝允許世界自行運作不加干涉，但此時上帝已經發怒，人必須悔改。「彗星，」德意志傳教士伊里亞斯．艾興格在一六一八年十二月天空出現一顆新彗星時寫道：

> 通常表示戰爭與流血／饑饉與死亡，這讓人害怕未來幾年內會發生劇烈的政治動盪，伴隨著悲慘的戰爭與平民的叛亂。會有大規模的迫害，巨大的傷痛與苦難將席捲全世界，戰爭、流血、劫掠、謀殺、縱火、嚴重的饑荒與瘟疫。[18]

而這番解讀竟是如此準確，因為一六一八年就是三十年戰爭爆發的第一年！類似的說法我們還能找到幾百種，無論是在歐洲或是北美，艾興格那時代的人一致認為這種天象不只應該去解釋它，還應該當成一種預兆。[19]就算到了十七世紀後半，大家依舊認定任何奇特的自然現象背後都隱藏著什麼含義，這說的可不只天象，還包括地震與詭異的暴風雨之類。最後，全靠科學革命逐漸開展，人們對預兆的信仰才逐漸淡去，就如某個史學家所說的是把「上帝所為」轉換成「可保風險」。[20]愛德蒙．哈雷在一七〇五年出版的《彗星天文學概論》是歷史朝這個方向邁進的一大步，他在書中呈現一六八八年觀測到的彗星與出現在一六〇一年和一五三一年的都是同一顆，還預測這顆彗星會在一七五八年回歸。他的預測確實成真，只是那時他已經過世。

比這更重要的一步是班傑明．富蘭克林在一七四九到五二年間發現閃電原來只是大氣放電，這種自然現象根本不是什麼另一個世界派來的信使，更有甚者原來閃電竟可以被引到地面控制貯存。如果時間再早兩三百年，富蘭克林說這種話可能會把自己送上絞刑架，但這時的發展不僅反映一百五十年後哲學家與社會學家馬克斯・韋伯所謂「世界的除魅」，且更加速了除魅的進行。儘管如此，這變化也非一夕之間，記錄預兆與解讀預兆的著作仍舊不斷問世（直到今天依然，特別是在網路上）。

第八章　鳥、肝、祭品

柏拉圖說，算命證明的「不是人的智慧而是人的愚昧」，[1]但古希臘人與古羅馬人幾乎每次做出重大決定時都要先占卜一下後果如何。家道不豐的一般小民會去找每條街上都有的廉價算命仙來決定私人事務，有錢的公眾人物則會找一整團祭司來當顧問，這些祭司之間或多或少有專業分工，整體負責處理占卜事務。

占卜法有千萬種，其中兩種最特別：觀察鳥類飛行情況的鳥占，以及觀察祭品牲口內臟情況的臟卜。兩者相同之處在於占卜者不是被動等待預兆憑空顯現（有時真的是「憑空」），而是主動卜出他們預備進行的特定行動會得到什麼結果。

從很古老的時候人類就相信鳥兒一飛衝天或從天而降可能是在為眾神傳遞信息，《吉爾迦美什史詩》與《創世記》裡都有這種說法，比如挪亞就是先送出一隻烏鴉再送出一隻鴿子來探看世上情況如何、洪水是否已經逐漸退去。鳥占在留存至今最早的希臘文學作品《伊里亞德》開頭幾行就有重要戲份，書中說預言家卡爾克斯是「最優秀的觀鳥者，擁有過去、現在與未來的一切知識」，[2]他在此處進行鳥占來判定是哪個神明降瘟疫給亞該亞人以及原因。《奧德賽》其中一幕，奧德修斯之子鐵拉馬庫斯表達他希望父親早日歸家的心願，[3]「當下」一隻雀鷹出現在他右邊，俯衝而下攫走一隻大白母雞。預言家忒奧克呂莫諾斯當時也在場，他解釋說這代表奧德修斯會回來，取回原屬於他的一切（奧德修斯之妻的名字潘妮洛普Penelope字源可能是penelops「鴨」這個字）。我們在艾斯奇勒斯、阿里斯多芬與詩人卡利馬科斯（西元前三一〇到二四〇年）的作品裡都可以找到許多證據，證明鳥占之法在荷馬時代過去以後仍被使用。赫希俄德在長詩《工作與時日》（第八二六到八二八行）的結尾處說懂得用鳥占卜未來的人很幸福。斯巴達與雅典都專門為鳥占專家建起觀測所，讓他們在裡面工作，其他城市可能也有類似做法。在土耳其境內以弗所發現的一份銘文大致描述了鳥占方法，年代約在西元前四九九到四四九年波希戰爭時期。進行鳥占的第一步是要形成問題，將這問題呈交給負責的祭司。接下來，銘文裡面是這樣說的：

> 如果鳥從右往左飛，如果鳥在看不見的地方停駐，這是吉兆。但如果鳥舉起左邊翅膀，那不論牠是起飛或是在看不見的地方停駐，都是凶兆。如果鳥從左往右飛，假使牠直線飛去看不見的地方停駐，這是凶兆，但如果牠舉起右邊翅膀，這是吉兆。[4]

色諾芬的書中寫到更多細節，老鷹在人的右邊鳴叫是吉兆，但這原則只適用於大人物而非升斗小民，況且色諾芬看到的那隻是停駐著而非飛翔，這現象可詮釋為不祥之兆，因為鳥起飛的時候最容易受到攻擊。受到這特殊情景影響，色諾芬向宙斯獻祭，結果又得到更多惡兆；當時他正要被任命為「萬人傭兵團」團長，而他最後決定不接受這項職務。[5]凱撒與他的繼承人奧古斯都都有許多官方頭銜，其中一個就是「占兆官」。除了這些以外還有無數例子可供引證。就算是古典時代結束、一神信仰興起之後，這些東西都未曾銷聲匿跡，直到今天還有一些人不管它們到底是什麼意思，仍然相信鴿子代表和平、老鷹代表力量、天鵝代表轉變。

最近的學術研究結果發現荷馬史詩其實沒有提到臟卜一事，這推翻了早先學者的詮釋。臟卜在希臘藝術中最早出現於西元前五三〇年左右，最早的文獻紀錄出自艾斯奇勒斯《被縛的普羅米修斯》。尤里比底斯在劇作《厄勒克特拉》中說臟卜源自普羅米修斯，是他將這種方法交給人類，而他後來也因這瀆神的行為受到宙斯懲罰。事實上臟卜可能是在西元前第二千紀早期起源於上古美索不達米亞，這項傳統被亞述人繼承，然後又傳到安納托利亞（西臺人）、義大利中部伊特魯里亞、希臘、羅馬，以及相反方向的中國，但卻獨獨漏了埃及，只有在亞歷山大攻下埃及之後臟卜才在該地流行起來。古代與現代都有史學家利用臟卜的傳播來推測這些民族之間的聯繫狀況。[6]

臟卜主要使用的動物是馴畜，如綿羊或山羊，羅馬人則會使用小牛犢，這點各地做法不一。反過來說，人們會避免使用公雞、豬和成牛，怕牠們的活力激情會汙染體內肝臟而導致誤判。[7] 某些地方也有留下使用狗或青蛙的紀錄，但這類紀錄的背景脈絡使我們很難判斷他們到底是認真的還是開玩笑的。[8] 等到獻祭儀式結束，祭品宰殺完成，牠的膽囊、胃、腎、心臟、肺臟與下刀時血流情況都要仔仔細細加以檢視。不過，此時臟器之首的尊位要給肝臟，因為他們認為血液是從肝臟流出，而這也是為什麼希臘與上面提到這些地方的語文裡都會把「肝」這個字與「頭」「路」「河」這些字組合在一起。[9] 奇特的是，就算亞里斯多德證實此說在科學上有誤，之後在算命時大家仍然堅持這個概念。

在當時人看來，健康的肝臟表示獻祭對象的神明現身當場且對供品很滿意。埃及費尤姆發現的第二世紀紙草文獻（作者不詳）解釋了臟卜儀式背後的邏輯：

〔朱庇特掌管的人體部位〕包括胸部延伸到胃與肝的部分，這裡承載的是火、心理能力與嗜欲能力，因為肝臟負責把人攝取到體內的食物轉化成血液。正因如此，統御整個身體的任務才會交給這個部位，因為領袖要考慮邦國的將來，就如肝臟在預備身體的將來。如果肝臟這部位生病，整個身體馬上會出現黃疸或水腫，變得如同死屍，因為血液的問題沒有管理好。這些是朱庇特給人的，所以獻祭的人可以從牲禮的肝臟看出預兆，而食慾與性慾也都是源自肝臟。[10]

肝葉的大小與顏色在臟卜中特別受到重視，另外還要注意肝臟上面是否有條紋，其他的重要特徵包括肝臟的密度與平滑度。這些都解釋了為什麼考古學家已經在中東挖出好幾百個陶土做的肝臟模型，甚至在義大利還有一個青銅材質的出土，最早的模型年代可以往前推到西元前第十八世紀。某些模型上面刻有教學文字，通常不同臟葉上面的內容就是與該臟葉相關。如果負責臟卜的專人在實際的肝臟上發現某種特徵，他就可以拿模型來比對，但我們不清楚這種比對是否僅限於研究教學過程，還是說真正祭祀時也可以這麼做。

就跟鳥占一樣，大多數拿來臟卜求解的問題似乎都是是非題。要繼續還是不要繼續？結果是好是壞？如此看重臟卜這套做法，導致出兵時機可能臨時延後、已開拔的兵馬可能被召回，全都只因為祭司發現祭牲體內找不到肝臟。西元前三八八年斯巴達將領阿格西波里斯就遇上這種情況，而他甚至不是史上唯一一個被迫延遲或取消軍事行動，以待牲禮內臟出現吉兆的指揮官。臟卜師斯普林那發現祭祀的牲口體內缺了心臟，以此為據警告凱撒小心提防即將到來的三月十五那一天，[11]但最後他仍未能阻止悲劇。

這裡必須強調一件事，占星、解兆等各種占卜方法都不是要占卜師進入任何一種意識變異狀態、從一個世界神祕地前往另一個世界，諸如此類，這和薩滿教、先知、夢境、神諭和召魂術都不同。相反地，占卜是一門「理性」技藝（希臘文的 *technē*），由專家冷靜客觀進行有條不紊的操作；專家必須學有所成，通常入門必須從學徒當起，訓練好幾年之後才能出師。斯多噶學派特別喜歡這東西，對他們來說占卜證明了神明真實存在，證明神都愛世人，還證明萬般皆是命半點不由人。[12]西塞羅寫書討論占卜時試圖說服讀者此事若非無稽之談就是騙術，但當他在西元前六三年擔任執政官時，他依然盡責地主持占卜儀式。

西元第四世紀中葉，羅馬皇帝「叛教者」朱利安的時代還在用獻祭牲口的內臟來解讀未來，但他卻拒絕相信臟卜的惡兆而出兵與波斯薩珊王朝*作戰，結果兵敗陣亡。[13]羅馬帝國成為基督教的天下之後，教會領袖擔憂占卜術會引人懷疑上帝的全能性質，因此他們盡全力禁止臟卜與其他類似行為。但占卜術並未因此消滅，就算今人試圖以各種方法證明算命是騙人的，仍有許多占卜方式繼續存在並廣為流傳，某些東非社群至今還會用祭牲的內臟來判定未來吉凶。[14]

現代占卜術的其他形式包括看手相、占察術（指從水晶球這類透明或具反射性的東西裡看見未來）、茶葉占卜、御神籤（日本神道教寺廟讓信眾隨機選擇的紙片，上面印著一個人的命運）等等，這些都號稱能夠告訴問卜者他們的未來。雖然它們也都無數次受到批判，說它們缺乏科學價值或根本就是騙術，但依舊有無數人選擇繼續相信它們。[15]

另一方面，問題也不全只是占卜師能不能成功說服或耍弄客戶而已。我過去認識一位女士，她偶爾會在聚會或派對之類場合幫人算塔羅牌，當時她三十好幾，非常有魅力，且擁有一種醫師口中所謂良好的「病床畔態度（即醫生對待病人的態度）」。對她好奇著迷的人紛紛前來找她求教，最主要問的是關於自己經濟情況與健康問題，此外當然也包括他們自身或近親遇到的感情問題。然而，她自己從來下不了決心是否要嚴肅看待算牌結果；她一邊常說塔羅牌是「我的胡鬧」，一邊又花好多時間精力去學習、研究、增進技巧。或許更重要的是，她深切感覺到這些客人都在依賴她，想從她這裡獲得解決自己困境的方法，而這些人很多都沒受過多少教育，生活經常很艱辛。她擔心自己算出這些人未來命運中的壞事，因而對對方的心理健康造成負面影響，最後她終究放棄塔羅牌。

＊書中原文寫的是 Parthian 安息王朝，但安息王朝已於第三世紀解體，朱利安在第四世紀攻打的是後來的薩珊王朝 Sassanid Empire。

第九章　數字的魔力

究竟是誰最先發現數字不僅僅是一種隨意的記號，且還能用來呈現物理真相的重要層面，這早已不可考。可以確定的是，因為尼羅河每年氾濫，水退後河邊所有標誌都會被沖刷掉，因此古埃及數學家絞盡腦汁要找出測量記錄四方形、三角形與其他形狀區域的方法。同樣地，古埃及是以穀物繳稅，因此數學家也把注意力放到計算容器容量上頭，這在徵稅時很實用。此外他們當然也在研究角度問題，不然金字塔跟其他建築物根本不可能蓋起來；[1]從某個角度來說，他們在這方面的成就可謂前無古人後無來者。[2]前面討論占星術時我們看到天體依循數字構成的規律運行，古巴比倫人因此對數字產生興趣。就連最不像數學教材的舊約聖經這本書也說上帝「依照尺度、數目、重量安置萬物」（《所羅門智訓》第十一章第二十節）。

以上這些都只是開頭。據說發現音階背後數學原理的是西元前第六世紀哲學家畢達哥拉斯，[3]他生於愛琴海上的薩摩斯島，原本與追隨他的學生住在克羅頓，後來被迫逃往梅塔龐托（這兩座城市都位在南義大利，當時希臘人稱這地區為「大希臘」）。他所領導的這學派非常神祕，性質也有神祕主義的傾向，結果就是流傳下來的相關故事很多但不全可信。

畢達哥拉斯學派的宗師發現了音階，這個學派的人因此相信「一切（有的不同翻譯版本譯成「上帝」）都是數字」，數字在他們手中於是成為思考求索宇宙萬事萬物意義的起點。他們甚至會向「聖十」祈禱，這是用四排共十個點構成的三角形，從上而下1＋2＋3＋4＝10：

天之數字，產生眾神與人的數字，請保佑我們！啊，神聖，神聖的十，你盛裝著永恆流動之創造的根與源！天之數字從深奧真純的單一開始，直到神聖的四，然後孕育出萬物之母，包含一切，囊括一切，最早出現，永不轉向，永不疲倦的神聖十，掌管一切的鑰匙。[4]

若要獲得加入的資格，新人必須先經歷一段長達五年的見習生活，見習結束時他們必須向聖十起誓：

以至高的真純、神聖、四字之名，
自然的永恆泉源與供給，
所有生命之靈魂的父母，

以他，憑藉信仰做出誓言，我向你起誓。

在畢達哥拉斯的體系裡，整數是眾神的創作，相對而言無理數（也就是像 π 這種無法以兩整數之比的方式來表示的數字）則被視為可憎可厭，有個故事說得很極端，說他甚至曾下令處決追隨者中提到無理數的人。無法被二整除的奇數是強健的、男性的，可被二整除的偶數則是弱小的、女性的（這種觀念在今天依舊存在）。[5] 擴而充之，畢達哥拉斯學派認定每個數字都有自己的特徵與意義，數字一是產生所有數字的數字，而我們現在也還是這麼認為。二代表觀點，三代表和諧，也代表過去現在未來的結合，因此有助於人看透未來。四（另一說是八）代表正義，五代表婚姻，六代表創造，七代表七大行星或稱「遊星」，此外七也是值得受崇敬的神聖數字。後來歷史上三大一神宗教都繼續認定七具有神聖性。

另一套有點類似的體系出自亞歷山大的斐洛，斐洛是猶太人，他為猶太教辯護的方式是去呈現猶太教教義包含希臘文化所有要義，而畢達哥拉斯的學說也在其中。他很自然地將一（上帝的數字）當作其他所有數字的基礎，然後二是代表宗派分裂的數字，三代表身體，四是與四元素、四季相呼應的完美數字，五是代表理性與感性的數字，如此這般。他特別要說七的特殊性，七是所有數字中最自由、最神聖、最重要的，但同時五十、七十、一百、十二和一百二十也都各有其「特殊意義」。[6]

比斐洛更為知名的柏拉圖，他窮盡畢生追求的偉大目標就是超越這個我們用感官所感知到的、經常虛幻不實的世界，獲得對絕對唯一真理的了解，因真理才是這世界運作的法則。數學的法則是不可改變且永恆的，因此柏拉圖將數學視為追尋真理的重要階石，[7]這也是為什麼傳說他曾在自己的學院門口放一塊石碑，上面刻著：「不懂幾何者不得進入。」他在《理想國》裡提議讓「保護者」階級的人利用人生的二十歲到三十歲這十年光陰來學習數學，[8]而他晚年著作之一《法律篇》裡面則寫到他算出理想中的城邦應擁有恰恰好五千零四十（1×2×3×4×5×6×7）個市民，[9]理由是五千零四十可以被一到十二的所有自然數整除（十一除外），且它還是連續四十二個質數加起來的總合（23 + 29 + 31 + 37 + 41 + 43 + 47 + 53 + 59 + 61 + 67 + 71 + 73 + 79 + 83 + 89 + 97 + 101 + 103 + 107 + 109 + 113 + 127 + 131 + 137 + 139 + 149 + 151 + 157 + 163 + 167 + 173 + 179 + 181 + 191 + 193 + 197 + 199 + 211 + 223 + 227 + 229）。就連四十二這數字本身都有不少頗具奇趣的特質。[10]某位翻譯柏拉圖的現代作者說，柏拉圖是在晚年受到畢達哥拉斯學說的影響，此時他似乎覺得一座城邦的健全與否不僅要靠正義與節制，同樣重要的甚至也包括四十二這數字所賦予的福氣。[11]

與柏拉圖差不多時代的鮑利克萊托斯被許多人認為是僅次於菲迪亞斯的古希臘偉大雕刻家，他的著作《法則》[12]裡提出一項原則，說數字也決定了我們對美的感覺，其中特別提到人體與人臉的比例問題。《法則》一書今已失傳，但後人對此書的評註顯示鮑利克萊托斯是以他認為的人體最小部位「小指的末節」當作一個單位來測量其他部位；手指必須與手腕成比例，手腕與前臂成比例，前臂與上臂成比例，諸如此類。

其他藝術家也補充了他們自己對比例關係的認知，其中最重要的莫過於羅馬建築師維特魯威（約死於西元一五年）。舉個例子，有一種說法說人的理想身高應該是他腳長的六倍長。[13]很久很久以後，文藝復興時期有好幾個藝術家採用這些原則而試圖將人體剛剛好放進一個圓圈或正方形裡頭，現代一些研究也證實這些原則符合人眼中「有吸引力」的長相，只是這些研究中所舉的標準樣貌不僅各自不同，且似乎會隨時間改變，還會隨各國國情而改。[14]建築師也將類似的概念應用到建築上，最廣為人知的例子就是羅馬萬神殿，它的長度剛好是寬度的一點六一八倍；一除以一點六一八剛好等於零點六一八除以一，這就是所謂的「黃金比例」，又稱phi，包括米開朗基羅與現代瑞士建築師柯比意都會在作品中使用這個比例，且奧斯卡．尼邁耶設計的紐約聯合國總部大樓上頭也能找出幾個黃金比例的例子，這棟大樓建造於一九四八到一九五二年。

十七世紀前半，從伽利略開始，自然世界一個又一個層面被數學的力量攻陷，這裡面包括蜂巢的模樣，水滴、雪花、沙丘的形式，貝殼的螺旋，花瓣的形狀，各式各樣材料的成分與性質，放射性物質的衰變速率，以及多到完全無可計數的其他例子。[15]數字不僅與外在世界有關，它們彼此之間似乎也玩著某種奇特無法解釋的遊戲。某些數字是正數，某些是負數；某些數字是質數，某些則否；某些數字是實數，某些是虛數；某些數字是可以以分數來表達的有理數，某些則是無法以分數表達的無理數。無理數包含一些最重要的數字，除了 phi 和我們在學校都學過的圓周率 π 之外，還有斐波那契數列和哥德爾數，愛因斯坦晚年對這些東西非常有興趣。

我自己還記得，大約七八歲的時候，學校讓我們用的標準筆記本封底印著九九乘法表，我對此非常著迷。某些數字只在表裡出現一次，比如二十五，三十五，四十九，六十三和八十一，其他的則會在不同地方重複出現，比如十二（3 × 4，2 × 6），二十（5 × 4，2 × 10）和三十六（4 ×9，6 × 6）。表內某些數字是質數（雖然我當時還不知道這個詞的意思）某些則否。我覺得這張表有種魔法般的奇妙，那時許多無聊的課堂時間都被我拿來研究整張表的原則，甚至還想研究出其中意義呢。很久以後我發現數學家也用同樣方式打發時間，也就是拿數字來設計遊戲，從這裡面發現許許多多不同數字的特殊屬性。有興趣的人可以打開維基百科，先看數字零，剛好它就具備很多最特別的特質；看完之後就繼續一、二、三這樣看下去。

正如一位現代數學家呼應柏拉圖所指出的，數字與數學「提供一條通往『融通』的路，或說它們能將所有知識領域合成單一一個樹狀體系；它們是資訊的知識論，以『計算學是能夠解開從人的意識到宇宙本身的任何複雜系統的普世性解法』這個概念為基礎。」[16] 依照定義，任何能簡化為演算法（也就是一套用來計算或解決問題的公式規則）的東西都能被預測，就算它處理的是像基本粒子這種人類從來沒看過也不可能看到的對象也一樣。在這種狀況下，我們可能完全不了解A與B之間為何存在某種關係，比如為什麼重力會讓自由落體以G而非其他的加速度墜落；我們獲得的預測也可能只是以機率為基礎的統計結果，也就是說我們無法確切預知某事會發生，我們只能預測某事發生的機率並以數字表達（「x發生的機率如何如何」）。

「數祕術」特別之處不在於它以數學為本，我們後面會看到數祕術所用的數學通常頗為簡單（不管操作者是阿基米德還是現代數祕師，一加一反正就是等於二）；它的特點是相信數祕術的人會賦予數字意義，將數字當成代表其他東西的符號而非數字本身。於是，他們在這麼做的時候也就給數字加上一種神祕的，甚至是具有深刻宗教靈性意義的特質。某些數字被視為具有特殊力量而具有影響力，其他的則遠遠不如。某些數字是幸運的，某些則否。某些數字預兆某事，其他數字預兆別的事（可想而知，哪個數字預兆什麼或不預兆什麼在各個文化裡有很大不同）。某些數字與行星或黃道十二宮有關，數祕術由此與占星術產生連結。

數字，它們以千千萬萬種方式既反映又影響宇宙和宇宙內的萬事萬物，也對我們每一個人的人生產生作用，不論我們自己知道與否。正因如此，只要我們充分了解數字，數字就能幫助我們預測未來。也因如此，在某兩位恰好成為夫妻的現代數祕師眼中，數祕術可能「其實比科學數學還要更刺激、更令人屏息」。[17]

很早以前有一個用數字預測未來的奇特例子，那就是第二世紀的文獻《阿斯特蘭塞克斯神諭》，標題中的人名是一個年代早得多的埃及魔法師（但此書內容跟這位傳說中的人物毫無關聯）。該書是一本現成即用的手冊，當時可能隨便哪個市場都有人在使用此書。書中列出九十二個客人可能會問算命師的問題，從五號編號到一〇三號，並給出一千多個可用的答案。算命的客人先從裡面找出最符合自己所需的問題，確認編號，然後算命師會用一套複雜的加減法系統從一千多個答案裡找出正確的那一個。典型的問題就跟古今中外大家會請算命師解答的事情差不多：我會不會當上元老院議員？我會不會嫁給白馬王子？我的病會不會好（編號四十二）？我能把這孩子養大嗎？我能獲得自由嗎？我會被賣掉嗎？我出海這趟會平安嗎？答案分做吉、凶、不明三類，其中有不少傾向於建議當事者聽天由命，例如「稍等」、「尚未」、「有耐心」以及「莫奢求」。[18]

這裡要說一件很重要的事，不論舊約聖經或其他任何上古中東文獻裡面都沒有使用數字符號，而是將數字拼寫出來。比方說創世記第五章第二十七節說瑪土撒拉的壽命長達「九百六十九」年，用的寫法就不是「969」；出埃及記第十二章第三十七節也說離開埃及的成年以色列男性有「六十萬人」，不是寫成「600000 人」。大約同時代的荷馬與赫希俄德作品也是相同情況。最早想到把字母符號賦予數值意義的是西元五百年左右的希臘人，在他們這套系統下 $\alpha = 1$，$\beta = 2$，$\gamma = 3$，$\delta = 4$，$\iota = 10$，$\kappa = 20$，$\pi = 100$，如此這般，直到最後一個字母 $\omega = 800$。希臘人甚至還為此額外發明一個字母 ϡ（發音為 ss 或 sh）來代表 900。[19] 這套字母數字碼讓各種數學運算變得不知簡便多少，實可謂天才手筆，大概也因為這樣它才會從希臘人那裡傳給猶太人。猶太人稱自己的字母數字碼為 *gematria*，這稱呼就清楚顯示他們從何學得這套做法。[20]羅馬人以及很久以後的阿拉伯人也都採用此法。

舉個例子，如果有人請一名阿拉伯數祕師解夢，數祕師會這樣做：首先他會把客人名字裡的每一個字母都賦予一個數值，然後將數字九拿掉。如果計算過後的數字剩下九，那這個夢就是關於城市，是個凶兆。如果是八，這個夢就與旅行有關。如果是七，就是與牛隻、收穫與玉米有關。六與天使和聖人有關，代表所做的事能夠完成。五是馬匹和武器，四是天界與星辰，三是當事人把祕密告訴別人，二是當事人期望某人在世俗事務上給予協助或利益。最後是一，基礎的單位，它喚起的是某些君王或偉大人物這樣的概念，是獨一無二，代表當事人想要的事會成功，或當事人能夠解脫困厄。[21]以上說明都出自古蘭經，是以非常巧妙的方式把古蘭經中出現這些數字的文句加以推衍而成，這也證明了解夢者必須熟習詳讀古蘭經內容。

數字在中古時期與文藝復興時期依然到處扮演某種角色，每一個數字都被賦予多個代表意義，這些意義可能針對個別男女或整個世界。最受歡迎的數字通常是七，這可能是因為大多數人在正常情況下最多只能同時記得七件事。[22]七代表完成、完美、宇宙（代表地的四加上代表天的三）、造物主創造萬物後休息的那一天、一星期的日數、七大教會、聖母瑪利亞的七大悲、七大行星、七聖禮、七宗罪、七美德（三種基督教美德加上四種古希臘異教美德）、世界末日與末日前的日子、啟示錄的七號角與七封印、第七時代、主禱文裡的七個祈求、基督的七旅途、彌撒儀式的七部分、人的七種年紀、基督在十字架上的七句遺言、七聲音階、七種事功，除此之外還有讓人摸不著頭腦的諸多意涵。還有「天國八福」，每一種都與「八禍」中的一種相對應。當時某些詩作會遵守嚴格的數學規範，這裡面有一部著名作品是十四世紀晚期作者不詳的騎士浪漫文學《高文爵士與綠騎士》，整首敘事詩的總長、段落數與句數等等都符合規則。[23]

這些說法內容不斷變化、不斷擴張，最後構成一套無比縝密複雜的網絡，萬事萬物在裡面都與其他事物產生關聯。[24]也有些人試圖禁止數祕術，比如十二世紀中葉法學家格拉提安在法學論著《教令集》裡的說法，以及時代相近的重要猶太學者麥摩尼底斯的主張，但這些都沒有產生多少效果。一位現代學者是這樣寫的，他說數字超越可變性與人為錯誤而存在，因此它們最接近造物主所用的語言，某些人認為數字提供了一條接近神、理解神所作所為最重要的大道。[25]

講一個比較平凡的層面，史上曾有位約翰．米爾菲德講出一套如何應用數字預測未來的方法。我們對此人生平所知甚少，只知他顯然是十四世紀末的一個司鐸（或教堂執事），當時在倫敦聖巴托羅謬醫院工作。他長期看著人的死亡、看著人逐漸步向死亡，最後他留下一篇經驗總結，裡面推薦使用以下方法來判定病人是否能夠活命：

取病人姓名、病人派來找醫生的信使姓名、信使來找醫生那一天的日期，把這三者的字母數量加起來，如果答案是偶數，病人難逃一劫，如果是奇數，病人會復原。[26]

據說給現有拉丁字母賦予數值的人是德意志博學家海因里希・柯尼留斯・阿格利帕・馮・內特斯海姆（一四六八到一五三五年），此人的著作包括神學、彈道學、採礦學、醫學，以及範圍很廣的神祕學相關知識。隨著科學革命成為主流思想，「利用數學來理解世界」的概念也隨著科學革命四處傳播，後世科學家甚至有些人，包括地位崇隆者如前面提過的克爾文男爵，說一切事物只要不是或不能用數字來表達的都是「貧乏而有所不足」，[27]無怪乎數祕術與數祕師在這種環境下能蓬勃發展。

「振動數字」的意思是一個人名字中每個字母的振動次數，二十世紀早期一名美國數祕師聲稱這「是大自然的心靈語言」，因此我們應該去學習「〔你的〕出生力量數字」所指引的一切事物，「就像〔你〕學習音樂或天文一樣。去學哪些旅館、商店、衣著服飾擁有同樣的數字振值，不要用狹隘眼光去看，眼界要寬廣，去嘗試所有跟你有關的東西。」舉例來講，馬的振動數字是十一，百合花的振動數字是二十二，「這顯示百合花是花之領域的主人……我們用這些例證證明數字本身不重要，透過數字來說話的那個東西才重要。」接下來她還說，一個人的名字不只是雙親隨意賦予的一組字母，它其實是「你對於『自己是誰』和『自己在社群裡的位置』所能擁有的唯一精神保障……名字代表你這一整個被稱為『人』的存在系統。」[28]正因如此，振動數字的正確與否非常重要。現代某本數祕術著作的內容也以類似模式開展，[29]作者先是向讀者保證他們的人生都受數字掌控，精確來說是被他們的出生日期所決定，包括性格、人際關係、人生方向、理財與許許多多其他事情都受此影響。說到最後命運的確主宰一切，但學習數祕術可以幫助人做好準備面對未來會發生的事，能夠加以順應或主動接近，而非徒勞無功地試圖抵抗。

接下來，這位作者說，運用數祕術的最簡單方法就是使用「生日靈數」，也就是只用出生年月日中的日。假設一個人生在某月十八日，那麼1＋8＝9，那個人的生日靈數就是九，代表意義是「原始力量」。那些生日靈數為一的人「時常」會是天生的領導者，「如果這是你的生命靈數，你適合白手起家，倘若犯錯就從錯誤中學習……冒險是必須的，要有勇氣，對自己的行動負全責，只有這樣你才會在生命中獲得真正的成功，」作者這樣寫道。數字二是浪漫溫柔，數字三代表創造力，數字四是可靠與實際。書中有一章在講兼容性與對待錢財的態度，例如：

> 六是象徵供應與富足的符號，這樣的人要獲得物質成就並不難，其中也包括金錢。這些人也常能繼承家族財富，或是得到別人主動給予的錢。這些人還常得到禮物和他人的認可，基本上他們只要用心在一件事上通常都能成功。他們幾乎從來不需要擔心現

金流，他們的財務情況總是很穩定，不會暴起或暴落！

這位作者又提到說，更進階的系統會把生日的年與月也算進去，也有些做法是參考占星術與塔羅牌所使用的數字，還有些是用自己的一套方法給每個字母賦予數值。主掌一切的關鍵數字是九，據說這是古代畢達哥拉斯的發現；這位作者沒有提到下面這說法，但其他資料則說九的重要性是因為它與「完美」數字十只差了一。十等於1+2+3+4，所以完美。

憑藉這條線索，我們將字母如此這般列出來。（見下圖）

某些數祕師認為應該拿掉表格裡的母音，只留下子音。只要將某個人名字裡的字母數值加起來，必要的話將獲得的數值每個數字再度相加，直到留下個位數，這就是那個人的主靈數。但如果得到的數字是十一、二十二或三十三，那就不必再把兩個數字相加，因為這三種主靈數「會刺激我們以感覺為本的天性」。[30]

如果某個人的名字裡有某個數字最常出現，那就代表他的性格與天資。性格決定命運，由此我們可以看出一個人在生命中可以

1	2	3	4	5	6	7	8	9
A	B	C	D	E	F	G	H	I
J	K	L	M	N	O	P	Q	R
S	T	U	V	W	X	Y	Z	

走、應該走的道路，以及這個人應當避免的痛苦失敗之路。舉例來說，主靈數為一的人可能成為偉大的政治家、演員或運動員，因為他們具有領導天賦，而且是天生的戰士；三可能成為成就非凡的畫家、演員或各種類型的藝術家。假設某個人名叫 Sam Smith（山姆．史密斯），S = 1, a = 1, m = 4, S = 1, m = 4, i = 9, t = 2, h = 8，總和是三十，然後 3 + 0 = 3。最後得到的數字是「動機靈數」，指引我們知道自己想做什麼、應該做什麼；而在此處這個例子裡，三代表的是「歡樂精神」，這種人「喜歡跟幽默好玩的人做伴，他們的歡樂精神也讓他們到哪裡都會受人注意。」

但這些都還只是初步，如果我們用類似方法，但只看首字母縮寫而不看生日或全名，就會得到這個人的「平衡靈數」，也就是給予人生「平衡與協調」的部分。假如一個人的平衡靈數是一，「這表示你得學習從自身，也就是從自己的內部獲取力量。但你如果把自己的故事和感受與家人朋友分享，這可能也會有所助益，你只要學會在兩者間取得平衡即可。」這位作者說，這些呢，能讓一個人去做「生命的數學計算，為了愛，為了成功，為了自我實踐」。[31]另一個人則教導說，人假設自己出生的日期和時刻決定了命運，這樣其實犯了大錯，因為：

> 反過來才是真相，我們是在出生前就自己決定了何時出生，我們靈魂深處知道在數學上自己應該以什麼日期與時間降生才正確。我們是先決定自己命運，然後才決定相應的日期與時間，而這也就決定了我們個人的數祕資料，包括我們的生命靈數與命運靈數。[32]

「進行一系列數字運算，獲得各種總和與小計，還有使用棋盤格、圖形與表格，」第三個專家是這樣說的，「這樣數祕師就能解剖一個人，把他攤開來看他的內在靈魂與外在自我，他的內在人格與外在人格，看他怎樣看待自己與其他人如何看待他，看他過去的生活與眼前的命運，看他生理上、心理上、情感上與精神上如何運作，以及更多更多事情。」[33]不只是西方世界，就連伊斯蘭世界與遠東地區都還有許多人把數祕術看得很重要。朝鮮半島的數祕術儀式稱為「跳神」，其中一種形式是由「巫當」（女性薩滿）搖動一個盛裝松子的容器，掉出來的不計，只計算留在容器裡的松子數量，以此回答問題，奇數是吉，偶數是凶。[34]

當我開始為寫作這本書蒐集資料的時候，我才知道原來美國某些猶太人曾使用數祕術來證明希拉蕊・羅登・柯林頓（Hillary Rodham Clinton）是個「亞瑪力人」，而唐納・川普則將迎接救世主到來，[35]證明方法如下。他們將 Hillary、Rodham、Clinton 這幾個單字轉譯成希伯來文，然後依照猶太字母數字碼賦予每個字母數值，最後算出這三個單字的字母數值總和都是二百五十五。而 Amalekiah 這個字，也就是「來自亞瑪力國的女人」，字母數值總和也是二百五十五。亞瑪力人是以色列人的世仇，必須斬草除根。

到這裡我們只說了一半。希拉蕊全名三個單字加起來的總和是七百六十五（255×3），而 et tsara「恐怖災厄時期」這個詞的總和也是七百六十五，這絕非巧合！et tsara 出自舊約聖經《但以理書》第十二章第一節，經文內容是說以色列的守護天使米迦勒會在大災難發生時保護他的子民。這下子看來希拉蕊顯然是個災星，誰知道她將來會做出什麼可怕的事？問題就在於要將非希伯來文的單字翻譯成希伯來文通常有好幾種不同方法，特別是翻譯人名的時候差別更大，這樣子算出來的數字也會天差地別。舉例而言，「來自亞瑪力國的女人」這個字也可以拼成 Amalekit，這下子字母數值總和就從二百五十五變成了六百四十。

反過來看，唐納．川普的希伯來字母數值總和是四百二十四，也就是 212×2。這領域的某位專家還注意到伯尼．桑德斯的名字是六百三十六，也就是 212×3。此時就要說到約瑟夫．哈伊姆這位一八三二到一九〇一年間生活在巴格達的猶太拉比，維基百科說他是「猶太律法權威與卡巴拉大師」[36]，他提出的詮釋是 212 這個數字代表以色列的艱苦時期。但事情還不只這樣，其他有很多單字或字詞組合的字母數字總和也是二百一十二，裡面最最重要的是什麼？答案是「大衛之子彌賽亞」！哈雷路亞！數祕術又稱數字算命學，在《哈利波特》系列中也有出現，故事裡說這門學科很難，霍格華茲某些學生會特別選這門課來提升自己預知未來的能力，比如哈利的朋友妙麗。

總結而論，數字與數字之間的關係一直讓人充滿遐思，至今依然。歷史上某些最偉大的哲學家將它們視為萬事萬物秩序之中必要的部分，是大自然或上帝或不知什麼在世間的精妙傑作，讓我們探索並經常能在其中獲得樂趣。這也就是為什麼眾人認為只要找出操弄數字的正確方法，數字就能告訴我們各種各樣領域的許許多多知識，從天體運行、音樂音階和我們的美感好惡開始，到每一個人的人格、未來與他們所可能具有的歷史地位，如果我們相信數祕師說法的話。

數祕學的支持者說這是一種「非常精準、可測量且幾乎算是科學的預測未來方法」，絕無虛假。[37]但這世上也有人持不同看法，下面這段文字出自曾在世界各地暢銷的《聖米歇爾的故事》（一九三九年），該書是瑞典醫師阿克塞爾・蒙特的回憶錄：

星期五晚上，（卡普里島上的）雜貨店擠滿人，手舞足蹈熱烈討論著明天開獎的銀行樂透中獎號碼，三十四，六十九，四十三，十七！唐安托尼歐夢到他姑母突然死了，留給他五千里拉；猝死是四十九，錢財是七十！唐歐諾拉托去問過佛契拉路那個駝子，他很確定這就是他的幸運三號碼：九，三十九，二十！唐巴托洛的貓前一晚生了七隻小貓：數字七，十六，六十四！唐狄奧尼西歐剛才在《刺棒報》上面看到一個克莫拉黑手黨黨徒在那不勒斯的無瑕宮那兒拿刀刺了一個理髮師，理髮師，二十一，一把刀，四十一！唐帕斯卡勒的數字是墓地管理員給的，說是他清楚聽到某座墳裡傳出來的聲音，「死者語」，四十八！[38]

第十章　聖經解碼

長久以來，人用以預測未來的一種重要方法就是去探究某些具有神聖性的文獻的「真正」含意，其中最受重視的就是聖經。《塔木德經》裡面已經出現以下基本假設，說上帝刻意將訊息隱藏在這些文字裡，讓祂的選民來解讀密碼，不論「選民」指的是誰。

進行解碼有很多種方式，一種是把《但以理書》或《啟示錄》這類明顯有預言性質的篇章文字加以解釋，把它們與當今事件連結。另一種是在表面看來不像預言的地方發掘出預言真義。新約聖經裡面要把耶穌生平各種細節搭配上舊約聖經字句和故事的地方多的不得了，一個最重要的例子就是《馬太福音》（第一章第二十二到二十三節）說以賽亞預言了聖母童貞受孕的神蹟（「必有童女懷孕生子，給他起名叫以馬內利」，《以賽亞書》第七章第十四節）。

中古時期一名法國解經者提出論點，說《詩篇》的每一首詩都與聖母受孕後的某一年相對應，他藉此得以計算出世界已經存在多久、距離世界末日還有多久。另一套說法沒這麼直截了當但更雄心勃勃，非奧雷的約阿西姆在他的《符應書》中提出聖經編年史與教會編年史之間的符應系統。[1]他的解釋是說，聖經由兩棵樹構成，第一棵從亞當長出，結束在基督降生時；第二棵從基督開始，會在基督再臨的時候結束。這兩棵樹都包含六十三個世代，分成三組二十一個。新約聖經的兩棵樹（或說四十二個世代）必須先過去，敵基督才會展開行動。新約世代的長度是三十年，因為耶穌是三十歲的時候收第一個門徒。如此算來，敵基督會在一二六〇年現身世間（四十二個世代，每個世代三十年）。

進一步的證據出現在《啟示錄》第十二章，這裡寫到一名神祕女子逃往荒野，在那裡受到上帝照看一千二百六十天（約阿希姆認為這裡的「天」就是「年」）。只講這項預測的話，雖說西元一二六〇年平安無事來了又走，但眾人直到十六世紀頭幾十年仍然把約阿希姆的預測當回事，不因他的這一點點疏漏而受影響。[2]畢竟，約阿希姆不是預告了（據稱如此）「菲利浦之子卡羅魯斯」出現，說這位「光輝的帝王世系之子孫」會對教廷所犯的一切可憎罪刑施以懲戒嗎？他的預言不是受到古今多少傑出人物的支持嗎？當勃艮地的「英俊菲利浦」之子、神聖羅馬帝國皇帝查理五世在一五二七年大軍掃平羅馬，逼得教皇克勉七世躲進聖天使城堡不敢出來，這時候約阿希姆的預言不是以一種可怕的方式實現了嗎？但約阿希姆自己卻堅稱他絕對不是個先知，或許是因為他知道任何人膽敢聲稱與上帝有直接聯繫都不會有好下場。他說，他擁有的不過是「智識之靈」，讓他得以理解聖經經文的奧祕。

同樣地，當時很多人都害怕「世界末日會在一六六六年到來」，而這說法的根據就在於

《啟示錄》第十三章第十七到十八節說六六六是「獸的數字」。但這也只是各種詮釋的其中一種而已，另一種是說六百六十六等於「尼祿皇帝」（西元五四到六八年在位）這個名號的猶太數字碼數值總和，用希伯來文或亞蘭語得到的結果都一樣。後來有人指出《啟示錄》創作年代是在西元七〇年耶路撒冷第二聖殿被毀之後，所以它已經不可能「預測」尼祿登基，但相信上述說法的人並未因此氣餒，反而提出新的解釋，說同樣這些字母去掉「emperor」之後也能拼出圖密善皇帝的名字，而圖密善是於西元八一到九六年在位。問題在於，這些名字翻譯時可以有不同拼寫方式，不管加不加皇帝頭銜都一樣；還有個問題是現存某些最古老手稿裡寫的數字是六一六而非六六六。之後這類說法並未絕跡，歷史上每一次基督教徒感到他們的信仰與他們自身受到伊斯蘭教威脅，就會有人開始主張六六六這數字代表「穆罕默德」這個名字（在此脈絡下用的拼法是Maometis）或是代表古蘭經。[3]

「六六六其實是一六六六，而一六六六年將是世界末日」，這種說法最早出現在湯瑪斯・路普頓在一五九七年出版的《巴比倫淪亡》書中，[4]從那之後這個觀點就愈來愈常被提起。路普頓是英國伊莉莎白時代的人，專門傳播各種雜項知識。歷史上還有幾個人試圖把六六六和一二六〇結合在一起，其中一人是英國學者暨傳教士湯瑪斯・高德溫（一六〇〇到一六八〇年）。身為一個立場堅定的清教徒，高德溫在英國內戰爆發前夕被迫逃往荷蘭，等到英格蘭聯邦成立期間他才得以歸國，專任奧立佛・克倫威爾本人的牧師兩年。在高德溫看來，事情很簡單，只要把一千二百六十加上四百零六這個數字（大約是匈奴入侵的年代，也大約是羅馬第一位教皇（清教徒視其為惡魔）上任的時間），一切就一目了然。

到了一六六六年，克倫威爾已死，英格蘭聯邦也不復存在，但一千六百六十六這個數字已經普遍成為茶餘飯後的話題，所以當一場大火在一六六六年燒毀倫敦大部分區域，大家馬上就想到高德溫的預言；更何況前一年就開始流行瘟疫，到此時造成的死亡人數估計已有十萬人，等於倫敦城全體人口的四分之一。另一方面，六百六十六這個數字不僅是最小的七個質數的平方總和（$2^2+3^2+5^2+7^2+11^2+13^2+17^2$），還擁有其他「有魔力的」特質，這大概也對傳言起到推波助瀾的效果。[5]事情並未就此結束，當美國總統夫婦南西與雷根離開白宮搬到洛杉磯的貝萊爾住宅區，他們特地把聖克勞德路新家的門牌號碼從六百六十六改成六百六十八。二〇〇三年，美國新墨西哥州的六六六號公路被改為四九一號公路，新墨西哥州當時的運輸部長朗妲·佛特如此解釋：「惡魔被趕出去了，我們跟牠道別，叫牠別再來了。」[6]

想用聖經來推算基督再臨、天國建立時間的人有千千萬，但其中地位最崇高的絕對是牛頓，[7]他甚至在一七〇四年寫了一整本書來討論這個課題：《但以理書與聖約翰啟示錄中預言之研究》。他開頭的立論很常見，說《但以理書》所謂的二三〇〇「預言之日」其實每一日是指一年。接下來他試著決定要從哪一年開始算起，是不是《但以理書》第八章一到二十七節說的「公山羊長出小角」那一年？某些人認為這段文字說的是西元前三三一年，也就是亞歷山大率領馬其頓軍隊推翻波斯帝國的時間。或者，是不是要從羅馬人攻陷耶路撒冷摧毀聖殿的西元七〇年開始算？還是要從「教皇樹立權威」的西元八〇〇年開始？抑或是格雷戈里七世登上教皇寶座的一〇八四年？在這之後，他以大致相同的方法處理出現在啟示錄裡的另一個數字「一二九〇」，[8]然後用了各種深奧難解的算法來調和他先前得出的各個不同結果。他最後認定二〇六〇年是基督再臨最可能的年代，但也無法排除其他更晚時間的可能性，例如二〇九〇、二一三二、二三四四與二三七四年。他顯然被這情況弄得很困惑，最後只好補充說聖經預言「直到最終的時刻」才會真正被理解，而就算到了那時也「不會有任何一個惡人能夠理解」。到了今天，評注者對於聖經中的「日」是否代表「年」或「千年」（此說以《彼得後書》第三章第八到十節為基礎），以及「一星期」指的究竟是七天、一年或七年，看法仍有分歧。[9]

其他所謂解讀聖經「真義」的方法也是多到數不勝數，我們很熟悉的這位杜爾的格雷戈里留下一段紀錄，說他叔伯輩的隆格黑主教聖特崔克斯試圖預卜第六世紀梅羅文加王朝統治者克羅泰爾一世所生逆子克朗恩的命運，克羅泰爾一世的父親是法蘭克王國立國者克洛維一世。

首先，翻開先知書，〔教士們〕在此發現：「我必撤去籬笆，使他被吞滅。我指望結好葡萄，反倒結了野葡萄。」（《以賽亞書》第五章）。然後翻開使徒書，他們發現：「因為你們自己明明曉得，主的日子來到，好像夜間的賊一樣。人正說平安穩妥的時候，災禍忽然臨到他們，如同產難臨到懷胎的婦人一樣。他們絕不能逃脫。」（《帖薩羅尼迦前書》第五章第二到三節）。最後，主藉著福音書說：「凡聽見我這話不去行的，好比一個無知的人，把房子蓋在沙土上；雨淋，水沖，風吹，撞著那房子，房子就倒塌了，並且倒塌得很大。」（《馬太福音》第七章第二十六到二十七節）。[10]

事情果然如這般發展，克朗恩在戰爭中被父親生擒，最後他連同妻子女兒一起被活活燒死。文獻中出現數個使用籤骰占卜法（cleromancy，使用隨機產生結果的工具來占卜的方法，源自希臘文的 kleros「籤」和 manteia「占卜」）的例子，上面引用的只是其中一個。

現在我們在網上可以找到「聖經文句隨機產生器」這種東西，[11]只要按下鍵，你的螢幕上就會隨機出現一句聖經中的話，比如「神是我們的避難所，是我們的力量，是我們在患難中隨時的幫助。」（《詩篇》第四十六章第一節），或是「因為你的財寶在哪裡，你的心也在那裡。」（《馬太福音》第六章第二十一節）。某些猶太拉比也會使用同樣方法，如果有人在考慮要進行某件事或下某個決定，但對後果有所疑慮，這人就會去問拉比，而拉比則會隨機翻開希伯來聖經某一頁，眼前出現的文字第一行裡面就藏著答案，而希伯來文的第一行慣常是從右邊開始。正統派猶太教徒仍然偶爾會採取這種做法，但顯然此事並不是被他們所有人坦然接受。非信徒會說：這一切只不過是機率問題，人不可能靠這種方式探知任何關於未來的事。信徒則會說：是上帝的手引導他們去翻那一頁、去看那一句話，而上帝自然也會給予他們解讀關鍵文字的靈感。

其他也有人提出各種用聖經預測未來的方法，甚至在現代世界依然有這種事。「只要以正確方式閱讀《摩西五經》，」有人這樣說，「卡巴拉師能看見他們過去、現在與未來的狀況。」他們的做法是「注視這些符號（包括字母與字母上下方那些用來指示母音發音的點與短線）在各自的組合裡。若要看出所以然，只讀文字是不夠的，你必須知道如何看出密碼。」[12]

另一種方法是把文章裡每隔一個字母（或是隔兩個、三個、四個）的字母取出來，看它們能不能組成有意義的字句。這種方法被稱為「等距字母序列法」，可以照一般希伯來文書寫習慣從右到左算，或是從左到右算。[13]此法的支持者號稱他們發現歷史上幾乎每一件大事都隱藏在聖經裡，但可供使用的部分究竟是只有《摩西五經》或是整部舊約聖經，這點仍有爭議。為了方便說明，我們先假設只有《摩西五經》可用，用法如下：[14]首先我們將整部《摩西五經》的文字全部排列成一行，這一行總共有三十萬四千八百〇五個字母。第二步，我們挑出一件或多件史事，比如說「廣島核爆」或是「波斯灣戰爭」，試看看能不能在經文裡找到相關密碼。第三步是從經文中取字母，每隔一個字母、兩個字母、三個字母這樣取，每一種都試，試到每隔十個字母取一，然後再往上繼續試，每隔二十個字母、每隔五十個字母，如此這般，利用連續相同間隔取字母的方式獲得密碼內容。也就是說，假設本文有這樣一段話「Brown Lunch Units Exist; SearcH our HOme to Enter」，取出來的就會是「blue shoe」。據說「屬天解碼師」這個團體就是用這種方法發現上帝將「倫敦哈利王子」和「尼克森辭職」這些文字暗藏於聖經經文內，這群人說自己是「矢志搜尋聖經中等距字母組合的網路群體」。[15]

任何對密碼與加密有所認識的人都知道，要寫出一段有意義的文字，裡面又以等距方式隱藏另一組有意義的文字，此事極其困難。相信聖經密碼的人認為這又是一個證據，證明以這種方法找出的訊息確實是源於神。但這還只是開頭，有一名持不可知論的猶太物理學家納珊．雅各比和另一名持正統信仰的猶太工程師莫舍．阿隆．夏克說他們倆人總共找出數百條等距字母序列，其中包括「一架飛機將要迷失」（據稱是預測二〇一四年三月馬來西亞航空三七〇號班機消失事件），包括二〇一四年後來爆發的伊波拉病毒疫情，還包括二〇〇四年的卡崔娜颶風。[16]

除此之外，世上還存在其他許多種聖經解碼法，每一種都有不同思想派系予以支持，使用的技術也多少有差異。有一種叫做「拼詞法」（notarikon，出自希臘文的「短記」這個字），早在西元前幾世紀《塔木德經》的時代就已出現，方法是將每個單字的首尾或中間字母取出，像串珠一樣把它們串成新的字或甚至完整句子。另一種方法叫「易序法」（temurah，「改變」），做法是將字母順序改換重整；[17] 此法可由人工進行，過去也一直如此，但就像其他很多事情一樣，電腦出現後要進行這類運算就容易多了。

這類方法大多僅為少數熱烈支持者所知，在他們彼此之間討論。不過，回到一九九七年，一名美國記者麥可·卓斯寧出版《聖經密碼》一書，引發轟動。[18]卓斯寧也聲稱這些訊息是上帝刻意置入聖經經文裡，在那裡沉睡三千年，直到一名以色列數學家伊利亞胡（以利亞）·瑞普斯福至心靈想到要以電腦來進行破譯。瑞普斯被卓斯寧稱為數學天才，他最早受到世人關注是在一九六九年，那年他試圖以自焚的方式抗議蘇聯占領捷克斯洛伐克，但他在身上的火被撲滅之前只受到表淺灼傷。被診斷出精神分裂症後，他在一間封閉的精神病院待了一陣子，在裡面解複雜的數學問題。出院後他被允許前往以色列，而他就是在以色列獲得這個大發現。據說他把聖經解碼的祕密交給以色列軍方，軍方在一九九一年波斯灣戰爭中以這套方法試圖取得情報（但其實以色列並未參戰）。接下來以色列人又把祕密交給美國國家安全局，我就是在一九九〇年代早期從國家安全局的某個分析師那裡頭一次聽到關於聖經密碼的事。

下面解釋瑞普這套解碼法如何應用。首先將《摩西五經》的字母逐一排列出來，去除標點符號與空格，也不使用希伯來文本來就沒有的大寫字母。舉例來說，以下這段文字 In the beginning God created the heaven and theearth. And the earth was without form, and void; and darknesswas upon the face of the deep. And the Spirit of God moved uponthe face o[f]（「起初，神創造天地。地是空虛混沌，淵面黑暗；神的靈運行在水面上。）排列好的結果是：（見下頁表）

從這裡我們可以開始檢查橫排或豎排的某些字母群（某些人說斜角排列的也可以）是否構成某些單字，這些單字能與過去史實或人能想像到的未來事件相符。就和等距字母序列法一樣，此處我們也能使用專門設計的軟體來幫助搜尋，而他們就是用這種方法發現以色列總理「伊札克（拉賓）遭謀殺」這些字出現在聖經裡，但這已是拉賓遇害之後的事了。

可想而知，在大眾對核武議題的關注之下，據說解碼者用這套方法預測二〇一七年將出現「原子伊朗」（詳細意義不明），以及以色列將在該年進攻伊朗，還有北韓的核武威脅將引發一場世界末日的天使之戰＊。[19]下面是解碼者推導出這些結論的詳細過程：

i	n	t	h	e	b	e	g	i	n	n	i
n	g	g	o	d	c	r	e	a	t	e	d
t	h	e	h	e	a	v	e	n	a	n	d
t	h	e	e	a	r	t	h	a	n	d	t
h	e	e	a	r	t	h	w	a	s	w	i
t	h	o	u	t	f	o	r	m	a	n	d
v	o	i	d	a	n	d	d	a	r	k	n
e	s	s	w	a	s	u	p	o	n	t	h
e	f	a	c	e	o	f	t	h	e	d	e
e	p	a	n	d	t	h	e	s	p	i	r
i	t	o	f	g	o	d	m	o	v	e	d
u	p	o	n	t	h	e	f	a	c	e	o

拉比〔馬蒂雅胡・格拉茲森〕用特殊的電腦軟體幫他找出這些密碼，最後發現下列文字「Tsafon Korea」（「北韓」）。之後，拉比又發現aleph、heh、resh和bet這幾個字母連續出現，於是密碼訊息變得更清楚，因為這些字母構成「Artzot Habrit」（希伯來文中的「美國」）的縮寫語。

這兩段密碼都與「Shoah Atomit」（核子滅絕）這個詞相鄰。拉比還在同一份字母表裡發現「Gog」這個字，他說這暗示北韓可能是引發彌賽亞降臨前末日戰爭的國家，據說這場戰爭「來自北方」。[20]

這些方法在歷史上很多時候都與一種統計學相關，而這種統計學會「證明」以機率法則來看我們每個人誕生在世界上的機率都趨近於零。此外，值得注意的是，對希伯來文不熟悉的讀者可能以為使用這些方法很困難，但事實並非如此，原因有三。第一，希伯來字母只有子音沒有母音，所以希伯來文任何兩個或多個字母的隨機組合會出現某種意義的機率遠高於英文或其他歐洲語文，同理希伯來文的拼字遊戲難度也低得多。第二，這兩種方法都能用在聖經以外的任何書籍裡，不論書籍作者與內容如何。第三，網路上有好幾種**免費**聖經密碼搜尋軟體都號稱

＊指聖經《啟示錄》中描述天使長米迦勒與撒旦等之間的戰爭。

比瑞普用的那種功能更強，有一種甚至能與 Windows 95、Windows 98、Windows 2000、Windows NT、Windows XP、Windows 7、Windows 8 和 Windows 10 都相容，[21]這下我們還能有什麼不滿足的？

從數百年前開始，聖經解碼的成果引發了數也數不清的爭議，參與者包括科學家與猶太拉比。[22]某些拉比聲稱他們知道上帝的心思（對此他們當然是專家）其實不是這樣運作，但也有其他許多人自願或被找來解釋聖經解碼為何有效。瑞普早先曾獲得以色列知名學者羅勃・歐曼的支持，歐曼曾以「賽局理論」獲得二〇〇五年諾貝爾經濟學獎。身為一個固定上會堂的猶太教徒，歐曼曾在以色列科學院就此主題發表演說，甚至試圖在有學術公信力的統計學期刊上發表相關論文。但歐曼後來不再支持此事，說他現在認為這種方法有效的可能性極低。瑞普自己則是在一九九七年成為搞笑諾貝爾獎「不可能的研究」獎項獲獎人，但無論是在當時或今日，這件事都未曾阻止其他人一而再再而三提出類似想法。

第三部

進入現代

第十一章 從模式到循環

人說「要先鑑往才能知來」，這樣的話被一說再說，已經成為我們這個時代的陳腔濫調。說過這話的包括西班牙哲學家喬治・桑塔亞那（「不記得過去的人就被判了重蹈覆轍的刑」[1]），據說也包括美國總統西奧多・羅斯福（「你對過去所知愈多，就愈有準備面對未來」）。然而，就算我們能精確而全面地知曉過去，那些試圖用過去預測未來的人卻很少能深入解釋這麼做為何可行、如何做才可行。本章會介紹四種用歷史進行預測的方法，而跟本書大部分篇章一樣，介紹內容會分為十八世紀之前與之後兩部分。

今天大部分的人多少都理所當然地認為歷史是一個如飛矢前進般不斷改變、永無重複的過程，始於遙遠的過去，甚至說不定可以追溯到宇宙誕生的大霹靂，然後以直線方式不斷延展進入未來。但說來可能讓人吃驚，這種想法其實是很近代的事，上面這種說法是到十八世紀中期左右才出現，這點我們下面就會介紹。在那之前，大多數人認為歷史就是會一再重演，或者認為歷史是一個規律重複的循環，比如柏拉圖、伊本・赫勒敦和其他眾多人物都是這麼想。

假設歷史事件就是會不斷重複發生，而同樣的環境永遠或至少一般而言會造成同樣效果，這樣那些獨特或出眾的人事物的重要性就會大幅降低，留下來的只剩可以界定、辨識並投射到未來的各種模式，比較通俗的說法就是「經驗」，這些模式至少在原則上可以用來預測即將發生的事。西元前第五世紀的雅典人修昔底德斯被許多人視為歷史上最偉大的史學家，而他很明顯抱持這種觀點。他曾是軍事將領，後來卻遭雅典人民解職，於是他開始寫作歷史。修昔底德斯主要的興趣不在預知未來，但他的著作與他對自己將名垂千古的信心都根基於一個假設，那就是人性永不改變且永遠會導致過去發生的事在未來重新出現。[2]美國海軍上將史坦斯菲德・特納似乎與修昔底德斯所見略同，他在一九七〇年代早期擔任美國海軍戰爭學院校長時將原有的戰略研究課程取消，改開以修昔底德斯著作為基礎的戰略課程，之後美國其他某些戰爭學院也效法他這麼做。[3]

修昔底德斯之後過了兩千年，尼可羅・馬基維利意圖寫出他所謂「有效的」（或說「有用的」）歷史，而他心裡也帶著類似想法，希望好君王與君王身邊的顧問能閱讀歷史並從中獲益。馬基維利和修昔底德斯都認為整部歷史最主要的就是權力鬥爭，而歷史之所以能作為課本正是因為權力的本質古今皆同，而渴望權力的人與他們所採取的手段也始終一樣。對馬基維利而言這代表一個結論，那就是不論某件事是發生在羅馬共和時期（他對此時期歷史有長篇研究著述，而他其他著作中大部分例子也都取自這時期）或是他自己的時代，兩者說到底是同一回事。

另一個說明「模式不變」的更佳例子是多數與少數、富人與窮人之間的衝突，柏拉圖在《理想國》與其他地方都表達出這種衝突終將導致內戰（*stasis*）。兩千五百年之後，我們之中大多數人依然相信此說的真實性。舊約聖經《傳道書》雖出自另一支迥異傳統，但卻說得最言簡意賅：「已有的事後必再有；已行的事後必再行。日光之下並無新事。」（第一章第九節）。

模式是一回事，循環是另一回事。我們不知道是誰最先出現「時間遵循循環模式」這個想法，但往前追溯至少五千年，當時擁有這種思想的不僅包括地中海周圍世界、埃及、美索不達米亞，還有斯堪地那維亞的諾斯人，甚至中國都從那時一直擁護這種思想直到十九世紀末，而馬雅人則是自己獨立發展出相同認知。[4]這想法的起源很可能是以下兩種情況之一，一種是我們的遠祖觀察到生物生命與社會組織的生死榮枯興衰，另一種是他們看見天體與其中一切的運行，於是將其與地上事物類比。「古代人，」米爾洽·伊里亞德在《永恆回歸的神話》裡如是說，「以天上星體和天體所代表的神靈作為自己的庇護所、居所，其實是自己整個宗教與世俗生活的藍圖。這樣的人會徹底信奉重複性或重複性所指涉的先見之明。」[5]古埃及人在西元前第十三世紀製作的日晷是人類歷史上所知最早的計時器，而當時的日晷被做成圓形，這點也可作為輔證。季節遞嬗雖有影響，但人親眼看見的是日晷晷影器（gnomon，源自希臘文，意思是「知道的部分」）投下的陰影轉了一圈又一圈，每天早上都回到相同位置。[6]但最有可能的其實是生物學、天文學與科技等所有因素全都協同產生影響，一起造就了占星術的興起。

時間循環往復，永遠會回到起始點上；採取這種觀點的上古思想家之一是希臘政治家賴考格斯，其他還有梭倫、希拉克利圖斯、希羅多德、恩培多克勒和波利比歐斯這些哲學家與史學家。認為羅馬「在自己的偉大中掙扎」的史學家李維，[7]還有詩人賀拉斯和尤韋納爾，這三人都相信此說，連第二世紀中期的羅馬皇帝奧理略也抱持此種立場。[8]如果要說「羅馬的文化與歷史中充滿某種恐懼」，這說法一點都不誇張；人恐懼著這座城市會面臨與之前各個帝國相同的命運，有時對此幾乎到了深信不疑的程度。榮枯興衰是不可變也逃不掉的定律，一再重複發生。[9]

中古時期有許多智者賢人同意這觀點，例如奧諾雷．博內這位本篤會修道院院長，以及伊斯蘭世界的思想巨擘伊本．赫勒敦。其他沒有留下名姓的人則想出了「命運之輪」一詞，用來告誡人不得傲慢。命運之輪圖像出現在好幾本所謂「君王明鏡」也就是教導統治者治國之法的文學作品裡，也出現在名聲響亮的《布蘭詩歌》詩集裡面（「命運之輪轉動／我往下落，蒙羞受辱／另一人被運往高處」），此外薄伽丘《十日談》的第二日以及莎士比亞的數部劇作也都有提到。[10]至於插圖，通常把命運畫成眼睛被蒙住的女人，畫她忙著轉動命運之輪一圈又一圈。

我們前面介紹過蓬波納齊怎麼看待吉凶預兆，下面是他對歷史循環論的看法：

這秩序會在無限的時代裡永遠存在，直到無限的未來；這不是我們的力量，而是命運之力……我們看見今日的沃土將要荒蕪，今日的富貴之家將落魄潦倒，歷史的路線已然注定。我們看過希臘人統治野蠻人，如今希臘人受野蠻人統治，一切都隨時間更迭。所以說，如今稱王的人，有朝一日可能淪為奴隸，反之亦然……如果有人要問「這是哪門子遊戲」，你能給出最好的答案就是「這是上帝的遊戲」。[11]

不只如此，他甚至還說，包括基督教在內的宗教發展或許也遵循同樣模式。這說法導致他的書被教會燒毀，他的生命也受到某種程度的威脅。

王朝、帝國、個人的興衰，這些循環相對而言時間很短，只消百年或數百年就會回到原點。舉例而言，古埃及的天狗週期（又稱天狼星週期）是以天狼星偕日升的現象為基準，為期「僅有」一千四百六十一年。法國學者加斯東·傑奧爾在他一九三七年出版的《歷史週期》一書中說他發現了一種更短的週期，只有五百三十九（七十七乘以七）年。其他許多這類週期說法處理的大多是宇宙論問題，而非人類歷史或政治軍事的未來發展以及城邦的興亡；它們預測的是宇宙會毀滅，會重生、生長，如此這般，永無止境循環。希臘哲學家阿那希曼德（約西元前六一一到五四七年）的學說就是這種主張，另外還有以下這段據說是佛陀口傳的文獻：「眾比丘！千萬年後雨將停，所有幼苗、所有植物、所有草木都將乾枯消亡……經過遙遠時間之後會有另一個季節，出現第二個太陽。」[12]然後會有第三個、第四個、第五個、第六個太陽，以此類推。

柏拉圖在《斐德魯斯篇》將時間比做馬拉著戰車一圈又一圈地跑，說時間的循環長達一萬年，每一次循環結束時所有的靈魂都注定要重新進入賽場，重新經歷整場一模一樣分毫無差的演變過程。千百年後，早期的伊斯蘭學者也採取同樣的時間觀。祆教、佛教與印度教傳統都主張有各種長度不同的時間循環，其中最長的像是梵天的一日（即「劫」），[13]據說長達十二億八千萬個太陽年，但甚至這也不是人類所曾提出的最長的時間循環。當這些循環所包含的年數愈多，就愈會給人一種印象，讓人覺得此類說法未必都需要認真看待，其中至少有某些只是學者之間玩的一種精心鋪陳的遊戲，比賽看誰能發明出數字最大的循環。

回到個人與政治實體的運勢問題。上面提到的所有人物或學派，再加上更多沒被提到的對象，他們對於循環過程如何發展的認知大致差不多。首先會出現一群人，粗暴但勇敢，團結一心，必要時能當機立斷，且對傳統甚為不滿。這些人被一個有能力的領導者聯合起來，例如波斯帝國的居魯士大帝、馬其頓的腓力國王與其子亞歷山大大帝、穆罕默德，或是成吉斯汗這個最最典型的例子。他們興起、戰鬥、擊敗鄰族或鄰國使他們歸順，等時機成熟他們就會建立起偉大帝國。然而，完成偉業之後，他們早晚都要陷溺於城市生活，說得更明確就是奢侈、懈怠、縱情於歌舞美酒與女人。以羅馬為例，奧古斯都時代每年有六十六天專門用來進行大規模慶典遊樂，在奧理略的時代變成一百三十五天，到了第四世紀更增加到每年一百七十五天以上。統治者向被征服者徵稅（西塞羅說這是「某種對戰敗的永恆處罰」）而聚斂起財富，把他們自己變成了被嫉恨的對象。

這些人將祖先傳統棄之不顧，喪失那些原本被稱頌的「男子氣概」。波利比歐斯是這樣說的，「人變得自大貪婪而怠惰，不想結婚。就算結婚了也不想生養孩子，最多生養一兩個。」[14]塔西佗也同意這個論點，他認為自己的同胞與猶太人是對比，因為後者不做墮胎或殺嬰這種事。[15]尼祿皇帝時代的羅馬朝臣佩綽尼歐斯說：人生的小孩愈少，他們出入社交界就愈方便，地位更高，[16]但他們對整個社會的關心程度自然而然也就更低。

戰鬥能力是怎樣受到影響，那時候的人對此也非渾然不覺。從凱撒以降，一個又一個的羅馬皇帝都用清一色德意志士兵來組成保護自己的禁衛軍（稱為 corporis custodes），[17]而數百年來培養出世界一流士兵的羅馬人卻逐漸不再參軍，某些人甚至會以自殘手段來逃避兵役。[18]羅馬人不但放棄尚武精神，還對此日益鄙夷，他們愈來愈以僱傭的方法找人替自己打仗，而這些傭兵通常都是外族。到了羅馬帝國最後的幾百年內，帝國軍隊成員幾乎完全都是非羅馬人，更糟的是連統兵的將領都是外族。到最後戰士不懂統治，統治者不會作戰，其結果就是帝國的衰敗與毀滅。

一直到十八世紀中期，歷史循環論依然為歐洲菁英所重視，孟德斯鳩就是其中最知名的一個例子。孟德斯鳩在一七四八年發表《法意》，他在裡面為祖國法國和美國共和國殫精竭慮擘劃出未來的政治秩序，其努力不下於當時其他任何作者。[19]站在新舊交接的關口上，孟德斯鳩曾在英格蘭居住兩年，期間對盛行於該國的權力平衡政府系統日益欣賞，他認為這讓英國在信仰、商業與自由的道路上成為「所有民族之中進步最多的那一個」。但他並未徹底放棄循環論，在討論這課題的篇章結尾他寫道：「既然所有的人類生命都會結束，我們現在所談的這個國家也會失去自由，會滅亡。羅馬、斯巴達和迦太基都已滅亡無誤，而當這個國家的立法權腐敗程度超過行政權時，它就要滅亡。」[20]同樣也是這位孟德斯鳩，他在一七三五年出版《羅馬盛衰原因論》，書中既強調公民道德的角色，也強調公民道德的敗壞乃不可避免，與前面說到的那些古人幾乎是同聲一氣。[21]

普魯士國王腓特烈二世的時代大約與孟德斯鳩差不多，他下令在無憂宮中興建「羅馬式」廢墟，目的就是要特意提醒政治的盛衰循環，腓特烈還不是十八世紀統治者中唯一一個這麼做的。在他之後過了很久，希特勒的御用建築師亞伯特・史匹爾也著手推展一套有點類似的建設計畫。[22]他們都認為，那些往上走的，總有一天要走下坡。

有那麼幾個作家試圖以歷史循環論證明他們自己的民族正處在上升階段，很快就要在全球社會裡獲得一個比現在重要千百倍的地位，可想而知，這種路子特別受到十八世紀美國作家青睞，[23]他們幾乎所有人都認定當時的美國處在成長的青少年期，正迅速進入成熟期，未來會走多遠簡直不可限量。以塞冷的湯瑪斯・巴納德牧師（一七四八到一八一四年）在一七九五年二月十九日國定感恩節的演講為例，他將新美國與歐洲老國的前景加以比較，說「依照人類事物發展的進程來看，」歷史永遠週而復始進行著，所以歐洲的未來只有「衰敗與屈辱」，其他再無什麼可以期望。[24]

後來的美國作家也高唱同樣論調，說文明最初是在中東興起，但文明中心已經遠離那裡，中東原有的光榮早就不復存在。文明中心從中東移到歐洲，幾乎達到高峰，然後現在正往北美這片天運所屬的明日之地移動。當時的俄亥俄州屬於拓荒前線地區，這裡到現在還保有一個叫做「世界中心」的聚落，命名者是十九世紀企業家藍道・威默特，他以此投射自己的夢想並全力以赴推動此事，希望這裡有朝一日真會變成某種「世界中心」。[25]他可不是唯一一個想走這條路發財的人，《時代》雜誌發行人亨利・魯斯在一九四一年發表著名的「美國世紀」宣言，他腦子裡想的也是同一回事。

不出意料的是，在「老歐洲」另外一邊進行筆耕的俄羅斯作家也傾向訴諸這套邏輯，其中對此興趣最高的是尼古拉・丹尼萊夫斯基（一八二二至一八八五年）。丹尼萊夫斯基多才多藝，一生中曾以博物學家、經濟學家、哲學家與史學家的身分活躍於世。一八六九年他與主張西化的俄國知識分子陷入激烈論戰，為此他出版《俄羅斯與帝國》一書，這本專著很快在國際上獲得聲名。他在此書中列出十個不同文明，每一個都經歷過誕生、達到全盛、最後崩毀的過程。專看當下的這個時代，他將自己眼中的羅馬－日耳曼社會與俄羅斯社會相對比，認為前者膚淺、急躁、粗暴，後者則富有宗教精神、誠實、自動自發，以及最重要的吃苦耐勞精神。俄國文明最早也只能追溯到十四世紀，相對來說算是年輕，只要它能抵抗西方的誘惑、堅守自身原始美德，它就能順應天命在西方衰落後繼續存在，一變而為人類最先進的文明，建立起讓歷史上所有先例都黯然失色的大帝國。

就算是在今天，歷史循環論在俄國還是具有生命力。[26]目前的版本內容如下：最早出現的是羅斯帝國，也就是弗拉基米爾在九八〇年左右建立的「基輔羅斯」，帝國直到十三世紀中葉才在金帳汗國的勢力之下冰消瓦解。之後這段臣服於他人的日子一直延續到一四八〇年，該年莫斯科大公國的伊凡三世建立起後來的俄羅斯第二帝國，正式脫離韃靼統治。帝國在一九一七年滅亡，它因第一次世界大戰差點分崩離析，於是讓位給一個新的共產帝國，但新的這個帝國在一九八九年到九一年間喪失大片領土與一半人口，終歸於四分五裂的命運。

每一次，導致帝國傾覆的都不是外來的武力，而是外來的西方文化價值。這麼說吧，它們偷偷摸摸地滲透進俄國，侵蝕丹尼萊夫斯基與他最重要後繼者伊萬·伊雷因（一八八三到一九五四年）口中所謂的「俄羅斯原始美德」。每一次狀況都會惡化至極，於是帝國必須從頭開始重建，就這樣一再週而復始。今天，這套說法在俄羅斯已經獲得某種半官方的地位，於是更增其特殊性與重要性，就連堂堂的俄國總統普丁本人都曾數次稱揚此說，他甚至在二〇〇五年將伊雷因的遺骸從他晚年流放地瑞士運回祖國，遷葬於莫斯科的東斯科伊修道院＊，這裡可說是天底下最具有「俄羅斯本質」的墓地了。

然而樂觀者常是例外。無論古今，大多數採取歷史循環觀的人都相信自己與同時代的人所屬的國家、文化或文明正在走下坡，或是在不遠的某時就要開始走下坡，雖然他們這麼想的原因大概比較是人類心理學問題而非客觀研究成果。下面是某位詩人的相關觀點：

輪廓陰暗廣大
它們可怖的陰影投下
龐然巨物的帝國走向
毀滅；一個又一個
它們高不可及，它們消失了。[27]

這位詩人是約翰·基布爾（一七九二到一八六六年），他的《基督年》是整個十九世紀最暢銷的英文詩集，總共印到第一百五十八版，賣出三十七萬五千本。甚至今天牛津大學還有個學院以他為名。二十世紀史學家，例如《西方的沒落》（一九一八年）作者奧斯華·史賓格勒，或是《歷史研究》（一九三四到一九六一年）作者阿諾德·湯恩比，他們都在自己的著作裡說出類似的話。史賓格勒試圖呈現這個大約誕生於西元一千年、至今已筋疲力竭的西方文化是個「浮士德式」的文化，等到西元二二〇〇年左右它就會追隨前人腳步走入歷史的垃圾桶裡。湯恩比則定義出好幾個重要的「世界文明」，總數為十三、十九或三十三，依照他在書中寫到的階段而異。

這兩人殊途同歸，都在探討主宰文化與／或文明發展的法則，並以此法則來預測未來。與基布爾一樣，他們兩人都是高級知識分子，將歷史中的無數史實蒐集起來驅趕到自己面前，像是驅趕一群不聽話的羊。從商業角度來看，史賓格勒是比較成功的那一個，但湯恩比卻在他漫長人生的最後幾十年將自己化作一個神諭使者，昭示出過去、現在與未來的一切，特別是他誕生之處的這個帝國未來命運，畢竟大英帝國至少從一九一八年已經開始清楚顯露出行將衰亡之兆。過去曾經有人把湯恩比比做希羅多德、但丁和英國詩人約翰．米爾頓，[28]但到頭來他與史賓格勒都說服不了學界同僚接受自己發現的這把解讀過去之鑰，更別說以此預測未來了。

無論是歷史模式會一再重演（用最簡單的日常型態來說就是「經驗」），或是歷史以循環方式演變，這兩種思想現今都依舊盛行。二十世紀末重要史學家保羅．甘迺迪的暢銷書《霸權

＊莫斯科最古老的修道院，建於一五九一年，用來紀念成功抵抗克里米亞汗國的威脅。在一九三〇年代史達林大清洗期間，特務會將屍體送至此處火化。

興衰史》（一九八七年），其基礎就混雜了上述兩種理論。他在書中向讀者介紹所謂「帝國過度擴張」的概念，當一個帝國的疆域大小超出它所得資源足以保衛的程度，這就表示該帝國已經過度擴張。在甘迺迪看來，過去無論何時，只要這種不協調的情況一發生，其結果一定是帝國的衰敗與最終的滅亡，西班牙帝國、大英帝國與美國帝國都是他的例證。此書寫成兩年後冷戰就結束了，可惜甘迺迪在書裡沒把蘇聯也當成例子，否則一定能一炮而紅。另一個適合放進該書的例子是古羅馬，因為依據某些學者的詮釋，古羅馬正是從第二世紀末數十年間開始出現帝國過度擴張的現象而逐漸衰落。[29]

許多人認為今日的美國就是那個因過度擴張而漸呈衰相的帝國，它在國防上的開銷超過第二名到第十四名的國家總和（以二〇一九年為例），導致美國出現了高額預算與高額國際收支逆差，因此它的強權實力似乎變得愈來愈空洞。[30]縱然川普總統承諾要逆轉此一趨勢、讓美國再度「偉大」，但成果如何仍待觀察。當這歷史循環繼續向西移動，離開美國海岸進入太平洋而抵達另一端，屆時華盛頓可能就得交棒給北京，也就是風水輪流轉之下下一個興起的勢力。

利用歷史循環論，或是以歷史循環論預測未來者，並不限於社會、國家與帝國，其中又以景氣循環最著名。其概念遠溯至十九世紀前半葉，當時已有人認為經濟發展背後有其單獨的動力，它不只推動經濟經歷週期性的繁榮與蕭條，還能預測經濟發展的榮枯，至少原則上是如此。當時主張此說的是幾個經濟學家，其中首推工業家暨社會改革家羅伯特・歐文。後來馬克思也採用此說，他主張這種循環是資本生產系統中的必要部分。依據馬克思的預測，這種經濟景氣的擺盪會變得愈來愈劇烈，導致社會日益兩極化，富人更富（但人數變少）而窮人更窮（但人數變多），其結果就是革命，最終資本主義會垮台，於是所有的矛盾都解決了，且共產主義將取而代之。

馬克思這位思想巨擘有條件綜觀整體歷史，但其他沒這麼厲害的人就只能追求比較有限的目標。從十九世紀最後幾年開始，每一個經濟學家最夢寐以求的成就就是找出一種循環或週期（然後，當然要用自己的名字命名）。這下子我們有了「朱格拉週期」（時間為七到十一年）、「基欽週期」（三到五年）、「庫茲涅茨週期」（十五到二十五年），以及「康德拉季耶夫長波」（四十五到六十年），這還只是舉最重要的幾個當例子。某些經濟學家走馬克思的老路，想要預見這一切到了「最後」會怎樣（這當然要假設事情會有個「最後」），但大多數只想要盡力解釋每一個循環或週期是如何產生、發展，然後重生。還有一些人試圖將循環論從經濟學延伸到其他社會過程，其中最有名的人物大概就是義大利社會學家威弗雷多・帕瑞托（一八四八到一九二三年），他在討論「菁英循環」的論文中主張統治者與被統治者、富人與窮人之間的鴻溝一直存在且會永遠存在，只有構成菁英階級的那些人會受到有規律的可預測模式支配而改變。[31]

導致這些循環出現的原因為何？答案眾說紛紜。某些循環涵蓋整體經濟，某些只討論其中一部分。有的人說鋼鐵生產與營建業是其他一切的關鍵，因此將這套邏輯應用於此；有人說就業率才是，也有人說物價和運費費率才是，還有人說是玉米、棉花和（或）豬肉的銷售情況。[32]某些社會大約從一七八〇年代開始快速工業化，在這裡鋼鐵產量特別被視為經濟指標；但到了一九七三年，鋼鐵產量的重要性在那些最高度發展的國家裡突然間就降低了。購買股票的人愈來愈多，美國的股票持有者人數從一九〇〇年到一九二〇年代晚期之間增加了二十倍，[33]於是證券交易也就成為眾人關注的對象，無數的人使用無數方法對此進行無數研究，有的是研究證券本身，有的是把證券交易看作預測未來其他事情的先兆。

所謂的「零售之輪」到底是有一個還是三個，學者目前對此沒有共識，不過零售部門在理論上也是遵循著循環規律。[34]只是，事實證明要蒐集所有資料並確保其精確性幾乎不可能，發展程度較低的國家根本不存在這種資料，已開發國家的資料則多如恆河沙數，讓許許多多分析師搞不清楚哪些有關，哪些不相關，而那些有關的又是怎樣有關。[35]上述兩種情況都至少有一些資料可能被竄改或刻意以某種方式呈現，以便用來支持某種特定立場。通常，蒐集愈多資料，我們就愈會發現這些循環週期運轉的速度未必相同，連方向都可能不一。當大部分指數都在往下降，我們很可能看到某些指數還在往上升。舉例來說，就算是在通貨膨脹的一九七〇年代，電腦與電腦演算的價格依然不斷降低，且電子產品整體都是這樣。在二〇〇八到二〇〇九年的大蕭條期間，人花在娛樂性商品的錢依舊沒有太大變動，甚至可能還增加了，原因大概是失業產生更多的休閒時間。[36]

我們從來沒有找到一個單一、恆久且可靠的「萬能鑰匙」來預測經濟的其他所有部分。某些經濟學家或許是向托勒密借鑒，他們窮盡心力在各種循環內部設計出更多循環。有些則用還在發展中的氣象學、天文學等科學（甚至包括占星術）當作模型，最早的例子始於一八七八年，其後有無數後繼者試圖將商業活動與太陽黑子活動連結起來。[37]出於這些學術領域彼此間的互動，所以它們從一九〇〇年左右開始共用「預報」一詞。歷史上甚至有某些時期（包括一九〇六到一九〇八年、一九二〇年代晚期、一九五〇到一九六九年，以及一九九三到二〇〇八年），期間許多頂尖經濟學家與商業鉅子都相信政府與私人企業所運用的「現代」管理學已經成功打破經濟發展週期，所以一個無限繁榮時代已經開始或即將開始並會永遠延續，[38]但到頭來他們卻發現蕭條的情況依舊會出現，這表示呈現週期性升降的循環模型仍然是我們能用以預測經濟未來發展的最佳工具。

第十二章　黑格爾論大腦

從啟蒙運動晚期開始，人類的歷史觀除了模式論與循環論以外還加入了線性歷史觀，且後者在某種程度上取代前兩者；線性史觀之下的歷史是往特定方向發展，歷史的起點是上帝創造世界，終點是一個上帝已經預先決定好的目標。說實在話，這種思想的基礎自古有之，最早是由猶太人在西元前第六世紀中葉提出。當時的猶太人目睹他們的第一座聖殿遭摧毀，他們的獨立王國被滅國，而他們自己則被迫流放到巴比倫；他們的處境發生如此戲劇性的變化，因而引發後來長期而深刻的宗教改革。[1]不過，對他們而言，歷史的目標不會在人間達成，而是在另一個世界實現，那時就會是所謂的末日或最後審判。

《但以理書》（第十二章第一到三節）就這個概念給出一種闡釋：首先南方的王與北方的王會開戰，戰爭中北方的王將殞命於「海洋與聖山之間」。後面的文獻內容如下：

> 那時，保佑你本國之民的天使長（原文是大君）

米迦勒必站起來，
並且有大艱難，
從有國以來直到此時，沒有這樣的。
你本國的民中，凡名錄在冊上的，必得拯救。
睡在塵埃中的，必有多人復醒。
其中有得永生的，
有受羞辱永遠被憎惡的。
智慧人必發光如同天上的光；
那使多人歸義的，
必發光如星，直到永永遠遠。

我們不知道線性時間觀是怎麼從猶太人那裡傳播到周遭民族，西元前三三二年亞歷山大占領巴勒斯坦一事可能與這種思想的傳布有些關聯。將近三百年之後，偉大的龐培在西元前六三年占領該地，將它併入羅馬帝國。又過了四分之一個世紀，希臘史學家西西里的狄奧多羅斯對猶太教這套「時間有起點、有上帝諭令的方向和終點」的說法已經十分熟悉，並說這是他那個時代最主流的兩種時間觀之一（另一種是時間無終無始，世界一直存在且會永遠存在），只是他並未提及此說源出猶太教。[2]

新約聖經裡有很多章節提到彌賽亞再臨，比如《帖薩羅尼迦前書》與《後書》、《哥林多前後書》、聖約翰《啟示錄》，這還只是其中幾個例子而已。到了那時，我們所在的這個物質世界就會結束，大約是如蠟燭燒盡那般。這個說法在西元四〇〇年左右被聖奧古斯丁所採用，在他手裡成為基督教的兩大基本教義之一（另一個是「耶穌是神」），於是此後就有無數人試圖用聖經歷史與教會史來推算出地球年齡，或是以此推測世界何時結束、如何結束，以及在那之後情況會是如何（如果還有任何東西存在的話）。到今天依然有人在進行這種嘗試。

當時間停止不再被上帝推進，當一股世俗性的思潮從十八世紀前半開始發展，這股思潮依然沿用線性時間觀。然而，大多數評論者都忽略了一個關鍵，那就是「前進」與「改變」是兩回事；舉例來說，一塊石頭可能朝某個方向移動，但過程中自身完全沒有變化。與之前相比，十八世紀最後數十年的特殊之處不只是「時間朝某個方向前進」的感受，而是讓「改變」成為歷史常態。以我們今天對歷史的認知來說，是工業革命讓「改變」成為歷史的一個要素，甚至可能是最重要的要素。工業革命前這世界的變化極其緩慢，大多數人日復一日過著相同生活，幾乎感覺不到「改變」的存在，每一代的人都在土地上過活，跟家禽家畜住在同一棟屋子裡，只求溫飽，鮮少有機會離開自己出生成長的小村落。除開週期性的豐年與歉收，人的平均壽命與生活水準幾乎不曾提升。但工業革命後一切都一飛沖天，某些統計數字顯示「黑暗的撒旦工廠」在兩百年多一點的時間內就讓全球人均實質所得增加大約三十倍。[3]隨著工業化發展，其他領域也出現同樣天翻地覆的改變，包括工作、科技、人口、社會體系、生活模式、便利性、旅行、教育和健康。

歐洲各大都市中心最先感受到「改變」帶來的影響，大量的工廠與操作機器的工人都集中在那裡。十七世紀的鐘錶出現分針，十八世紀的鐘錶則在工業革命城市中心日益流行，到後來每個有自尊心的中產階級人士身上都得配戴一個。到了十八世紀最後二十五年，光是英格蘭每年就生產十五萬到二十萬個鐘錶，其中許多供應外銷。[4]此時某些鐘面上也開始出現 tempus fugit（「時光飛逝」）這樣的箴言文字，似乎是要闡述那時候的人如何理解歷史之流。用拿破崙的話來說，時間比空間更珍貴，因為失土可以光復，但失去的時間再也拿不回來。

這場變化如此劇烈、如此突然，就連那些住在最偏遠的鄉村依循古老傳統生活的族群也無法逃脫。變化影響的地方不限於歐洲，身在大西洋彼岸北美洲的班傑明．富蘭克林、湯瑪斯．培因、湯瑪斯．傑佛遜和約翰．亞當斯這類人也都接受這股新思潮。上述四人與其他眾人都拋棄歷史循環論，逐漸用從過去通往未來的線性歷史觀來取代。此外，長期來看，十九世紀是帝國主義最盛行的年代也同樣重要。輪船、鐵路、來福槍與奎寧讓歐洲人可以前往其他大陸，在那裡發揮愈來愈大的影響力，於是全世界億萬人不論情願與否都被迫要接受「改變」。

當年輕的馬克思與恩格斯寫出《共產黨宣言》（一八四八年）那時，中產階級已經取代貴族成為社會的主導者，他們正迅速建立起一個世界性的市場，讓每一個國家、每一個區域都與其他所有地方連結在一起。他們無情地將一切往前推進，他們的工廠製造出堆積如山的財富，完全超越前代人的想像。這一路上所達成的奇蹟遠遠超越埃及金字塔、羅馬輸水道或哥德式大教堂，而此時所發動的探險更讓史上所有民族大遷徙與十字軍東征都望塵莫及。這一路上，那些永久不變彷彿凍結在時空裡的人際關係，以及那一連串古老神聖的偏見與觀感，全都被掃除盡淨；事實上它們很多都還來不及發展到僵化，就已經被當成骨董了。

若從特殊性的角度來看，「改變」的概念被注入歷史如同一場革命。從上古巴比倫與埃及開始，不論是薩滿、先知、預言家、占卜師、或是其他能預見未來的超能力者與專家，他們試圖回答的問題都是以「如果」開頭。一國之君可能會花大筆錢財請皮媞亞告訴他：「如果」他與某個對手開戰，結果會怎樣。一名商人可能會去問諾斯特拉達姆斯：「如果」他派商船去某幾個港口交易，結果會怎樣。一名住在鄉下小鎮的普通人可能會纏著某個廉價占星師，想要知道自己會不會跟心頭最愛的那個人結婚，如果會的話她是否會一直對他忠誠。這種方法所預測的未來可能是好或壞，可避免或不可避免。除了想到世界末日的時候以外，人鮮少會去思考「未來長什麼樣」和「未來與現在會有什麼不同」這些問題。

歷史被改造成一種會「改變」的東西，也同樣反映在文學上，特別是烏托邦文學。在奧古斯丁之後，中古時期的人想像的烏托邦全都是在一個歷史之外的時間裡；但從十六世紀早期英國學者湯瑪斯·摩爾的《烏托邦》開始，所謂的烏托邦愈來愈常被設定在世界上某一個人尚未發現的角落。當遠航變得頻繁，地球上未被探索的地區愈縮愈小、剩下來的也愈來愈不重要，於是人們說起烏托邦想到的就愈來愈是南太平洋與那個所謂的半想像性「未知的南方大陸」。然而，到了十八世紀最後幾十年，眾人已經把澳大利亞的存在、大陸形狀與整體特質摸得清清楚楚，知道這可不代表什麼「更好的世界」，它只不過是一片沙漠，裡面住著奇形怪狀動物，以及被當時人視為未得救贖甚至不完全是人類的野蠻人。隨著人的地理知識更加豐富，未來就因為「不可知」而更成為那唯一一個可以容納另一種目前不真實存在的社會型態的地方，不論那種社會型態是好是壞（後者是第一次世界大戰後的情況）。

最早將筆下烏托邦設定在未來的作家是法國人路易賽巴斯欽·梅西耶（一七四〇到一八一四年），他的《二四四〇年》這本書出版於一七七〇年，迅速在歐洲成為暢銷書。這本書要說的是一位無名男士的故事，他聽一名哲學家說完十八世紀晚期各種骯髒不正義的事情之後義憤填膺，結果他睡著又醒來以後卻發現自己身處一座未來城市，而那些問題在此處都已成功解決，再也不會出現。用這種方法，梅西耶就不用去說明他對未來的看法如何被證實。一百年後，美國記者愛德華·貝拉米在《回顧》（一八八八年）一書中也採取同樣寫作手法，甚至一年後英國作家暨設計家威廉·莫里斯的《烏有鄉消息》也走這種路數。

還有些人對此並不滿足，他們想要建立起更佳的方法來預測這種新的未來。第一種方法是去找出「趨勢」，這方法一出現沒多久就變成大家最常用的方法，至今依然。有趣的是，trend 這個英文字是源自中古英語的 trendan 這個動詞，意思是轉動、緩慢滾動、旋轉或掉頭。英國中古時期作家喬叟在翻譯波愛修斯（第六世紀義大利哲學家）作品時用的就是這個含義〔rollen and trenden with Innehym self（讓他自己的心思轉一轉滾一滾）〕。到了十六世紀，trend 這個字才擁有「朝特定方向移動」的意思，但這個字的現代用法，也就是指時間中發生的世俗性變化，還要等到大約一八八〇年才變得普及；在那之後這個字被使用的頻率開始激增，依據谷歌N元語法檢視器的檔案顯示，trend這個單字已經成為我們這個時代的流行詞之一。現在每一天我們都會看到各種媒體使用這個字，且不只一次，而是很多很多次。

隨著「趨勢」而起的是「外推法」，這又是一個現代詞語。最早開始使用這個詞是在一八七〇年左右，大約從一九二〇年開始愈來愈常用，現在這個詞已經到處都是，其通行程度令我們難以想像歷史上大部分時間大部分人在不懂「外推法」的情況下要怎麼預測未來。大家在無數領域以此進行分析，先是找出趨勢，然後用趨勢來外推，有時成功預測未來發展，有時則失敗。這些領域包括出生率、死亡率、人口與獸口、移民、收入、需求、銷售、交通（包含交通事故）、能源消耗、大氣中的溫室氣體、現役科學家數量、科技發展、平等與不平等，以及億萬種其他事物。史迪芬·平克（主張「演化心理學」）、尤瓦爾·哈拉瑞、賴利·佩吉（網際網路企業家）和雷伊·庫茲維爾這些人類導師聲稱我們未來將會消滅貧窮、疾病與死亡等問題，但他們不會像古代希伯來先知那樣引用上帝的話，也不會把各種占星算式拿來推敲；不論他們對電腦在不在行，他們所依靠的始終都是外推法。

不過，就算是在同一個領域裡，各種趨勢也未必指向同一個方向。正因如此，要把這些趨勢全部放在一起看，同時又要給予每一種應有的重視，這實在是難上加難。某些趨勢是全球性的大趨勢，某些是只跟某地或某領域有關的無足輕重小趨勢。某些趨勢是以等差級數發展，但其他例如馬爾薩斯認定的人口增長趨勢則是以等比級數發展，甚至還有某些趨勢會以對數級數發展，意思就是說，除非這種趨勢被中斷，否則它們不用太久時間就能一飛沖天或者充斥地表。歷史上有一個這種瘋狂增長的好例子：十八世紀末有些人將兔子引進澳大利亞，牠們被野放之後發現自己在這裡完全沒有天敵，因而數量不斷暴增，造成嚴重危害。另一個更晚近的例子就是比特幣，這東西從問世以來就引發一場投機者毫無節度的狂歡，史上鮮有能出其右者。

當人看見或自以為看見一種正在發展的趨勢，他們的典型反應就是加入其中希望分一杯羹；當他們這麼做的時候，他們也在把這股趨勢更往前推，於是又吸引更多人投入。此就是為何一般認為外推法幾乎都是用於那些「正在進展中」的領域。這背後的假設是：如果我們今天這樣那樣做，且能持續往同一個方向投注力量，我們明天就能做得更多。過去這套邏輯曾陸陸續續套用於太空船、核融合、醫藥、腦科學、電腦科學，以及其他多到數不勝數的研究領域，縱然這麼做的原因可能只是為了爭取經費。

有三個現象可以幫助我們認出「外推法」。第一個，在任何一套使用外推法的論述裡，這套論述內容有百分之九十都會是在講過去的情形而非未來，這點在馬克思身上就很明顯。這是外推法與其他預測未來方法的不同之處，特別是那些以意識變異狀態為本的方法。第二個，這套論述裡一定會不斷重複「現已」、「到現在已經」或是類似意思的字詞，前後文形式如下：「從很久以前的哪裡哪裡開始，在這樣這樣的地方與這樣這樣的領域，我們『現已』有所進展直到達到如何如何的結果。」如此這般，舉個例子，從一八〇〇年或一八八三年（該年據說是因為位於今日印尼的喀拉喀托火山噴發導致全球氣溫下降）又或是一九四〇年（氣溫異常低的一年）或一九四六年（另一個氣溫異常低的一年）開始，「到現在」地球氣溫「已經」暖化了多少多少度。一九九九年，日本某家公司推出的手機首次讓智慧型手機在一個國家內達到普及的程度，「到現在」全世界人所使用的智慧型手依數量「已經」是多少多少。電腦「現已」能夠做到這樣那樣的功能。下一步是畫出曲線，磨掉任何不規則的地方，建立起趨勢在現象上移動的方向，然後我們就覺得自己由此可以看見通往未來的路。

用電腦來處理這些事易若反掌，因此在電腦科技的協助之下這套思路大行其道，讓我們很難想像有什麼時候人會不使用這種方法來預測未來。有一個較早的例子是歷史學家亨利・亞當斯提出的「跟進法則」。美國過去曾有兩任總統都姓亞當斯，他們分別是亨利・亞當斯的曾祖父與祖父。亞當斯生於一八三八年，出生還不到六年他就已經見證海輪、鐵路、電報與銀版照相法這四種全新科技的出現，也難怪他會成為進步觀的信仰者！他在一九〇四年回顧過去的進步，想要設計出一個客觀的測量標準來測量進步速度，而他不出意料找的是煤礦產量，因為煤是那時代最重要的能源，一切生產活動都要靠它。在十九世紀這百年內，世界煤產量每十年就要翻倍一次，亞當斯展望未來時期待的是「進步速率」在二十世紀變得更高。[5]幸好他的預測錯誤，否則全世界所有人和所有東西身上早就蓋滿煤灰了。

有人說，預測未來的要訣就是挑出真實世界的單一特質，進行外推，盡可能詳細地去探討衍生出來的發展結果。H．G．威爾斯在寫《期望》（一九〇一年）的時候就是這麼做的，他用外推法來預測各種事情，其中一項是運輸工具的發展（特別是汽車）會導致都市「擴散」到郊外，其結果是城市近郊與遠郊都會開始發展，並且新的社會階級系統也會隨之出現，而威爾斯認為這種系統在美國「已經」成形可見。他引用自己的另一本著作《未來故事》，說這一切「本質上是現代趨向的誇大化：更高的建築物、更大的都市、更邪惡的資本家，以及活得更卑微更絕望的勞工」。[6]

當代一個真實世界的著名外推法例子是所謂的「摩爾定律」，得名自英特爾公司創立者之一高登．摩爾。摩爾定律預測高密度積體電路中的電晶體數量大約每十八個月會增加一倍，於是它的計算能力也會增加一倍。這項「定律」最早是在一九六五年提出，而它確實預測到了未來五十年的電腦發展，五十年後邏輯函數或說S函數的曲線終於變平，摩爾定律也因矽晶圓的出現而壽終正寢。

人就算有心預測未來，大概也不可能跟上所有的趨勢，這不只是因為各種趨勢太多，也因為這些趨勢時常互相衝突。是故，使用外推法的第三大特色就是時常要找出「領頭羊」（涵義類似的詞包括「先兆」「信號」「指標」和「預測器」）。所謂「領頭羊」原本指的是在閹公羊脖子上綁鈴鐺讓牠當羊群的領頭，不管牠走到哪兒羊群就會跟到哪兒。如果用在美國政壇，所謂「領頭羊州」就是指某些州的投票模式與全國整體的投票模式非常接近。無論說的是畜牧還是政治，這種一致性讓這些「領頭羊」可以用來進行預測，藉此省下詳細研究大量資料的時間與精力。

據說在一九三〇年代美國的領頭羊州是緬因州，到了目前公認為領頭羊州的則是俄亥俄州，畢竟俄亥俄州從一八九六年開始每次選擇支持的總統候選人都會贏得全國選舉，只有兩次除外（一九四四年與一九六〇年），而自一九六四年以降該州可謂百發百中。俗話說，「俄亥俄州怎麼走，這國家就怎麼走」，這話在二〇一六年又應驗一次。但也有人反對俄亥俄州具有這種指標性，某些人使用不同的起始點與不同的計算方式算出不同的領頭羊州，比如佛羅里達州、內華達州、密蘇里州、新墨西哥州或田納西州。前前後後統計起來，美國將近一半的州都曾被說過是總統大選的領頭羊州。或許正因如此，某些分析師乾脆放棄以州為單位，開始使用郡為單位來預測選舉結果。[7]其他國家也有人列出類似清單，想要以此預測本國的投票模式。

未來學家約翰・奈斯比在《大趨勢》（一九八二年）一書中列出五個領頭羊州：加利福尼亞、科羅拉多、康乃狄克、佛羅里達以及華盛頓。其中佛羅里達州格外受到奈斯比重視，因為該州六十五歲以上人口比例最高，因此它顯示了其他各州未來的發展趨向。（只是，古老的信仰不會死，但那些信徒會死；奈斯比似乎沒想到這一點。）領頭羊的概念也被用在預測其他領域的未來發展，包括人口、教育、醫療保健等等。以商業而言，領頭羊公司的股票與／或商業表現看起來是與整體經濟緊密相關，所以它們應當能夠指出某種趨勢的存在，讓眾人得以跟上。多年來通用汽車的股票都是完美的領頭羊範例，對通用汽車有利的因素就會對美國有利，甚至是對世界有利，至少一般人是這樣想的。今天人們認定的領頭羊公司更有可能是聯邦快遞，因為大家相信聯邦快遞的資產負債表能夠呈現一般商業情況，於是也就反映了生產活動的情況，其他還包括了亞馬遜、蘋果電腦、Facebook、波克夏・海瑟威控股公司等等。

一七五〇年後出現的另一種史學方法與「發現趨勢」息息相關，那就是「辯證法」。辯證法（dialectics，源出希臘文的 dia + legein，意思是「在……之間說話」或「反對……說話」）的基本思想可以追溯到西元前五百年左右希拉克利圖斯的言論，他主張萬事萬物都源自 polemos，即持對立意見者之間的「爭論」。大約一百年後，柏拉圖用這個詞來定義一切關係中最基本的關係，也就是存有與非存有之間的關係，說這兩者都指涉對方，且只有在對方存在的情況下自己才能存在。許久之後，中古時期的基督教學者也認同這套說法，他們設計出disputatio這種正規辯論方法，致力於將任何議題的正反說法都累積起來以便得出真相。一個例子是像「釘死基督、虐殺殉道者的那些士兵是否清楚知道自己在做什麼」這樣的問題，如果答案為否，這些士兵就是無辜的，他們的靈魂仍有希望得救；如果答案是「他們清楚知道且刻意為之」，那麼這些人絕對會下地獄。[8]今天我們依然在使用這種辯論方法，特別是在法庭上。歷史上還有這麼一段時期，大約是在一八〇〇到一九〇〇年之間有許多作者試圖著述證明辯證法的基礎是牛頓力學，但最後都無功而返；他們特別愛用的是牛頓第三定律，也就是任何作用力恆有一個大小相等、方向相反的反作用力。

十九世紀早期德意志哲學家格奧爾格．威廉．弗里德里希．黑格爾是第一個把辯證法當作理解歷史變化之鑰的人，這意謂任何人想預測未來都需要辯證法這把鑰匙。黑格爾將辯證法應用於整體歷史，但他最注重的是思想史。身為一個徹頭徹尾的唯心主義者，黑格爾從「精神」（Spirit/Geist）說起，指出「精神」是世界被創造時由上帝的道所啟動，而「精神」的存在讓歷史出現自覺，「精神」推動歷史前進，導致歷史發展出愈來愈高等的型態。不過，根據定義，歷史並未遵循那些主宰物質科學的定律而發展，因此歷史不應被簡化為物質科學，更遑論是衍生自物質科學的產物。

正確的說法是：歷史有自己與眾不同的一條路。當「精神」在歷史的某個階段產生並呈現某個命題（thesis，「正」），很快就必然會導致與此相對的命題出現（antithesis，「反」），一旦雙方交鋒產生衝突，最後結果就是綜合「正」與「反」的要素（過程中沒有任何部分會真正消失）形成一個全新的命題「合」（synthesis）。這套步驟周而復始，一次「正反合」引到下一次的「正反合」，永遠不會停下來。所有活動的過程全部都有「正反合」在運作，並不限於物理過程；從最高等到最低等、最巨觀到最微觀，無時無刻無所不在，從不止息。[9]

在黑格爾的時代，大範圍的經濟與社會變化正開始影響普魯士，而這也反映在黑格爾身上。他遠遠超越前人之處在於他堅稱歷史過程不是像天平那樣固定原處上上下下最後達到平衡，過程中不會發生任何根本性的改變。藉著回顧一段六千多年的歷史（那時候的人仍以聖經內容作為這類問題的指引），黑格爾認為歷史是動態的，在牛頓那如箭矢般前進的時間裡逐漸開展，不斷變化出新的形態，從過去走過現在，又從現在走向未來。

修昔底德斯、馬基維利和其他人都想錯了，歷史從未像模式和週期（或循環）那樣自我複製或自我重演，也不像物理化學那樣同一種反應發生再多次都一模一樣。以後者來說，H_2跟O結合起來就會形成水，水只要在平地氣壓下加熱到攝氏一百度就一定會變成水蒸氣，從大霹靂以來就是如此，未來只要這個宇宙還存在，事物依然會繼續如此運作。但在黑格爾眼中，歷史是一個連續不斷改變與新生的過程，過程中每一個事件都獨一無二，且與其他所有事件相關聯。

如前所述，黑格爾的目標是要創造出一種思考歷史的方法，這種方法與前人思想的關係有如電影動畫與靜態照片的關係。[10]在這裡面，黑格爾所謂的 Aufhebung 扮演著至關重要的角色；這個德文單字被很生硬地翻譯成這個英文字 sublation（意思是「揚棄」），但它的一般含意是指「廢除」，就是當我們說某些習俗、規則、法律或制度要被廢除的那個意思。不過 Aufhebung 還有另一個含義是「提升到更高的新境界」，[11]意思是改變的過程在某一個點從量變變成了質變，導致整體性的改頭換面，引出了一個新的且就很多方面來看都是史無前例的東西。這種情況就像是一條原本平靜的河流突然變成轟隆隆的瀑布，又像是法國幾百年來看似堅不可摧的社會秩序被大革命一朝打破。這就像是某一天二加二突然不再等於四，而是變成五、六、七或三。預測未來之所以困難，原因也就在於此。

從這樣的觀點看來，歷史的進程與未來的發展都是預定好的。黑格爾自己太過關心人類自由這個課題，因此不怎麼想到要用辯證法來預測歷史的進程。他在一八二二年到一八三〇年間發表一系列演講，演講內容後來集結成《歷史哲學》一書出版，裡面他說美國是「未來之地」，說「精神」接下來就會在美國形成新的形態，但他卻又說美國對「我們這裡」（柏林）而言無關緊要。[12]他最重要的追隨者馬克思可不這麼想，思想成熟的馬克思就美國內戰這個課題發表了好幾篇文章，他將南北戰爭視為舊社會秩序與處在誕生過程中的新秩序兩者間的「巨大鬥爭」。這下子，黑格爾審慎不敢接觸的領域，馬克思這個徒弟卻在裡面橫衝直撞。[13]馬克思的朋友恩格斯剛好為他寫了幾篇這類題材的文章，連他都不得不替馬克思辯護，反駁他人對馬克思「腦子裡住著黑格爾」的批評。

馬克思認為，黑格爾揭示出歷史與辯證法的真正本質，指出歷史是以辯證的方式從過去經由現在通向未來，這是正確的。[14]但接下來馬克思就受到另一名哲學家路德維希・費爾巴哈影響，把黑格爾的學說轉了一百八十度。他反對思想驅動行為的說法，主張是「生命活動」在驅動思想，而「生命活動」裡特別關鍵的是經濟活動或說工作，這點被馬克思視為所有活動裡最基礎也最重要的，原因一部分是因為這種活動是人類專屬，但另一部分想必是因為馬克思自己的經濟狀況也常捉襟見肘。[15]

「物質生產關係」源自人類需要工作和生產來謀生，這些關係互相排擠，一個個登上歷史舞台又下台，以一種辯證的方式向前發展。像這樣，所有人都自由平等的「原始共產主義」被奴隸制度所取代，然後封建制度取代奴隸制，資本主義逼得封建制度消失，最後是共產主義以高度發展的型態重新登場，將各種現代科技運用於掌中，一舉消滅資本主義。這四種生產方式都各自發展出獨特的「上層結構」，意即社會階級以及用來解釋、合理化和加強上層對下層統治的一整套宗教、法律、文化、藝術與思想。每一種都必然包含前一種所留下的蹤跡；此外，在我們這個討論脈絡之下，更重要的是每一種的內部都必然包含自身的「反」的芽孢。等到舊的過去了，新的就會像蝴蝶破蛹一樣從舊的內部誕生出來。

值得注意的是，馬克思主要關注的一個問題是下一次「揚棄」是否會來得猝不及防、天崩地裂，還是會一步步平和地到來。馬克思自己是出生在德國省城特里爾一個中產階級家庭的孩子，但他天生反骨。一開始他完全不懷疑事情一定會如前面這種情況發展，一八四八年那場半途而廢的革命他也有所參與。只是他到了晚年就傾向認為歷史要走的是逐步改變的路，至少在某些國家是如此。馬克思在一八八三年過世，大約十五年後共產主義者與社會主義者就恰恰是在這個問題上無法達成共識而分道揚鑣，但既然基石已經放置定位，說到最後這些差異也不重要了。總之，至少是在原則上，辯證法理當要讓人可以用「科學」的方法預測未來。一九一八年夏天，列寧給共產主義報紙《真理報》撰文時，他的態度就是明確認定辯證法能有這般功效。[16]

馬克思與黑格爾都對預測個人未來興趣缺缺，在這點上他們與無數的往者與來者都大不相同，這兩人採取的反而是宏觀立場，注重那種巨大的、無以名之的、影響整個社會或甚至人類全體如何發展的力量，不論那力量是精神性或物質性。馬克思的追隨者對這套系統嘆為觀止，甚至會以它起誓；在它全盛期間，全世界有三分之一人口都活在聲稱是共產主義的某幾種政治社會制度底下。

黑格爾、馬克思、恩格斯、列寧，甚至是自稱為列寧信徒的史達林與毛澤東，這些人確實都早已入土，但辯證法仍可說是我們用來理解歷史如何在時間中開展的最佳工具，它被用於精神領域與物質領域的要素上，並取得對於這些要素如何互動的適切認知。若真如此，當辯證法被視為理解現在與預測未來的一種方法，它就絕對不是過時之物，至少這還是一九八九年法蘭西斯．福山那篇著名論文〈歷史的終結？〉的預設。[17]

我們身邊處處可見辯證法運作的實例，一個就是從工匠到流水線生產的轉變，前者是個別匠人獨立製作出每個都不盡相同的物品，後者是大量工人生產出大量相同物品；接著流水線又變成幾乎不需任何勞工就能製造出極大量產品的電腦化工廠，且這些產品都能如過去匠人手工般各不相同。每一種系統在問世後都不斷被催逼著趨近完美，直到某一刻它的「反」憑空現身（看來是這樣）接手舊系統的某些部分並拋棄其他部分，再加上一些新元素進行重鑄，獲得某種史無前例且經常令人始料未及的新東西。比方說，法國大革命打破了數百年來看似堅不可摧的既有秩序，將殘餘的部分如紙屑般吹開，這就是歷史上發生過的實例。

另一個例子是發動機車輛作為交通工具的發展，此事始於一九〇〇年左右，一開始是讓有能力取得汽車的人獲得前所未見的移動能力與自由；想想，那些逃離家長監視的年輕人驅車踏上旅途在終點發現愛，這樣的故事不是已經被一說再說說到不能再說了嗎？但後來事態有了轉變，且愈來愈嚴重，最後汽車竟然成為堵塞陸上交通、導致交通中斷的重大威脅。以現在的倫敦為例，日間車速平均每小時只有十二點五公里，比一百年前還要慢，也比年輕時的我還在倫敦長途開車那時候一般的狀況要慢得多。[18]

再說個例子：全球化的興起。東方與西方尖銳對立的冷戰時代結束後，全球化開始興起，但如今卻遇上了「反」的挑戰：去中心化、區域化、社會片段化。還有網際網路，一開始大家都以為它會讓人與人的溝通與表達達到一個歷史上從來未曾有過的程度，但現在它所導致的新聞檢查程度同樣也是歷史上從未有過。人對於「政治正確」的反對從很多方面來說是對一九六〇與七〇年代「性革命」的反應，而此事最顯著的表現就是川普當選美國總統。[19]多虧了辯證法，上面這些史事都至少能被預測出個雛形，其他還有許多事件也是一樣，某些有遠見的人甚至成功預測了上述每一件事。

讓我們再次回顧本章與上一章，說的是我們有四種方法可以把歷史當成預測未來之鑰。這些方法裡，第一種假設萬事萬物永不改變、維持恆常，第二種則假設改變是種循環，認為歷史總會回到原點不斷重複原樣。從現有的文字紀錄來看，這兩種想法都至少可溯源至西元前第五世紀，而這絕非巧合，因為那時是人類第一次出現「探究並理解過去之事，確保史料不會佚失」的「史學」概念。這兩種方法論始終主宰思潮，直到人在十八世紀最後數十年開始感覺到工業革命的影響力為止。但一直到今天，這兩種說法都還常被使用。

另外兩種方法則是比較近代的事，它們假設歷史不會重演，「改變」才是構成歷史的主要成分。以內涵而言，它們出現在歷史上的時間不會早於十九世紀早期。這兩種之一是從過去與現在進行外推，而要這麼做的話背後必須有一種假設，那就是歷史如飛箭往單一方向直線前行。另一種方法是將趨勢與趨勢必然導致的「反」都納入考量，這樣子預測到的未來就不會只有量變，而會包括質的發展。

上述四種方法都先假定了看透未來的最佳方式是使用後照鏡，還有一個共通點是它們都不讓任何一種「意識變異狀態」有發揮的餘地。沒有天啟、沒有夢境、沒有還魂的死屍說話，這些都不能告訴我們歷史可能往哪裡去（假設它真的有在往某個地方去）以及未來歷史有什麼在等著我們。這些方法的基礎，或說他們被認定的基礎，是以冷靜客觀而開放的態度研究史料紀錄與歷史過程。歷史過程已是過去發生過的事，在歷史裡定型，再也不會有所改變；任何人只要屏除內心的 ira et studio（憤怒與偏好）專心致力於研究，就能看見這些歷史過程並加以詮釋。困難之處在於決定要用哪種方法分析什麼時候的哪種發展，或是面對某個特定問題時應當使用哪種方法，以及如何將這四種方法結合在一起。馬克思自己就遭遇到這些困難，無奈至極之下他甚至一度聲稱歷史事件似乎總會重複第二次，第一次是悲劇，第二次就是鬧劇。[20]這個問題至今無解，未來似乎也不太有希望得解。

第十三章　有問有答

關於民意調查，我們可以在歷史上找到許多前例，但這東西本質上是第一次世界大戰戰後那段期間的產物，那時候喬治．蓋洛普與其他人才開始在美國發展這類技術。之所以要發展民調事業，背後理念是我們應當去問人民在想什麼、想做什麼，這樣我們才能預測未來。這理念既適用於政治問題也適用於經濟問題，比如有人會用這種方式去得知人喜歡哪種產品。

之所以開始進行民意調查，首要因素就是現代大眾社會與民主的興盛。史上第一次民意調查是一八二四年在美國賓夕法尼亞州舉行，結果呈現安德魯．傑克遜會在總統大選中擊敗約翰．昆西．亞當斯，但事實上到了最後當選的卻是亞當斯。美國是先驅者，民意調查的做法從這裡傳播到其他現代化國家，最晚接受的國家包括德國與日本，這兩國其實都是一九四五年戰後被美國占領而輸入了民意調查的做法，而這兩國運用民意調查的方式也都有質疑並打擊傳統菁英勢力的用意。蘇聯要等到一九八〇年代後半葉實施「開放政策」時期才初次審慎嘗試使用民調來確知民意方向，而當這種做法被引進俄羅斯，蘇維埃政權也就離大限之期不遠了。[1]

促使民意調查興起的第二個因素是現代通訊技術。首先是明信片，許多國家都在大約一八七〇年左右開始發行明信片；早期負責進行民調的人，例如那些一九一六年到一九三六年間替《文學文摘》雜誌工作的人，有時候一口氣就會寄出數百萬張明信片，他們從訂閱者處、公共電話簿與汽車註冊紀錄取得名字與地址來寄發這些明信片（後來這種非正式投票的做法被稱為「模擬民調」）。該雜誌的編輯在一九二〇年、一九二四年、一九二八年與一九三二年都成功憑藉自家民調結果準確預測總統大選結果，顯然這種做法頗有成效。然而，一九三六年該雜誌預測與小羅斯福對壘的共和黨候選人阿爾夫．蘭登會以極大差距贏得選舉，但真實選舉情況卻天差地別，差別之大讓《文學文摘》聲名一落千丈，最後不得不關門大吉。

《文學文摘》這場一敗塗地的慘劇傳得人盡皆知，於是大家開始試圖找出更好的民調方法。不論是當時還是現在，每間民調公司都有自己的一套做法。有的人喜歡面對面訪談，縱然這種方法緩慢且所費不貲，但他們相信這樣才能獲得更誠實的答案。也有的分兩階段進行調查，第一階段進行小規模民調來發現並解決各種困難，接著才大規模展開調查。此外，明信片之後輪到科技登場，先是電話，然後是網際網路。近年來使用桌上型電腦的人愈來愈少，因此民調公司也傾向較少使用此一管道；它們更多用的是較普及的個人電腦、平板電腦、一般手機與智慧型手機，[2]這些裝置能讓它們迅速有效地接觸到量大且所在地通常高度分散的民眾，同時大幅降低開銷。早年它們必須靠人工費時費力記錄得到的答案，但有了智慧型手機之後，這些答案都可以自動整理好。

二〇一二年，美國進行總統與國會大選，據說那些至少部分依靠網路進行民調的公司所做預測都比全靠電話進行的傳統公司來得準確。[3]無論是在美國，或是其他使用民調的國家裡，民調這東西都迅速成為眾人執迷的對象，彷彿民調結果跟民意已經變成了同義詞，搞到有的時候好像舉行選舉是為了驗證民調結果而非反過來。只不過，無論怎樣在方法上進行改善，都無法防止民調時不時得出與實際結果相反的結論，這種情況在二〇一六年總統大選時又發生了一回。[4]民調技術的問題如此之大，就算民調顯示某位候選人領先十個、十二個或十四個百分點，這都不足以保證此人能穩穩拿下這場選戰。

和現代其他預測方法一樣，民調這門技術也跟「意識變異狀態」毫無關聯，它完全只是「科學性的」統計分析，或至少支持民調有效性的人是這樣對外宣傳的。一場民調基本上有幾個步驟，第一步是提出問題，調查者想知道這些問題的答案；第二步是從民眾裡選出一批樣本，選擇時必須盡可能排除各種偏差，比方說最好不要在某個區域選太多人又在另一個區域選太少人，或是選太多年輕人而不選老年人，又或是選太多經濟條件寬裕者而不選窮人，再或是選太多擁有手機的人而不選沒有手機的人。這其中我們可以想到的變數有無限種，因此它通常被視為整個民調過程裡最困難的部分。

第三步是得找出法子讓人回應問卷，假使受訪者不回應，或選擇回應的那些人因為各種原因而缺乏代表性，那麼設計再良好的問卷也無用武之地。《文學文摘》對一九三六年選舉結果的預測之所以會錯得如此離譜，一個原因就是收到明信片的人裡頭只有四分之一願意回信，[5]於是這些人所形成的就是一個「自我選擇群體」，無法代表整體人民。第四步是將調查結果加以詮釋，通常受訪者要回答的不是單純是非題，而是從好幾個選項中選出答案，這種情況下詮釋問卷的重要性就更高了。還有一個問題是，人不一定會照自己所說的去做，因此民意調查的準確性一般來說會隨著事件逼近而提高，這與其他預測未來的方法都一樣。

基於各種原因，有的人認為現在這種民意調查遲早都要走入歷史。[6]說到底，我們所在的這世界充塞著各種訊息，由各式各樣的電腦發往另一台電腦，甚至有大量訊息不是發往一台而是許許多多台電腦。愈來愈多進行民意調查的人因此不再直接與個人通訊，直接問受訪者問題、分析受訪者的回應；相反地，這些人開始上網搜尋資訊，或選用某部分的網路資訊，這比老方法要快得多也便宜得多。他們藉此能直接得知目標群體成員的想法，但他們這麼做的時候未必有獲得對方同意，就像二〇一八年的 Facebook－劍橋分析（該公司事實上位於倫敦）醜聞事件＊那樣。[7]這種做法會侵犯個人隱私，是故在許多國家被視為違法。只不過，從民調公司

＊ 二〇一八年劍橋分析公司遭指控利用臉書用戶數據，影響二〇一六年美國總統大選與英國脫歐公投。他們在臉書推出免費心理測驗 App，並在未經用戶許可下盜用五千萬筆個資，藉此操控群眾心理與網路風向。

的角度看來，這種做法的優點是它能消除「回應問題的受訪者」與「不回應問題的受訪者」之間任何可能的統計差異。有朝一日人工智慧的發展或許能讓傳統是非題替換成更複雜、更開放的問題，至少那些參與這場遊戲的人心中是如此期望。

有一種小型的變化式民調叫做「德爾菲法」，之所以說小型是因為它所訪問的人數與過程的公眾性都比一般民調小得多。從某方面來看，德爾菲法其實只是延續著上位者就各種問題向下位者徵詢意見的老做法，但它的現代型態是由蘭德公司前身蘭德計畫（這間位於加州的智庫最初是在美國空軍的資助下營運）在一九五〇年代中期設計出來。德爾菲法原來的功用是評估科技發展對未來戰爭的影響，而這問題直到今日仍時常被加以審查檢驗，只不過這數十年來德爾菲法已經用在其他差別很大的領域做出大量預測，例如商業、經濟、心理學、保健科學等。

不管是德爾菲法，還是其他任何一種民意調查形式，它們的基礎假設都是多數人的判斷優於少數人；[8]這不是說所有受訪者都會使用「最佳」手段或至少是同一手段來預測未來，恰好相反，是因為每一個人都有自己預測未來的方法並隨心所欲使用這些方法，而這些方法大部分都禁不起討論。我們甚至可以說，「民意調查」是一種讓預測方法變得無關緊要的預測方法。另一個基礎假設是極端的觀點通常會彼此抵消，最後造成一個合理的折衷結果。上述兩種假設似乎都獲得一些證據支持。還有一個沒有明說但理當存在於背景中的事情是所謂的「自我保護」表現，如果某份民調得出的預測最後成真，主持該民調的人會說這要歸功自己組織這場調查的方式；如果預測錯誤，主持人可能會推卸責任，因為他或她可以說錯在那些當初被要求提供意見作為調查根據的專家身上。

某些提倡德爾菲法的人認為此法可用在那些太複雜而無法建立模型（見下一章）的問題上，或是那些需要面談來自太多不同背景的太多受訪者而難以進行的調查上。[9]但我們後面會清楚看到，由於德爾菲法包含過多直覺和／或主觀的成分，導致整個過程必然問題重重，因此德爾菲法常是無計可施之下的最後一招；但另一方面德爾菲法成本低，所以也可能會第一個被拿來使用。

決定以德爾菲法進行某特定研究之後，主持人就必須選擇要用定性、定量，還是兩者混合的方式。接下來他們可能會進行一系列或多或少有步驟有條理的面談，以及／或是製作一份問卷給一批專家，讓這些專家自行憑認知作答。這時候很重要的當然是確保這些專家懂得夠多、夠「客觀」、夠有代表性（代表什麼？）、夠積極回應，愈是這樣愈好，但在許多情況下這卻是不可奢求的條件。收集到專家的回答之後，主持人可能以第一次為基礎進行第二次面談或發出第二份問卷，以此類推，必要的話就繼續重複（或是在這些專家受不了而決定放棄之前打住）。最後一種可能性是找另外一批專家來重複進行這過程，然後比較兩組專家給出的結果。上述這些做法都是用來增加結果的一致性與可靠程度。[10]

德爾菲法有好幾種變化形態，比如主持人在收到專家回應後是否直接就回應內容向專家諮詢，主持人是否要求專家解釋他們如何達成這個結論，是否讓專家之間看到彼此對第一份問卷的回答情況，過程是匿名還是公開，最後是否舉辦會議將所有回答拿出來討論以取得共識。變化可說無窮無盡，但要說哪種是大家公認最好的方法，這幾乎不可能有個結論；某些批評者因此認為德爾菲法不能算是一種預測未來的方法，它的效果頂多只是協助建構出一個團體溝通的過程並防止混亂。

早在一九三〇年代，就有人找更多的受訪者進行民調，試圖判定是否有某種特定族群的成員比其他族群更能準確預測未來，比如年輕人、老年人、受過教育的、沒受過教育的。[11]雖然這種最初的民調嘗試未能得出確切結論，但後人依然不死心地繼續挑戰，其中最有系統的一次調查是由加拿大裔美國政治學教授菲利普・泰特洛克在一九八〇年代所發起。泰特洛克的第一步是設定一個一致的框架，讓正確與錯誤的預測能區分開來，為此他設計的問題要求受訪者不只提供是或非的答案，還要回答預測的事情「何時」會發生。舉例而言，他不會問受訪者「北韓未來是否會擁有潛射彈道飛彈」，而是問「你認為在某某時候北韓是否會擁有潛射彈道飛彈」；或者他不會問「北大西洋公約組織是否會增收更多成員國」，而是問「你認為在某年北約是否會增收更多成員國」。泰特洛克從二百八十四名專家那裡收到二萬八千項預測，接下來他以此創建一個資料庫，讓他能區分表現不佳的「刺蝟」受訪者與與表現良好的「狐狸」受訪者；「狐狸」受訪者之中有幾個人表現奇佳，令人震驚。

但這只是開始而已，美國軍方的「情報高等計畫研究署」（職責是尋找取得情報與分析情報的更佳方法）注意到泰特洛克這項被稱為「專業政治判斷」的計畫，於是出力組織並贊助該計畫的後續計畫。[12]泰特洛克在結論中表示，依據這份研究結果看來，我們並不需要超級電腦或是複雜神祕的方法才能做出有效預測，重點其實是要從各種不同來源取得線索、用機率（也就是百分比）來思考、團隊合作、做紀錄、必要時承認錯誤並改變研究方向。他也建議可以用比賽的方式來增加受訪者的積極程度，還說預測過程中採用問責制能夠提高所得回答的正確性。

泰特洛克的研究獲得媒體大幅報導，甚至受到當時美國總統歐巴馬的間接支持。歐巴馬絕對是繼柯林頓之後最注重智識的美國總統，或許甚至可以說他是繼甘迺迪之後最注重智識的美國總統；歐巴馬做決策是靠腦子而非膽識，這點與他的前任小布希和繼任者川普都不同。當歐巴馬在思考某個計畫的時候，他總是會要求合作者用數字告訴他計畫成功的機會有多少。他說過他知道百分之百的確定性幾乎不會發生，但他能夠「與不確定性和平相處」。所以，歐巴馬自己補充說，決策者得要願意經常基於新訊息重新評估決策，這點非常重要。[13]依據一項統計，歐巴馬至少在六個領域的六百九十九項倡議上使用專業政治判斷（這六個領域是青少年懷孕、家庭訪視、投資創新研發、社會創新資金、勞動力創新資金，以及貿易調整協助社區大學與職業訓練計畫），這些計畫總共花了將近四十五億美元。[14]

泰特洛克後來又進行一項「優良判斷計畫」，他為此花了四年時間，獲得超過一百萬項關於世界大事的預測結果。過程中他發現幾件事，第一是某些事情比其他事情容易判斷；第二是那些表現明顯優於他人的預測者都有以下特質：不教條化、不會主動用自以為知道的東西來回答、聽到問題後會花時間下工夫研究而非立刻回答、能夠自我批判；第三，計畫中表現最佳的參與者優於那些手中握有機密資訊的情報官員。更重要的是，我們可以研究這些優秀的參與者獲得結論的過程，並將研究所得教授給別人。預測的事件距離進行預測的當下愈近，則對於該事件是否會發生的預測結果就會愈準確，反之亦然。要預測的問題若可能發生在未來三到五年之後，則預測結果只有一半的準確機率。

嗯，這點倒是不出人所料。

第十四章　最強大的工具

我們今天所擁有最強大的預測未來工具就是模型與用來建造模型的演算法。模型與意識變異狀態毫無關聯，至少理論上是如此；就這方面而言，它的用法類似民意調查、歷史、聖經經文、數字占卜、預兆，以及必不可少的占星術。同樣地，模型法背後準則就是模型愈「客觀」愈好，意思就是這個模型愈不會受到使用者自己的感受與情緒干擾就愈好。現代電腦專家如果在找工作時聲稱自己被聖靈充滿並以上帝之名發言，那同僚看待他的態度大概不會比看待星期天早上聚在倫敦海德公園「演說者之角」*那些面無表情的常客要好多少。再多說一點，如果這位電腦專家還像薩滿那樣打鼓唱歌跳舞，攝取致幻物質讓自己陷入恍惚狀態，那同僚對他的敬意只會更減少。

---

* 海德公園是位於倫敦西敏市的皇家庭園，「演說者之角」位於公園東北角，自一八七二年起此地允許自由發表演說。

模型確實可能非常複雜，但基本上它們是由兩種東西構成，第一種是各式各樣的相關因素（現在我們通常稱之為「變數」），這些東西理當能夠呈現真相或至少部分真相。第二種的重要性不下於第一種，那就是這些變數之間的關聯，且這些關聯性幾乎都是定量的，也就是說當組成部分A改變了或是調整了多少多少的量，那不只組成部分B、C和D會跟著改變，而且這些改變都會是特定量的。

最早的模型，也是數千年來大概唯一一種模型，大概就是天體運行的模型。這種模型的功用不只是要呈現月相、行星位置、日月蝕等等，還包括吉日、凶日、節慶日期這些。目前所知最早的例子是從愛琴海古老沉船裡打撈起來的「安提基特拉儀」，名字來自距離打撈地點最近的島嶼，年代似乎是在西元前二〇五年到八七年之間。它被撈起時表面覆滿鹽晶且嚴重鏽蝕，因此等了數十年才得以被現代學者修復。除了前面說的這幾種功能以外，學者發現這個儀器還能呈現陽曆與陰曆之間的關係，以及未來奧林匹克運動會的日期。可嘆的是，隨著古代歷史結束，建造這樣一座複雜機械所需的知識也隨著散失，要等到很久以後中國人（蘇頌在大約西元一一〇〇年建造「水運儀象台」）、阿拉伯人（加札利在一二〇六年製作「堡鐘」）和義大利人（十四世紀的「東迪鐘」）才開始製作類似儀器。另一個很出名的例子是法國斯特拉斯堡的大型天文鐘，它原本是在十四世紀建造，但後來又經歷多次重建。

「以數學運算為基礎」幾乎已經成為「模型」的定義之一，愈好的模型中包含的變數愈切題、愈全面，用來表示變數之間關係的數學式也愈精確。牛頓在一六八七年出版《數學原理》，發表一套能夠解釋地表與天上所有物體運動的簡單定律，自此這種模型受歡迎的程度不斷飛漲。某些模型以物理定律為基礎，能告訴我們幾百年後某一場日蝕何時會發生、時間有多久，以及我們的後代子孫到時得把自己放在地球上哪些地區才能看見這場日蝕。其他有些模型甚至能夠預測數百萬年後宇宙會發生的事，比如某顆恆星何時會變成白矮星或是變成超新星，然後塌縮為黑洞。還有些別的能告訴我們亞微觀世界裡即將出現什麼變化，這些模型相比之下處理的時間範圍非常短暫。

目前所知，最早試圖將數學建模這種預測未來的方法從天文與物理推廣到社會生活的人，是帝國時代的古羅馬人（數學建模相對於蒐集統計數據這種不同但並非無關的方法，數據蒐集法最早至少在聖經《撒母耳記上》第二十四章中已經出現）。第三世紀早期法學家烏爾比安所作的計算看起來像是為某些特定人群的預期壽命進行建模，但我們並不清楚他這套圖表究竟說的是哪些特定人群。然而，他的著作已經散佚，只留下後人引述時所作的簡短摘要，因此我們很難真正看懂他在做什麼。烏爾比安的目的很清楚，當時他似乎是在財政部門工作，他要藉此預測未來某時國家能收到多少稅。[1]

「多人合營企業」是以分擔的方式降低風險，這種做法最晚在西元前第一個千年已經出現，說不定還要更早。然而，一直要到文藝復興時代，義大利這位數學家與「墮落的賭徒」[2]

吉羅拉莫·卡達諾（一五〇一到一五七六年）才寫出第一部討論機率、勝率、風險管理，以及怎樣運用這些來賭博的論著。十七世紀後半葉的學者繼續往這個方向研究，讓人更了解機率理論與複利；當時學者建構出的模型讓英國經濟學家威廉·配第和統計學家古格里·金等人得以估計未來的國家收入，以此作為徵稅的基礎，並讓政府對總額能有個大致期望。長久以來，人類歷史上的「檔案資料」數量非常稀少，且大多數都太破碎、亂無章法、彼此間差異過大而難以使用，但當法國與英國在一八〇〇年左右建立起最早的國家統計局之後，這條涓涓細流也就長成了大河。不出意料，「統計學」一詞也是在這個時候出現，據說這個詞是德意志學者哥特弗里德·阿亨瓦爾所創造。[3]

在一八八〇年代，有些較大的企業加入政府行列，開始試圖取得統計資料並加以利用。這些企業愈來愈需要同時在不同地方進行各種不同的營運作業，竭盡心思要在權力下放與中央控制之間取得適當平衡，因此它們也開始蒐集並處理與生產、消費、物價，以及其他許多事情相關的統計數據，某些企業還更進一步設立專門單位。用英國歷史學家亨利·湯瑪斯·巴克爾的話來說，這些努力都是基於某種期望，期望人類事務能規範在那種長久應用在自然科學的嚴格檢驗（意思是以社會統計學為本），那麼就能建立起可靠的人事基本定律，進而消除或者至少降低不確定性，[4]其結果就是人使用模型的程度大幅提高。

大量的模型都是機率性的，無論對象是物理世界或社會問題；這意味著它們完全不管個人的未來，只管這些個人所屬的群體的未來。物理學家無法預測燒瓶加熱時裡面承裝的幾十億個分子其中一個會怎麼動，但他們能非常準確地預測所有分子結合起來時它們的平均行為。同樣地，保險公司不可能知道明年誰會發生車禍，但精算模型能預測某個具有相同特徵的特定群體（年齡、性別、居住地、車輛種類、每年駕駛里程、保險索賠記錄等）任一成員上路出意外的機率。還有就是住宅遭竊的機率、生病嚴重到需要治療的機率、犯罪並因此被逮捕的機率，諸如此類，保險費就是用這些模型算出來的。從許多保險公司富可敵國的情況看來，假設它們賺錢時遵守規則而非鑽漏洞或直接違法，那麼機率模型就可說是所有模型裡最成功的一種。不過這也是有限度的，首先環境裡各種因素都會改變，所以時間一久模型通常也就不準了。其次，模型無法告訴我們關於個人未來的一切詳情，所以法律上絕對不允許把這種模型拿到法庭當證據。[5]

建構數學模型一直都很耗時耗力，先是得找出那些相關的變數，要知道一個包含某個世界所有相關變數的世界模型就會與那個世界一模一樣，因此建模者很早就得決定模型裡要包含哪些變數、排除哪些變數，後者重要性不亞於前者。接下來建模者必須將這些變數以特定方式互相連結起來，由於社會現實是動態的，今天最重要的事情到了明天未必一樣重要，因此這個步驟十分困難。這部分做完以後，建模者必須蒐集資料加以核實，整理成可用的形式，然後互相比對。最後，依照問題的複雜程度不同，建模者必須以模型進行次數不等的運算以檢查事實是否與模型相符。千百年來這些步驟都必須以人力來辛苦進行，而在十九世紀最後數十年和二十世紀最初數十年，進行這些步驟的人力通常都是女性，因為一般認為女性特別適合那種辛苦、重複性高而無聊的工作。[6]當時的照片拍到整間房間裡都是被稱作「計算員」的女性在工作，照片中除了她們以外可能只有一名較年長的女主管和幾名男性訪客。

一九二〇年代，開始普遍蒐集社會與經濟生活各方面的統計數據，這情況在美國特別明顯，當時還是經濟部長的赫伯特．胡佛（後來當上總統）為美國人指明了此一方向，畢竟胡佛自己就是用這種方法從一個一窮二白的年輕人變成家財萬貫的富豪。第一次世界大戰期間，胡佛以慈善家的身分將這些方法用在更大規模的事情上，幫助被德國占領的比利時免於饑饉之災。蒐集、呈現、應用、發揮，只要好好地做，誰知道這些方法還能達成什麼奇蹟呢？這下子，那些聲稱能向顧客提供天底下各種預測的商業分析師與顧問一個個冒出來，但他們的職業生涯大多不長，因為很快地事情發展就會與他們的預測脫節。只有某些公司能夠繼續生存到今天，比如博思艾倫漢密爾頓和麥肯錫顧問公司等這些知名公司。

二次大戰後電腦科技興起，建模與預測的發展史迎來下一個轉捩點。最早也最有趣的例子之一就是「國民貨幣收入類比計算機」，又名「菲利普斯液壓計算機」，[7]菲利浦斯是製造者的名字。這東西由一系列固定在一面木板上的塑膠透明槽與透明管構成，每個透明槽各自代表英國國家經濟的某些方面，整套裝置大約兩公尺高、一點二公尺寬，厚度將近一公尺。木板最上方的大型透明槽稱為「財政部」，反映過去數十年英國的快速成長。代表金錢的有色液體從「財政部」透過細管流往其他透明槽，象徵國家可以花錢的各種方式。

舉例說明，板上有一個透明槽代表健康與教育，如果要增加醫療保健方面的支出，那就打開某個開關讓「財政部」的有色液體流入代表醫療保健開支的透明槽。這個透明槽裡的液體接著可以流向別的槽，以此呈現經濟活動中的其他互動。為了呈現稅率變化，操作者可以將某些槽內的液體泵回到「財政部」，其他還有一些液體流動是代表儲蓄、收入，以及其他設計者認為相關的因素。有需要的話，操作者隨時可以將利率之類的額外因素加到板子上。整部機器的液體流動由一系列浮筒、配重、電極與電線自動控制。在我們看來，這裡面決定性的要素是一系列控制開關，讓使用者能用不同設定來進行實驗並得知這些設定造成的影響，如此這台計算機就不只是一台教學設備（這是它最初設計的目的）而已，且能真正用來預測經濟正往哪個方向發展。

「國民貨幣收入類比計算機」當然不是自己把自己設計出來的，其他任何一台電腦（類比的與數位的）也不可能自己自主進行建模，這些都是輸入程式的人的功勞，要知道做這種工作的勞累程度可不輸給上述的計算工作。我們甚至可以說，雖然電腦語言至今已進步了不知多少，專家設計出許多新的程式語言，但從愛達·洛夫萊斯協助查爾斯·巴貝吉開發「分析機」之後的一百五十年來，寫程式這件事的過程本身幾乎完全沒有改變。[8]電腦能做的是以高速處理巨量資訊，必要的話進行重複處理以驗證結果，並看看改變某一項因素會怎樣影響其他所有因素；因為更多因素被納入考量、因素之間的關聯性能更精確呈現，所以電腦科技造就了更佳的模型，也讓模型的數量大幅增加。事實上事情已經到了這種地步：任何人如果要設計模型預測未來，如果他不使用電腦或聲稱不使用電腦，就一定會被別人當成傻瓜。

說到二十一世紀最初幾年，我們使用外推法能得出一項預測，而這也是唯一一項不會出錯的預測，那就是使用數字、電腦與模型來預測未來的程度還會愈來愈高，一部分原因在於這些東西確實能有效讓使用者搞清楚許多相關因素會怎麼互動開展，另一部分原因是它們象徵著進步，能夠抬高使用者的威信，不讓門外漢知道許多預測者實際所擁有的知識有多麼不可靠。換句話說，社會生活的許多方面從古到今都無法以模型預測，不論對象是群體還是個人。況且對大部分人來說，那些以數學式子構成的模型跟古代薩滿的神祕旅程都一樣無法理解。正是如此，就算是那些教育程度高且富有相關知識的人，他們還是持續在用老方法；只要人類還有未來，人類就會繼續使用這些老方法。

第十五章 兵棋，兵棋

兵棋推演在這裡，兵棋推演在那裡，兵棋推演無所不在。[1]本書內容即將邁向結尾，此處我們要討論的最後一個預測未來方法就是遊戲；不是任何一種遊戲，而是那種所謂的「戰略遊戲」或「戰爭遊戲」，也就是「兵棋推演」，原因在於軍方是最早使用兵棋推演來預測未來者，經濟預測與政治預測都是從軍事界學來這套做法，這點我們下面就會講到。

「戰略遊戲」定義是兩方或多方對抗的遊戲，反過來說一場「戰略」競抗應該要符合兩項條件，第一項是各方都能自由施展，一邊向自己的目標推進，一邊積極試圖阻撓別人向目標推進。第二項是各方所採取的行動都受其他參加者的行動影響，這是由第一項推導而來的結果。西洋棋、籃球，以及想當然爾戰爭本身都符合上述兩項，但其他例如賽跑或純粹以運氣決定結果的競抗活動則大多不符合。[2]

某些兵棋推演需要真人下場，比如古羅馬角鬥士競技和中古騎士競賽；其他更多的則是在紙上、在特製的板子上，或是像今天在電腦上進行。前面一種兵棋推演有時有暴力成分，甚至是到以命相搏的程度，正如角鬥士與騎士競賽這兩個例子所示。某些兵棋規模龐大，某些很小；某些使用複雜技術特別是電腦科技，某些則不然。但在我們看來這些都不重要，重要的是各方之間發生的那種互動，這是其他許多人類活動都共有的特質，包括戰爭與做生意。

兵棋推演可能跟戰爭本身一樣古老，從某些方面來講可能還更老，目前為止這世上尚未發現哪個社會不曾把兵棋推演加以利用。隨著時代不同，設計與進行兵棋推演的目的也不同，世界各地很多部落社會有在野外進行這種推演的傳統，有時兵棋推演就取代了兩個部落之間的戰爭，其目的是娛樂與發洩精力，或許還能用來解決鄰居間的小摩擦。[3]古羅馬角鬥士相搏的「慶典」一開始很有可能是宗教儀式，後來才變成只有娛樂性質，成為尤韋納爾詩裡所寫當權者用來收買民眾的「麵包與馬戲」。[4]如果現代某些歷史學家所言可信，那麼羅馬帝國時代舉辦角鬥士競技的目的就是為了增加帝王威權，因為這些活動是在皇帝贊助之下舉行，讓民眾看見皇權如何彰顯。[5]我們在史料中確實可以看到一些用角鬥士來練兵或是訓練兵士成為角鬥士的紀錄，但這些似乎都是少見的情況。[6]

中古騎士競賽背後的道理也是一樣，且這種競賽很多都具有「面試」的意味，讓貴族中的年輕新秀展現武藝，讓高位長者選擇要把誰收為家臣。[7]只不過，就我們所知，這類競技活動完全不具備任何預測或占卜未來的意義，原因之一或許是那個時代並沒有「未來可能與現在有極大不同」這樣的概念。

軍事演習的目的在於訓練部隊與震撼觀眾，其歷史大概與王國城邦的軍隊組織一樣久；但在演習中讓兩軍交戰，作為預測未來戰爭可能模樣的方法之一環，此種做法似乎直到十九世紀才出現。這樣的演習是真的讓軍人下場作戰，通常還讓他們使用真的武器。從許多方面來看，這些演習要能「逼真」的唯一關鍵在於把子彈、砲彈與炸彈等彈藥從假的換成真的。演習中會使用某些還在實驗階段的科技，機關槍、無座力砲、無線電、坦克、軍機和其他許多種新武器一個個都曾在演習中初次露面，直到今天此種演習還是檢驗軍事新科技威力的最佳手段之一。

這種演習舉辦起來規模愈來愈大，在第二次世界大戰前夕達到高峰，當時參與這類演習的人數有時高達數十萬人。[8]這種方法也有其限制，不只是演習中無法進行真實射擊，且雙方指揮官經常會被一整套外界強加的規則綁手綁腳，而這些規則用意是要把演習過程帶往上位者所認定的正確方向。演習中設置裁判官的目的是要確保參加者遵守這些規則，並裁定誰勝誰負；但通常這反而會引發爭議，爭議某一方所用的某個策略是否合乎規定，或爭議勝負的判定是否合理。

兵棋推演未必都由真正的軍人參與，也未必都在戶外進行，那些由非軍人在室內進行的兵棋裡最出名的大概就是西洋棋。西洋棋最早是由印度人在第六世紀發明，然後傳到波斯，其設計顯然就是模仿兩軍交戰，雙方都如同真實軍隊，有國王、有宰相、有大象、騎兵、戰車與步兵。中古西班牙猶太詩人亞伯拉罕・本・以茲拉（一〇八九到一一六四年）的詩句是這樣說的：

我要歌唱那場戰爭
計畫於多少歲月之前。
有技有識之人布下兵馬
在分成八塊的一片平原，
方格劃分如棋盤，
雙方陣營面對面，
兩王坐鎮發號施令，
兩王之間殺聲震天。
屏氣凝神專注在戰陣，
進退攻守調度無間斷，
但沙場卻沒有刀光劍影，
因這僅是一場鬥智之戰。

不過，西洋棋與現實戰爭的類似性最多也只到這裡。首先西洋棋完全沒有意思要模仿戰爭中那些不可或缺的要素，比如參戰者肉體上的苦勞與危險、同一陣營內部的意見分歧、後勤，以及情報（西洋棋是「全訊息對局」，雙方都能立即知道彼此所採取的每一手行動）。其次，各種棋子的移動方式過於簡化、規則化，不可能呈現戰場上的真實情況。第三，雖然西洋棋規則讓每個棋子能對周圍或多或少的方格產生威脅，但沒有一種棋子能像真實部隊常做的那樣進行遠距攻擊（亦即在原地不動而能產生攻擊效果）。第四，棋盤與真正的地面地形大不相同，棋盤上每個地方都長得一樣，只有黑白方格交錯的差別而已。當然啦，西洋棋是一種無害的遊戲，且對於那些愛下棋、愛看棋的人來說非常有魅力，但若說到戰爭訓練或是預測未來戰爭會以哪種形式開展，西洋棋基本上是沒用的。

史上最早試圖把西洋棋變得更像實際戰爭的紀錄出現在十七世紀中期，德意志烏爾姆地區的克利斯多夫・魏克曼將他設計出來的作品命名為「戰鬥西洋棋」，這種棋的設計理念是要讓棋盤、棋子與棋子的移動方式更貼近實際上的戰場、部隊與戰術，這樣它就更能用於軍事研究與訓練。[9]到了十八世紀，又出了好幾個人（全都是男的）發明類似棋戲。隨著時代推進，大家愈來愈試著讓紙上遊戲能盡可能在各方面精確符合真實戰爭，但也因此讓這類遊戲變得規則愈來愈複雜而不容易玩；和戰鬥西洋棋的情況一樣，它們主要的用處似乎是娛樂與訓練，只是拿它們來進行訓練的例子似乎也不多。

十九世紀初有一對普魯士軍人父子搭檔利奧波德與格奧爾格亨利齊・馮・萊斯魏茲，上面說的這類棋戲裡有幾個比較有名的是出自他們設計。[10]他們發明的棋戲最初不使用任何一種棋盤，而是要在地形圖上進行；每個棋子代表的不是單兵（例如西洋棋）而是一整支部隊，其行動規則、能力與限制都經過縝密計算，盡可能貼近真實的戰爭表現。不只如此，上述這些性質還會受到棋子所在地形影響，比方說穿過森林所需時間就會比橫越鄉間曠野要長。自古以來玩家輪流移動棋子的規則仍然保留，但父子倆設計出另一條規則讓棋局更像實戰，此即每一回合都代表實際時間裡經過了幾分鐘（至於究竟幾分鐘則不一定）。最後，萊斯魏茲家的兒子特別掌握到偶然性在戰鬥中所扮演的角色，因此他讓下棋雙方用擲骰子的方式決定兩支部隊交戰輸贏。

德國某些博物館裡現在還收藏著當年留下來的萊斯魏茲棋，當時連國王腓特烈．威廉三世（一七九七到一八四〇年在位）都對這棋戲感興趣，會拿來與自己的兩個兒子下棋，這兩個兒子後來陸續繼位成為腓特烈．威廉四世（一八四〇到一八六一年在位）和威廉一世（一八六一到一八八八年在位）。受到宮廷影響，普魯士參謀本部與一般軍官團之間也開始流行下這種棋，到後來每個軍營都必須擁有一套。此時大家下萊斯魏茲棋主要仍是為了軍事訓練，但要注意的是「訓練」是一種以未來為目的的活動，我們對於訓練目標至少必須有個粗淺認識，換句話說就是對未來會怎樣有個大概認知，這樣才能進行訓練。

受到上位者提倡，無論職業軍人或業餘玩家都大批投入萊斯魏茲棋這類遊戲。這股風氣先是在普魯士／德國吹起，其他國家見識到德國在一八六四到一八七一年間百戰百勝的實績之後也起而仿效。這種棋戲還能設計成在任何一種能夠用來作戰的環境裡進行，不論是陸地、海洋、空中或外太空，而後來的人也確實這樣做了；它們可以設計成反映戰爭的任何一種層級，從戰術一直到大戰略。此外，人們還可以把各種新參戰的軍事科技都放進去加以模擬，從最早的槍膛裝填器開始，一直到後來的坦克、無畏級戰艦和彈道飛彈。

因為大家試圖讓兵棋盡量更像現實戰爭，所以時間愈久這些兵棋就變得更龐大複雜而超乎想像。回頭來說，最早的兵棋推演是在地圖上進行，但過了很久以後，到了一九七〇年代，某些人開始在兵棋地圖上印六角格來讓棋子移動距離計算更簡便。為了呈現每個棋子的能力與限制，設計者加入了點數系統，不同兵種的棋子擁有的火力點數也會不同（進一步可以讓每個棋子攻擊不同對象時能發揮的火力點數也不同），比如裝甲兵、砲兵與步兵單位擁有的點數就各不相同。除此之外還有防禦點數、特定環境下的移動力點數與其他單位配合的點數，諸如此類。點數系統還能用來表現後勤狀況、士氣高低（比如最低分是一最高分是五）、天氣等等。此時兵棋設計者也開始引入更多顆骰子，其中不少是超過六個面的多面骰。

大約從一九八〇年以來，電腦變得日益普及，導致大部分棋戲從棋盤上搬到螢幕上。電腦可以讓數名玩家（關於玩家我們後面會說到更多）同時下指令而不必一個一個輪流，因此兵棋推演的逼真程度又前進了好大一步。遊戲中通常必須進行十分複雜的運算，這些以前需要人工完成的事情此時都可以交給電腦去做，原本進行一場棋戲可能要花掉好幾小時（以及大量計算紙），現在只要幾分鐘就能完成。但說到底，兵棋依然是由模仿真實戰爭（未來戰爭也可以包括在內）的模型的互動規則所主宰，或說由互動規則所構成，這些互動規則在電腦上稱為演算法。

下面說的這事實在太根本，值得多說幾次。我們前面看到了，模型說到底不過就是以規則為基礎彼此互動的一組各種因素，當它們被放在一起的時候，這些因素和規則應當要能呈現現實或部分現實。兵棋推演也是讓各種因素彼此以規則為基礎來互動，當它們被放在一起的時候，這些因素和規則也應當要能呈現現實或部分現實。如此說來差別在哪裡？答案就是「戰略」。假設有一場兩方或多方進行的對抗，由於每一方都擁有自由，能夠一邊追求自己想達到的目標、一邊阻止他人達到目標，於是每個玩家採取的行動都會受到他人的行動影響，這些因素讓兵棋推演出現了「戰略」性質。

回到「國民貨幣收入類比計算機」來做個簡單說明，每一次代表某項因素的液體流動出現改變，其他的改變就會隨之自動出現；只要模型有好好校準過，能夠反映經濟活動的真實模樣，它就能用來做預測。兵棋也是這樣，每一步棋都會影響接下來的那一步或更多步。不過這些變化的成因可不是自顧自死板運作的規則，而是玩家心中的意圖，這意圖大多時候是想求勝，而求勝的方法可以是摧毀敵人（就像西洋棋）或是在特定回合或特定時間內獲得一定點數（比如其他很多種棋戲）。換句話說，兵棋推演也是一種模型，但它和別種模型的差異在於其運作主要不是由內在規範所決定，而是由玩家的訓練程度與態度之類所決定。至於玩家是人還是電腦（就像現在很多遊戲那樣），這已經不重要了。

根據一項估計，兵棋有望成為一個全球規模達到一年兩千億美金的產業。[11]其中絕大部分大概都是以娛樂為目標來設計、來組織活動，這是從「石器時代」遊戲以來的常態；但也有些是用來測試各種軍事行動，盡可能地預測實戰結果。如前所述，普魯士／德國的參謀本部是這個領域的先驅，早在十九世紀末之前，他們計畫每一場作戰時都會先舉行一場或多場兵棋推演，其中包括很多種不同棋戲，目的是要看看交戰情況會怎麼發展、特定因素改變之下（例如部隊數量或武裝）發展方向會怎麼改變、藍方（友軍）若做出某些行動會有什麼影響，以及戰局最後可能的結果，諸如此類。

過去絕大多數的兵棋棋局，包括普魯士軍官團所進行的那些，如今都已自然而然被人遺忘，史料散佚之嚴重使得長年以來都有人抱怨，抱怨我們沒花足夠的時間與心力好好研究這些棋局提供給未來的教訓。不過，有少數幾盤棋的詳細過程被保存在檔案館或其他地方，其中最著名的一場兵棋推演大概就是一八九四年柏林舉行的那一場。當時新上任的參謀總長阿爾弗雷德·馮·希里芬將軍（後來升為元帥）打算把德軍主力調往西邊攻打法國，但他想知道如果這樣做的話德國東部邊境會發生什麼事，於是讓屬下軍官用兵棋推演來預測最可能發生的戰役情況。二十年後，在一九一四年秋天，發生了被後世稱為坦能堡之役與馬祖里湖之役的幾場戰役，其過程竟完全依照當年兵棋推演的情況重演，精確程度令人毛骨悚然。[12]一次大戰過了數十年之後，德國軍官仍會說這些例子是絕佳證據，證明兵棋推演在稱職者的適當操作之下能把未來預測到什麼程度。[13]

人對兵棋推演預測未來的效力有了信心，德軍在威瑪共和國、第三帝國與第二次世界大戰期間持續定期舉辦兵棋推演。舉例來說，一九四〇年侵法之戰前夕，德軍上至參謀本部下至師部的每個單位都舉行了兵棋推演，且常舉行不只一次，以便找出最佳做法。其他像是海獅行動（原定一九四〇年發動的入侵英國作戰，因為兵棋推演結果不佳而中止）和一九四一年的北非戰役與侵蘇之戰前夕也都有這種從上到下舉行兵棋推演的盛況。侵蘇行動的兵棋推演主持人是陸軍總參謀部副總參謀長弗里德里克·包拉斯，也就是一九四二到四三年間在史達林格勒打了大敗仗的那位指揮官。[14]

為了準備入侵蘇聯，德軍在一九四〇年十一月到一九四一年二月之間共舉辦兩輪大規模兵棋推演，第一輪兵棋推演結果如下：一、德國國防軍非常勉強才能推進到最重要的目標莫斯科；二、如果部隊真的到達莫斯科，後勤不可能補給他們；還有三、為了達到目標，德軍傷亡會非常慘重。後來的發展顯示這三項預測準確無比，但希特勒攻擊蘇聯的決心也堅定無比，或許參謀本部因此根本沒把這些結果呈報給他。一九四一年二月舉行第二輪兵棋推演，結果呈現德軍能夠摧毀紅軍；這結果雖然比較能讓計畫者滿意，但最後卻被證明大錯特錯。三年後的一九四四年九月發生了一件事，德軍某場兵棋推演對未來戰局的預測極其準確，於是當敵軍（美軍）突如其來採取行動，德軍指揮官華爾特・莫德爾竟下令把這場推演繼續進行下去，唯一的差別只在這次用的是真正的部隊，越過真正的地面，在真正的交通要道上移動。

美國和其他地方的軍隊也採用了這種方法，兩次大戰之間的美國海軍對此特別熱中，會定期舉行以日本為假想敵的兵棋推演。後來，二次大戰中指揮美國太平洋艦隊的海軍上將契斯特・尼米茲這位大人物聲稱海軍兵棋推演預測到了戰場上所有實際發生的情況，唯一的例外只有一九四四到四五年間的神風特攻隊自殺攻擊。或許更重要的是日本皇家海軍這邊的情況，他們在一九四一年九月到十月間舉辦一輪兵棋推演，完美預測日方成功襲擊珍珠港的戰役會怎樣開展，讓那些悲觀主義者不知如何回應。一九四二年春季的另一輪兵棋推演則預測出日軍攻擊中途島將會大敗而歸，但日本皇家海軍的將帥決定忽視推演結果；在這輪兵棋推演過程中，某些日軍航空母艦被決定交戰勝負的骰子判定為沉沒，但這些將領以人為方式讓這幾艘艦艇重新浮起來航行。結果中途島之戰果真如兵棋推演的結果那般發展，使日方將領後悔莫及。[15]

二次大戰結束之後，愈來愈多人想把兵棋推演的應用範圍從軍事戰爭延伸到經濟領域，以至於諸貝爾獎得主、兵棋專家暨經濟學家湯瑪斯・謝林等人掌握這東西之後偶爾能把它弄得反客為主，把戰爭當作僅僅是經濟的外延活動而已。兵棋推演被用來預測各式各樣的未來可能性，上至收稅與／或儲蓄的增減、利率變化、管制與／或投資等這些因素對各種商業活動的影響，下至設立一間賭場對某城鎮或某區域經濟狀況可能的影響。

這種方法的優點如同正統兵棋推演，它呈現的不只是單獨某人或某個團隊對未來模樣的想像，還包含由裁判員所給予的不斷變化的挑戰，以及「競爭」這個要素，以此逼使參與者去反省「已知事實」並處理各種他們從來不曾想過的場景。某些兵棋在設計時仿效萊斯魏茲父子的做法加入機率成分，這種兵棋推演在今天有個很浮誇的名字叫「蒙地卡羅模擬分析」，過程中呈現機率因素的不是骰子，而是使用現今常見的電腦生成亂數方式。

一九六〇年之後，那些認同兵棋推演價值並負擔得起的公司企業愈來愈把這種預測未來的方法當成日常標準操作的一部分，這也就刺激了新產業的出現，其任務就是組織兵棋推演以供其他企業使用。[16]典型的兵棋推演設計目標是要預測未來三個月到十年的時間，使用的都是真實檔案，推演出來的計畫也都是真的要實行；正是如此，負責兵棋推演的部門通常是保密程度最高的部門之一，外界能獲得的相關資料也相對偏少。從我們取得的少少資料來看，這類部門準確「推敲出」未來並預報出未來模樣的成功率是有些堪憂，有時它們很管用，有時則不然。

兵棋推演應用在政治上的問題就又更大得多。要能蒐集定量資訊並寫出算式來充分掌握某場軍事行動將會如何發展、敵軍如何反應、當下的結果與較廣泛的影響，這些已經夠難了；這些困難也會出現在微觀經濟與巨觀經濟的領域，後者尤其如此。但要把同樣的方法施用於某個正在進行中的政治過程，或甚至是像羅馬帝國衰亡史這樣一個早已結束的政治過程，難度比前面幾種都還要高。我們要怎樣把軟實力、遊說、協商、詭詐與威脅所造成的影響給量化？又要怎麼把誠實或狡詐的影響變成數字？這也難怪那些討論政治的經典文獻沒有一本會把兵棋推演或兵棋推演的演算法拿來大加利用，考底利耶（西元前第四世紀古印度哲學家）的《政事論》和柏拉圖的《理想國》、亞里斯多德的《政治學》、馬基維利的《君王論》都是這樣。

量化一事雖然難如登天，但仍有人試著用兵棋推演來預測政治未來發展，這種與經濟領域和軍事領域的兵棋推演不同之處在於它們不用尺也不用骰子，而是用一種被戲稱為 BOGSATS（意即「一群人圍著桌子坐」）的形式。[17] 有時候 BOGSATS 的參與者還真的會在同一間房間裡圍著同一張桌子坐在一起，有的時候則會先做分組，讓每一組成員先私下交流，然後大家再共同交換意見。在當今這個電腦化的時代，每個參與者大概都會拿一台筆記型電腦來查詢各種相關資訊，搞得整張桌子看起來像蛇窩一樣。參與者之間是以書寫方式來溝通，現場通常會有一名裁判員來控制整個流程。某些時候裁判員只擔任公正的中介者，負責將一個小組的意見傳遞給另一個小組；某些時候裁判員會扮演比較積極主動的角色，比如決定要把哪些資訊交給哪些人、介入改動資訊內容（這反映了卡爾・馮・克勞塞維茨的名言：戰場上的訊息永遠不全然可信），甚至是自己加入發問來主導辯論方向。

同樣地，這類兵棋推演預測未來的成功率與實用性也是非常難以判斷。一個很有名的絕佳例子是一九六四年五角大廈分別於春季和秋季舉行的 Sigma I-64 與 II-64 兩場推演，兩場的目標都是要盡可能預測當時越南內戰中越共與北越政權對美國軍事干預的反應。第一輪推演中的

「藍隊」包括當時美國某些最重要的國防政策決策者本人或代表，想來他們是認定這一方會贏。「紅隊」玩家身分沒有被記錄下來，但顯然其中最資深的官員是中央情報局情報處副處長雷伊·克萊恩，而他並非東南亞事務的專家。第二輪推演的「藍隊」成員比第一輪要更官高爵顯，人類歷史上大概不曾有一群如此高階的人一起進行過任何一種兵棋推演，勉強要說的話只有中古時期親自下場參加騎士競技的那幾個國王可以相比吧。如前所述，我們不清楚「紅隊」成員有誰，他們似乎是一群中階層的國防與外交政策專家。

結果，第一輪推演結果預測美國對北越的轟炸行動不可能保密，這推翻了某些人提出的荒謬保密建議；此外它還預測美國在缺乏合理政治理由的情況下出兵會引發國內外人士大舉抗議，更可能導致蘇聯決定「改變冷戰基本法則」而在拉丁美洲採取攻勢。這三項預測的前兩項後來都成真，第三項則否。[18]第二輪推演則獲得如下結論：對北越發動更高強度的轟炸攻擊（亦即美軍後來實際採取的戰略）無法迫使北越政府投降，反而會讓美國更加被捲入越南內戰，在國際與國內引起嚴重問題。對於下令進行這兩場兵棋推演的人來說，兩場的結果都未能滿足他們期望，因此推演結果也就都被擱在一邊不理了。

一九九九年柯林頓任職總統時舉行過另一輪有些類似的兵棋推演，代號「穿越沙漠」，[19]目標國家換成伊拉克。當時的伊拉克受國際制裁，經常遭到轟炸，但該國統治政權卻仍屹立不倒。這場兵棋推演的參加者包括七十名軍官、外交官員與情報官員，某些人代表本國政府，另外一些人代表其他會在不同方面受到影響的國家，還有一些人代表薩達姆．海珊與他手下高官。推演結果顯示，美國至少必須在伊拉克派駐四十萬軍隊才能真正控制該地（事實上駐伊拉克美軍人數從來沒超過二十萬），還說海珊被推翻後伊拉克政局未必能穩定，新政權很可能被視為「美國」政權而非「伊拉克」政權，因此無法掌控國家。最後伊拉克會因宗教派系與／或民族差異而四分五裂，敵對勢力爭權奪利導致混亂，且美國的長期駐軍很可能引發美國當地盟友的不滿。

到頭來，這場兵棋推演的成果也跟前面那兩場一樣進了垃圾桶。美國二〇〇三年發動代號「伊拉克自由」的入侵伊拉克作戰之前，指揮官安東尼．辛尼將軍想要大家注意這場兵棋推演，結果竟發現沒有人知道官方曾進行此事。一直到二〇〇六年，全靠位在喬治華盛頓大學的「美國國家安全檔案館」這個獨立研究機構與圖書館依據《資訊自由法》提出申請，這些資料才得重見天日。

假使卡珊德拉也受邀參加這場兵棋推演，她對後來的發展大概不會感到意外吧。

第四部

宇宙主宰

第十六章　回顧

回顧本書內容，我們可以清楚看到人類試圖預測未來的歷史與人類歷史一樣悠久，這似乎是人類本質裡不可或缺的一部分，是我們與其他動物的差異之處（許多動物會有這種表現，但都很有限，沒有一種動物能做到人類這種程度），也是人與機器的差別，畢竟機器是由無生命的物質所構成，它們根本不可能會主動去推想未來之事。一個沒有任何預卜技術，或從未竭力去發明改良這種技術的社會，在人類歷史上大概未曾有過，未來應該也不會有。唯物主義有個老舊的說法，說人類「不過是」機器而已；對此我們很難想出比「人類會預測未來」更有效的論證來反駁。

正如我在序言裡所說，人類設計出預測未來的方法極多，從薩滿教這種最古老的形式開始，一直到今天最新的數學模型。某些數學模型非常複雜，連那些設計模型輸入電腦的人都無法預測模型會往哪個方向運作。這些方法有些是由某個部落，或經常是由某個祕密教派或學派所發明並使用，而從來不曾流傳出去；但其他則廣為傳布，直到整個地球村的人都在研究應用它們。同一時期同一地點通常會有不同人在使用不同方法，甚至是同一批人使用各種不同方法。這些方法由一個衍生出另一個，彼此影響，在不同文明之間來往傳播，薩滿教、先知、解夢、招魂術、占星術、數祕術都是這樣，連外推法、辯證法、民意調查、建模和兵棋推演都是如此。這些方法往往彼此相通、交疊，所以不可能加以明確劃分，不過核心的問題都一樣，那就是找出未來會發生什麼，它們又會是什麼模樣。

從上古時代以來，人從未停止爭議哪種預測方法最正確，不論是就整體而言或是在特定情況下為特定目的進行預測。實際上人類的所有行為型態都會出現這種情況，某些人覺得是有益的事物，另一些人卻感到深惡痛絕，嚴重時權威當局甚至要將使用某些有問題做法的人判處死刑。在某些社會裡，掌權者這麼做的原因是怕預言家在政治上製造動盪，特別是那些預言不祥之事的預言者。除此之外，在一神信仰的社會裡又多了「人類預知能力」與「上帝全能」這兩個概念的衝突。就算到了今天，這些禁忌也未必就已過時；一個有意思的相關事例發生在二〇一七年八月，曾任希臘政府統計局局長的安德烈亞．喬吉歐被法庭宣判有罪，因為當時希臘政府亟欲說服歐盟給予更多貸款，為此政府宣稱希臘經濟發展前景一片看好，但喬吉歐卻表示真相並非如此。[1]

這些預測方法不會一成不變，而是會隨著時間有所發展，反映那些設計它們、使用它們的社會本身的發展。也就是說，那些孕育出這些方法的文化同時也在影響或甚至宰制著這些方法。文化是一整套互相嵌合的態度與信仰，從人誕生那一刻就開始灌輸進腦子裡，要從文化中逃脫很困難，通常毫無可能；文化的教條顯得如此天經地義，大部分人多數時候根本察覺不到它們存在。也正因此，無論在何時何地，絕大多數的人，其中還包括某些最有智慧、教育程度最高的人，他們會相信那些被我們這些受教育的現代西方人視為全然胡說八道的東西，其中某些「胡說八道」就是過去的人用以預測未來、解釋未來的方法。反之，要是古代以色列人、希臘人或羅馬人遇見今天的數學模型，他們絕對也會嗤之以鼻斥為無稽。

這些預測未來的方法還有另一項共通處，那就是它們都大量使用象徵符號與寓言，連占星術、占卜術、占兆與數祕術這些不需要預測者變換意識狀態的方法也是如此，它們也都是以觀察自然或數學上的特定現象為基礎，認定這些現象隱含某種象徵，並解讀其義。

使用這些方法的人，有的直接把結果告訴任何願意聽（有時還包括那些不願意聽）的人，也有的像是皮媞亞或做了預知夢的人，這種人對未來的預測要經過所謂的「二手傳播」，也就是先交給專家來解讀他們所說內容，然後再由專家傳述解讀結果。這些專家想必偶爾也會在裡面動手腳，以便達到自己的目的或讓客戶滿意，畢竟那些惹惱客戶的人說不定還會惹來殺身之禍。不過我要在此重申我對「假預言」的立場，那就是這個問題不在本書討論範圍之內。

人類從古到今都在試圖把頭探進未來看看裡面藏著什麼，而歷史的轉捩點可能出現在一六五〇年到一七八〇年間，這段時期內先有了科學革命，然後又有了啟蒙運動。首先由湯瑪斯·

霍布斯揭開序幕，他把「顯靈」和「靈視」斥為「幻覺」與「騙術」，不值得莊重的人注意。接著是湯瑪斯・培因，他和同時代許多人都將理性抬高到上帝的地位，意即他們認為人應當時時刻刻都要依靠理性，其中當然包括用理性來預測未來。最後是具有象徵意義的極端派法國革命分子，例如賈克・埃貝爾與馬克西米連・德・羅伯斯比，他們舉全國之力試圖推翻上帝，讓理性登上至高之神的寶座。

如果要說這當中最重要的一項變化，那就是「宗教狂熱」與相關的靈性現象在人眼中的地位突然一落千丈。從可回溯的最早期開始，在那些最重要的預測未來方法裡，其中一個（在許多社會裡是唯一一個）就是讓預測者進入某種意識變異狀態，薩滿教、先知、神諭、解夢與招魂術的共通點就在於此，它們都要求預測者必須離開我們所在的這個世界，去到另一個世界，與超自然的對象接觸，而這些對象可能是鬼魂、眾神或上帝。還有一種是讓已死之人回答問題或藉由活人之口說話。

當「狂喜者」淡出歷史，後世的人再也不覺得預測未來的人需要服用藥物、狂舞直至虛脫、口吐白沫、失去意識、說出別人聽不懂的話或展現魔法來證明自己的能力。他們再也不需要踏上神祕旅程，前往某個人所不知的地方，遇見各種神靈，以上帝之名發言或安排自己與上帝會面。情況到了什麼程度呢，特別是在最先進國家的那些菁英之間，任何聲稱自己在做這些事的人大概都會被當成瘋子而非被視為先知。

有三個因素導致上述改變，第一個是科學的擴展，科學進入那些原先只能以超自然方式理解（如果那算是理解的話）的領域，此處的科學主要是指物理學，但也包括其他學科。第二個是不斷進展的世俗化趨勢，這在許多地方促使人高度重視生活有規律、飲酒有節度，以及各種事情的合理性。[2]第三個是這段時期官僚控制（bureaucratic 這個英文字大約在一七六〇年代出現）穩定發展，而官僚系統除了強調前述三項以外還包括持續性、規律性與可靠性。[3]換句話說，長久以來，神聖性、魔法和來世都是「預測」這項活動的三大特徵。人從原先看重預測的不可思議性——誠如特圖里安所指出的，「耶穌基督再臨」這件事因為不可能所以確定無疑會發生，[4]——此時轉變為要盡量讓預測變得合理可信。在這樣的轉變過程中，「預測」這件事像其他許多事一樣都被歸到理性常規的管轄範圍內，或至少假裝是這樣。而那些以理性態度進行預測的人，他們再也不必用施展奇蹟的方式來向別人證明自己。

然而，這些改變並未造成任何一個古老的預測未來方法立即消失或完全消失。相反地，這些老方法的驚人特點之一就是它們壽命長得不可思議，以及它們在現代這個理當是理性科學的時代裡存活下來的本事。在那些動盪不安、人心惶惶的時代裡，那些有宗教信仰的人、教育程度較低的人，以及生活環境困苦的人特別會去尋求不理性的老方法，但會這麼做的絕不僅限於這些人。至於這些老方法為何能繼續存在，原因正是它們大量使用象徵符號、比喻和寓言，這些東西能夠更直接地進入人的意識，能夠吸引更多人，也更容易留下更強烈的印象；相較之下科學裡的實驗與數學公式往往太過深奧難解，無法達到上述效果。正如分析心理學之父卡爾・古斯塔夫・榮格可能會說的，意識變異狀態與深植其中的符號才能刺激我們的心靈。

就算在今天，許多人仍然會找各種靈能者與靈媒問事。以一九九五年為例，全美百分之七十的日報都刊載星座運勢，三分之二的閱報者每週至少看一次星座專欄。過了二十年之後，據說全美國算命師一年總共能賺進大約二十億美金。又據說，自從二〇〇八年經濟大蕭條之後，義大利各門各派的算命師人數至今已增加四倍，四分之一成年義大利人是算命師的常客，全國人民每年花在算命的錢高達八十億歐元。[5]我在寫這本書的過程中得知以色列建國元老暨第一任總理大衛・班・古里昂曾一再不厭其煩地請教一位女性「靈能者」，這位靈能者名叫莎莉・林克爾，住在特拉維夫，生活極其貧困，屋裡積滿破爛還養了一堆貓。某一次她告訴古里昂說他四天後身體就會好起來，另一次她則說古里昂的兩個政敵以為自己能把古里昂搞下台，但他們不會成功。[6]如我們前面所見，古里昂不過是那些經常或偶爾尋求這類意見的國家元首之一。

老方法被棄如敝屣，或至少是被發配邊疆，同時間新方法開始嶄露頭角，其中最早的一種也是被無數史料證明為最重要的一種，那就是以歷史為本的預測方法。在十八世紀中葉之前，大部分的人都認為歷史是一個不斷重演的過程；只要人們認知是這樣，那使用歷史來預測未來就只需找出重複的模式或循環即可。然而，等到工業革命的影響漸漸變得明顯，雖然人原本相信某些最重要的事自古未改且永不變化，但這樣的信念也逐漸變得站不住腳。古聖先賢認定人性固定不變，而此時就連人性都逐漸被視為歷史產物，因此也會隨著歷史變化而變化。某些科學家甚至將人性的可塑性，以及這種可塑性賦予人在極為不同環境下生存甚至繁衍昌盛的能力，都被視為我們人類本質中最重要的構成要素。至此，將歷史視為箭頭般朝某個方向前進的直線史觀於焉成形，這種史觀下的未來不是世界末日（亦即從西元前第六世紀開始的希伯來先知以及稍後的基督教先知以各自的方式所理解的那種世界末日），而是人間的未來。

接下來，「歷史的本質是變化」這種想法引發人試圖去找出這些變化是怎麼開始、變化的結果又會走向何方。他們會做的事情有兩種，第一種方法是找出趨勢並由此進行外推，這種方法已被應用於大大小小數不清的各種領域，是目前為止最常見的做法。第二種比第一種要更進一步，是使用辯證法分析各種來自不同方向（且這些方向常彼此對立）的趨勢彼此如何互動。這些方法至少在理論上與意識變異狀態、象徵符號或寓言完全無關，上帝、鬼魂、夢境與死者也都被排除在外。正因如此，馬克思才會堅稱「辨認趨勢」與「辯證法」都具有科學性，直到今天馬克思的許多追隨者都還在覆述這個說法。但同樣地，當這兩種使用歷史預測未來的新方法登場，舊方法並未因此被人遺忘或徹底廢棄。

形形色色的民意調查方法是相對而言較晚近出現的預測未來方法，它在人使用的各種方法中最具有民主精神，這也就是為什麼最早採用民意調查預測未來的地方是十九世紀早期的美國。民意調查也受惠於現代通訊技術的發展，一開始是明信片，然後變成電話、電腦、網際網路；要知道這東西應用在各種範圍內也只是二十世紀頭幾十年的事情而已。民意調查背後的一個基本假設是多數人的判斷更可能比個人的判斷要準確，只要這些多數人能構成一個合理的樣本群體。另一個基本概念是極端看法通常會彼此抵消，尤其是在時間過了比較久之後。人民的聲音就是上帝的聲音，對此我們只能五體投地。問卷調查有其缺點，但正是因為意識到這些缺點，人才會設計出德爾菲法或是像菲利普．泰特洛克的「優良判斷計畫」。這兩種方法各自不同，但都代表人們試圖脫離簡單的數人頭方式，讓專家在過程中重新擁有一席之地。

今日最受推崇的預測未來方式就是建構數學模型，包括那些實際製作出來的，以及那些從未被轉換成機械裝置或電腦晶片的紙上理論（這一類應當占大多數）。基本上，模型不過是各種變數以及變數之間的互動關係，但這些關係都被盡可能地表述出來，借用的不是文字而是成組的規則或演算法。最早的模型可追溯到幾千年前，其用意是要呈現物理現象，精確來說就是太陽、月亮、行星與恆星的運動。除了這些模型在曆法上的功能以外，它們最主要的用途其實是占星術，曆法和占星術兩者經常結合在一起，幾乎到了融合為一的程度。

如前所見，以模型預測未來這種做法在歷史上最早影響的領域是保險業。在所有預測未來的方法中，模型是最成功的一個，但成功的代價就是必須放棄預測個人未來的任何企圖。我們可以合理地確知某幾類的人裡面有多少的百分比會遇上車禍、得到某種疾病，或是被匪徒搶劫，很多公共政策確實是用這類模型為基礎，從醫療政策到治安都是。[7]我們沒辦法預測的是誰會受影響，而這卻是我們大部分人最重視的問題，除非你剛好是保險經紀人、公共衛生官員或警察。

大約在一六五〇年前後，人開始建構其他的數學模型試圖呈現社會運作，具體來說就是人口問題。十九世紀下半葉，那些專職負責蒐集資料的官員大幅改良資料蒐集方法並加以應用，於是可以開始建構出以整體人口和經濟為對象的模型。只不過，說到底，模型之所以有今天的地位真正靠的還是電腦。電腦問世之後，只要把算式寫出來，換句話說就是把程式輸入電腦，電腦就能飛快處理完浩瀚繁多的資料，還可重複進行，且花費甚低。

模型的設計者與使用者能夠用各種方法去調整構成模型的各種因素，但某些模型所能做到的還不止於此。這些模型當然也能調整，但它們還包括了敵對雙方的戰略互動，雙方可以是人也可以是人工智慧（也就是電腦）。這類模型被稱作「兵棋推演」，最早是普魯士／德意志軍方約在十九世紀中葉率先開發這類模型，並有系統地使用它們試圖探知將來的戰役走向。這種做法後來傳到其他國家的軍隊。第二次世界大戰之後，開始試著將兵棋推演應用到其他領域，其中一個是商業界。由於數字在商業上所扮演的至關重要角色，數學模型在商業上的應用似有無限發展可能，雖然很少人試圖去檢驗這些模型準確性到底有多少。兵棋推演應用的另一個領域是政治界，但在這裡我們卻看到它在訓練上的實用性遠高於實際預測未來。

這些方法每一種都被大肆炒作過，眾人宣揚這些方法有多少又多少神效，其中某些說法雖然不是基於一般認定合理的原則，但至少說的人態度真誠。另外還有某些說法則是光天化日之下作假行騙，這種事從當年弗朗提努斯建議指揮官巧妙操縱占卜結果來提振部隊士氣增加戰鬥力的時候就很常見，至今依然。

事情既是如此，阿爾弗雷德．羅素．華萊士這位與達爾文同時代發展出進化論的人，他所說的警語就很值得我們銘記在心：

為了真相，所有的教條與信仰無論表面上看來多麼牢不可破或神聖不可侵犯，它們每隔一段時間都應當接受挑戰，以事實與推理過程來捍衛自己，在公開的論爭戰場上與敵手相見，彼此搏鬥，以取得繼續活下去的權利。就連那些現代文明的產物，或是整個受過教育的大群體好幾代人都信奉的觀念，也不應被視為例外，因為人相應地會去盲目肯定這群人的主張，而這可能性是大的。[8]

第十七章　為什麼預測未來這麼難

「預測很難，特別是預測未來更難」，這句話究竟是出自誰口有各種說法，可能的人選包括馬克吐溫與丹麥核子物理學家尼爾斯．波耳。光從歷史上設計出來預測未來的方法數量之多、變化之豐富，我們就能知道這句話所言不虛，且未來還會繼續有效。此處我要再次強調我無意分別檢驗每種方法裡頭的問題，所有的方法都有自己的優點與缺點，連那些最複雜深奧的現代方法也絕對不是例外。然而，既然有所謂的「黑天鵝」[1]（即邏輯理性推論之下不可能發生但卻發生的事）一再出現，有時還因此釀成大災，這就證明了大部分情況下這些方法的缺點影響力超過優點。原因或許可以這樣說：除非錯誤能夠彼此抵消，不然一項預測所本的假設與預測的內容兩者都必須正確，這項預測才可能成真。

預測未來如此困難，而其中某些部分又比其他的更困難。如果我們維持其他因素不變，預測的難度就由下列三個因素來決定。第一，相對於物理因素，如果心理與社會因素在當下情況與未來發展中所扮演的角色愈重要，未來就愈難預測。反之亦然，但有兩個重大的例外，其中一個就是氣象。電報線的鋪設範圍在十九世紀最後數十年間不斷擴展，人類藉此得以設計出最早的簡陋氣象預報。至今氣象預報已經進步了不知多少，但它能夠比較準確的範圍仍舊僅限於未來一星期左右，此外還有很多例子是在幾小時甚至更短的時間內風雲變色，完全無法防範；這也是為什麼某些氣象站已經改成發布每小時天氣預報的原因。[2]另一個例外是地震，數世紀以來這領域的研究幾乎得不到任何進展。確實，從幾百年甚至幾千年前人就知道地表各個區域發生地震的可能性不等，但在那些地震頻發的地區，地震可能在沒有任何一點徵兆的情況下隨時發生。目前為止歷史上還沒有可證實的大型地震成功預測紀錄，少數那幾次號稱成功的紀錄講好聽也是充滿爭議。[3]

第二，預測的詳細程度也是個問題，預測內容愈詳細出錯的可能性就愈高。正是如此，至少是從古希臘神諭那時候開始，未來學家們通常就只提供一個大概或事情的模糊輪廓而已。此外，「機率預測」的發明與發展也是因為這個原因。第三，我們想要預測的未來距離現在愈遙遠，引導往那個未來的事物因果關係愈複雜，預測的準確性就會愈低。大約從一九四〇年開始，基於這項認知人造出了所謂「可預見的未來」（the foreseeable future）這個說法；依據谷歌N元語法檢視器的搜尋結果，這說法流行的程度從那時候以來就不斷飆升。話說回來，人講出「可預見的未來」的時候未必是照字面意思使用，這幾個字時常不過是用來開始掩飾言論內容的不知所云或缺乏想像力（所謂「沒有改變的改變」），或兩者兼而有之。

這裡我要來檢視所有預測未來方法共通的五種困境：第一種是根基於人類本性，第二種是因「未來」的本質所造成的問題，第三種出自大多數預測結果表達的方式並不精確，第四種是時間造成的問題，第五種則是「未知的未來」與「已知的未來」之間差異所造成的結果。下面我會試著分別解釋這五種困境。

開門見山這麼說吧，當我們試圖獲取知識（任何知識，不論知識對象是什麼）的時候，我們最主要用的方法就是以我們的感官去觀察，或許還加上工具和實驗的輔助增益，因為人的本性就是這樣。哲學家約翰．洛克在著作中說這種方法是我們唯一能夠獲得知識的管道，[4]而他絕不是歷史上第一個這樣主張的。是也好，不是也罷，但無論是我們自己進行觀察，或是別人觀察之後告訴我們結論，「觀察」一事都在我們所擁有或自以為擁有的知識庫中占據非常大的一部分。只是，一旦說到預測未來，觀察完全派不上用場；尚未發生、尚未存在的事物無法觀察，更不可能拿來實驗。

我們在物理領域裡至少有自然定律作為憑藉，只要條件不變，我們就能確認同樣的事情會一再發生。相反地，在其他領域，我們最多就只能去找出趨勢並進行外推，而這在很多情況下確實風險不小，下面這首打油詩就說得很好：

趨勢是種趨勢是種趨勢

問題是有沒有因那難料的力量
推它轉了個彎
或是偏離路線
結果還沒結果就先夭逝

更糟的是，外推法排除了黑格爾的 Aufhebung 概念，這個德文單字甚至在英文或其他許多歐洲語言裡都沒有相對應的字詞（只有在哲學上通常把這個字翻成「揚棄」）。正是因此，外推法無法涵蓋質的改變，它能做的只是認定原有的東西會怎樣增加（或減少）。（這剛好可以解釋為什麼大量科幻小說內容都如此無聊，雖然書中人物不是拿著槍彈在地球上擊敗怪獸或彼此殘殺，但作者也只是讓他們使用各種神祕射線在星球之間或星系之間的空間做同樣的事，沒什麼大不了。）

接下來我們得問問，人類是否擁有任何作出「客觀」預測的能力？人當然是理性的生物，所謂理性能力指的就是我們一般都能區辨手段與目的、因與果，且能認知什麼樣的手段能造成某個目的、什麼樣的因造成某個果。但我們在試圖預測未來時不可能不先就我們已知或自以為知的那些最明顯面向加以考量，也不可能不先屏除所有我們不知道與／或無法掌握的部分。

事實上，我們每個人所具有的不只是理性而已，我們不但經常犯錯，且我們心中所有的想法都是記憶的產物，不論記憶準確與否。這些想法同時也與我們的情緒混雜一氣，某種程度還可說是我們情緒的產物，包括貪婪、希望、快樂、得意、愛、恨、絕望、恐懼、悲傷、憤怒與厭惡，以及其他更多更多。這些情緒形成一鍋大雜燴，而它們又有一部分是被我們身處的環境所決定，環境對於我們如何看待事情、如何形成自己的意見可謂影響深遠。甚至事情可能就如尼采所說的：思想本身不過是我們情感的影子，是我們軟弱無力但又孤注一擲的渴望，試圖去合理化自己的情感，同時也向他人證明自己情感的正當性。[5]

我們有的人樂觀，有的人悲觀。有的人滿懷希望，有的人缺乏信心。有的人很神經質，也有的人擁有一般人所說的「神經大條」。更有甚者，這些特質很可能會形成一種反饋迴路。舉例來說，那些一直做對事情的人可能變得過度自信，導致他們聽不進別人意見，結果錯誤愈犯愈多。那些一直犯錯的人如果夠聰明就會自我反省，然後開始往另一個方向去做。如果套用泰特洛克的說法，那就是狐狸可能變成刺蝟，刺蝟也可能變成狐狸。這些都還沒說到我們的生理需求與荷爾蒙，包括那些經由基因一代代傳到我們身上的部分，我們可能根本不知道它們存在。

這一切都是由我們的大腦在主宰。大腦的每個部分，從最新演化出來的部分到最古老最原始的部分，它們都不斷地彼此聯絡互相影響，且在不同時候以不同方式進行。所以呢，每當我們形成一個印象、出現一個想法、做出一個決定、採取一個行動，這些都不可能是大腦皮質單獨造成的結果。[6]簡言之，客觀地說，從各方面來看，「客觀性」都是不可能的。從來沒有兩個人能用一模一樣的觀點去看待未來（或其他任何事情），我們預測未來時所使用的第一個東西一定是我們那易變、隨興且時常莫名其妙難以理解的心靈狀態，不管我們高不高興接受這個事實。

我們傾向會使用「捷思法」（heuristics），也就是走捷徑的思考方式，將面前的一切都以已知的模式或自己發明的新模式（通常是在完全沒有已知模式的情況之下）來「理解」，而這種習慣對於「客觀性」可沒有任何幫助。[7]就算我們設計出模型與演算法，然後在電腦的協助之下把問題丟給它們去解決，那也同樣沒用，因為這些模型和演算法必然反映設計者的心靈。人會基於自己的偏見而決定把什麼放進模型裡、把什麼排除在外、要怎樣安排被放到模型裡的這些東西（這點會對結果產生關鍵性的影響），以及所有問題裡最重要的那個問題，那就是每個不同變數的權重多少，以及決定這些變數之間的關係應該是什麼樣子。

某些人工智慧程式有時會做出程式設計師完全料想不到的事，令人大吃一驚，這也符合我們前面說的那些問題。一個絕佳例子就是自動交易。據某份資料估計，二〇一七年的股票交易中有將近百分之四十五是以電子方式進行，而其他資料的估計數字還比這更高，大家已經花了不知道幾億幾兆的資金在自動交易系統上頭。從傳統交易改變為電子交易的好處之一是能用工程師取代股票交易員，由於一個工程師能夠處理四個股票交易員的工作量，故而省錢得多。[8]另一個優點是電子交易進行過程較不會在技術上出錯，能以人力遠追不上的速度來進行處理，且能讓開銷大幅下降，同時這樣也比較容易回溯交易過程，找出人是因為什麼而做出某些或好或壞的決定，必要時以此修改規則。[9]

然而，沒有證據顯示機器預測證券市場未來的能力優於那些被它們搶走飯碗的專業人員（更別說其他更難以量化的事情）。某些專家認為自動交易並不會讓使用者因此獲得更多利潤，反而容易與所謂的「閃崩事件」也就是短時間的股市動盪扯上關係；二〇一二年八月一日出現的這種情形導致某間公司在半小時內賠掉年收益總額的四倍金額，該公司股票因此大跌，最後為了自救不得不與另一間公司合併。[10]但閃崩事件造成的影響還不只是單純讓某個公司的股票價值上漲或下跌到與該公司「實際」價值完全不符合的程度，用比較整體的眼光來看，閃崩事件會讓股市變得更脆弱，一旦發生就會搞得任何對股市走向的合理預測全部失效，很有可能還會造成某些人失去投資意願而將資產保持在流動狀態。

前面這些問題已經夠複雜了，未來的本質所造成的問題可能還要更複雜。這裡關鍵的問題在於「現在」存在，「過去」曾經存在，但我們是否能以同樣的定義去說「未來」也存在？二十世紀最重要的哲學家之一伯特蘭・羅素認為答案是肯定的，他的理論如下：假設現在是真實的，那既然現在與未來之間沒有清楚的分界，未來就一定也是真實的。既然如此，那麼至少在理論上未來應該是可預測的。[11]如果用展開地毯的比喻來說，預測未來就像是去找出還捲著沒攤開那部分的地毯花紋；這事做起來的確不容易，但只要擁有適當設備（比如某種現在還沒發明出來的X光機），原則上就可能做得到。

羅素的觀點並未獲得普遍認同，某些哲學家認為未來絕不是任何真實存在、像特快車一樣朝著我們駛來的東西，未來只是一套薄弱程度不等的預感或猜測而已。「未來」既然不可能被定位（我們怎麼可能在「現在」裡給「未來」定位？），那它就只是想像，是我們大腦不知為何製造出來的產物，反映出我們所知甚少的腦部活動。這樣說來，未來就是有時被稱為「心理時間」的這東西的一部分，[12]它們未必與外在世界有任何連結，而只是鬆散地飄盪著。如果現代腦科學專家的說法可信，那麼夢的性質也是像前面說的這樣，而未來與夢境都是在不同人的大腦中形成各種不同型態。如果前面說的是對的，那麼未來有多少種可能性顯然就取決於有多少人想到未來，事實上甚至可能比這多更多，就像歌德在《浮士德》裡面說的「我胸膛裡，哎，存在兩個靈魂」。[13]至於要從無數可能性中預測哪一個會成真，除非是運氣奇佳，或者說是有那種叫做「直覺」的渾沌不明東西的幫助，否則完全不可能。

十九世紀早期法國博學家皮耶西蒙．拉普拉斯寫道：萬事都是注定，因為它們是前事為因導致的果。在他之前數千年來唯物主義者都是採取這種論點，或許他們說的的確是事實。這麼看來，如果有個「惡魔」能完美理解掌握所有存在的事物以及它們之間的關聯，它就能夠同樣完美地理解掌握未來。[14]只不過，不管科學發展在過去兩個世紀是多麼突飛猛進，人類的知識與這樣一個「惡魔」的距離跟兩百年前似乎依舊沒有差別。每當科學解決了一個謎團，另一個新的謎團就又冒出頭來。況且，當我們試圖預測未來的時候，我們完全無法把我們不知道自己不知道的事情納入考量。

更糟的是，我們現在有了海森堡的測不準原理（也就是所謂的「觀察者效應」）和混沌理論，讓我們知道人類為什麼無法取得這樣的知識。[15]測不準原理說，我們在次原子這個層級可以測量出一個基本粒子的位置或動量，但無法同時測得這兩者。從測不準原理延伸出觀察者效應，意思是指「觀察」這個行為的本身就可能造成被觀察對象的變化，被觀察對象愈小變化性愈高。

混沌理論主張初始狀況中極小的變動可能引發非常複雜解釋不清的連鎖反應，然後造成與原來截然不同的結果；從這裡誕生出了下面這個怪異但在各方面都實用的雜配詞：「決定性隨機」。[16]舉個例子，體積小於人類毛髮寬度千分之一的粒子可能會讓暴風雨變強、讓雲塊變大導致降雨量增加。[17]有個這樣的說法，說一隻蝴蝶在北京拍拍翅膀就可能導致加州被颶風侵襲；但取決於兩地之間發生了些什麼情況，這隻蝴蝶也可能導致生成的颶風撲向海地，或是讓颶風根本生成不了。

就連在物理領域裡，我們也有理由懷疑每一件發生的事是不是都被前面發生過的事預先決定，或者我們是不是有朝一日能累積足夠知識來做出完美預測。不只如此，當我們從物理領域進入心理學領域再進入社會學領域，我們還得把「自由意志」這個問題放進方程式裡，不論這是指個人意志或是群體意志。我們這些有能力預測未來的高等生物似乎是擁有某種程度的自由意志，讓我們能自行選擇要去哪裡、想做什麼，但自由意志這種東西真的存在嗎？假設它真的存在，且它可以影響接下來發生的事情，那不就表示任何預測未來的企圖都注定要失敗？

前面這個問題我在此並不打算討論。如果以後世人對西元前三百年那時希臘哲學家伊比鳩魯思想的詮釋為準，則伊比鳩魯可說是史上第一個聲稱「自由意志」不過是幻覺的人。在他之後有許多思想家也採取相同觀點，其中某些人可是大名鼎鼎。到了今天，每一個腦科學家都夢想著能找出一套公式能用某種方法避開自由意志的問題，這樣將來我們就可以預測人的思想與行為；至於那些依靠類似技術的科技巨擘（例如亞馬遜、谷歌與Facebook）、警察單位與情報機構，它們當然也期望這事能成真。但我們究竟要怎麼在不考慮「機械裡的幽靈」（即心物二元論之下的心靈）的情況下解釋個人與群體行為，這問題到現在完全沒有一點兒進展。就算我們把腦細胞、樹突、軸突、突觸、化學性促進因子與腦電波這些東西說得再多，但從許多方面來講，我們今天與答案的距離仍舊跟二十幾個世紀前差不多。[18]試圖給這個問題找答案就有點像試圖捕捉海市蜃樓，我們靠愈近，它退得愈遠。

嚴格來講，一項預測要不就是百分之百準確，要不就是百分之百錯誤。我們要不就是發生車禍，要不就是沒發生。天氣要不就是下雨，要不就是沒下雨。戰爭要不就是爆發，要不就是沒爆發。任何介於兩者間的預測在某種意義上都不能算是預測，而只算是逃避問題的手段。然而，實際上只要出了物理學領域（有時甚至包括物理學領域，比如大氣科學），絕大多數的預測都是落在兩個極端之間。某種情況「很有可能發生」，另一種「應當」不會。某件事「大約」會出現，另一件事「不大可能」出現。某支股票「有可能」上漲或下跌（專門播出商業財經消息的彭博電視台差不多每兩句話就會出現「可能」這個詞）。問題就在於，我們幾乎可以確定不同的人以他們不同的性格，或許還包括他們不同的生理與心理健康狀況為基礎，對於這些用詞會出現非常不同的理解。某些人認為值得冒這個風險，另外一些人認為這就是危機四伏的賭盤；某些人覺得某事易如反掌，另一些人覺得同一件事難如登天。

處理這問題的標準做法是使用百分比。[19]氣象預報員不會說「明天下雨」，而會說「明天降雨機率百分之六十」。情報員不會向長官報告「戰爭將爆發」，而會說「戰爭有百分之十的機率會爆發」。從預測者的角度來看，這種做法的優點在於沒有人能拿結果來跟他們吵，因為不管最後有沒有下雨、戰爭有沒有爆發，他們的預測都是對的。那麼所謂百分之六十、百分之四十、百分之二十或其他任何比率到底代表什麼意思呢？這就又要視那些看預報或聽預測的人的心理狀態以及他們的社會地位等因素來決定了。百分之六十降雨機率很可能讓某個人決定帶傘出門，同時讓另一個人決定不帶傘。某個指揮官可能覺得百分之十的開戰機率高得嚇人，另一個可能覺得這很低。

下面這段軼聞真假不明，但很能呈現問題所在。回到一九七〇年代晚期，當時以色列將領拉斐爾「拉夫」・艾坦擔任參謀長，此人以一種出其不意的幽默感聞名。有一次他下令空軍執行一項任務，向當職者詢問天氣概況時得到的回應是降雨機率百分之二十。「錯了，」他說，「是百分之五十，要不就下雨，要不就不下雨。」

時間是另一項阻礙我們成功預測未來的因素，尼采在不只一本著作裡提到他所謂的「永恆回歸」，[20]而他絕不是第一個或唯一一個討論這概念的哲學家，法國社會主義鼓吹者路易・奧古斯特・布朗基（一八〇五到一八八一年）也試圖用數學方法證明「永恆回歸」確實存在。這個概念的內容很簡單，依照牛頓所說時間與空間都是無限的，但過去曾存在、現在存在與未來會存在的事物數量卻是有限的，因此這些事物都必須重新回歸無限次，包括尼采在一篇筆記裡所說的「每一次痛苦，每一次歡樂，每一個朋友，每一個敵人，每一個希望，每一個錯誤，每一片草葉，每一道日光都重現，還有組成你人生那些事情的整個結構。」[21]

停擺的鐘尚且每天準時兩次，如果尼采說對了，那麼任何再合理或再不合理的預測都遲早會成真，甚至月亮會變成乳酪或乳酪會變成月亮。但是這理論反過來說也能成立，一項預測若未明確附帶指出預測時鐘的情況或事件何時會發生，則該預測無法被推翻，預測者遇到質疑的時候只需要說「等著看」就成。過去三千多年以來大量的「世界末日」預言家都是這種態度，[22]自從一七九六年馬爾薩斯作出預言以來，許多預測人口爆炸與資源短缺會導致全球性貧困、饑荒與戰爭的人也是這種態度。他們的預言每一次都沒有成真，而每一次他們的反應都只是把日期延後。

這一套也可以用來描述馬克思那些比較狂熱的信徒，從羅莎．盧森堡（「資本主義……會變得不可能實行」）到赫魯雪夫（「我們會埋了你們」[23]），特別是在二十世紀上半葉的大多數時間，這些人都在翹首盼望著共產主義「勢不可擋」的最終勝利，而到今天都還有某些人堅持認定馬克思主義是「預告未來的哲學」。[24]雷伊．庫茲維爾曾預言人類歷史將通過一個奇異點，在那之後機械智慧會超越人腦；既然庫茲維爾已經把預言應當成真的時間延後好幾次，那這裡我們也可以把他算進來了。泰特洛克為了處理這項問題而提出「專業政治判斷」計畫，但他最後得到的結論也只是老生常談，說弄清楚未來的最佳方式就是僱用最優秀（意思是最能追根究柢）、最能廣納眾議而最不教條化的人。

有個絕佳例子能呈現這種無限期預測的謬誤，那就是所謂的「末日鐘」。末日鐘的概念最早是在一九四七年由《原子科學家公報》的編輯群提出，希望能以此警告大眾核子戰爭的危險，促進國際限武。末日鐘存在至今七十餘年，它的指針距離午夜從未超過十七分鐘。二〇一七年末美國總統川普公開說北韓領導人金正恩是「小火箭人」而引發衝突，設計者於是將末日鐘的指針移到距離午夜兩分三十秒的地方。一天一千四百四十分鐘，現在只剩下兩分半，末日不遠矣！但問題是末日鐘從來說不出它所預測的戰爭會於何時爆發，明天嗎？一年嗎？還是五年後？

這問題萬萬忽視不得，知道甲公司的股票會上漲是一回事，但知道甲公司的股票會在乙日上漲，那意義可是天差地別。如果我們曉得明天就會發生某事，我們就知道時間只夠做出有限的準備；如果我們預期那件事會在五年後發生，我們做的準備就會完全不同，進行準備的步調也會完全不同。時間不斷過去，世界核戰未曾爆發，這種缺乏準確性的狀況清楚顯示末日鐘不過是個花招，它根本沒有預告核子戰爭距離我們是近是遠的能力。或許《原子科學家公報》編輯群正是因此決定改變末日鐘指針的調整方式，當然他們還是繼續聲稱核子戰爭危機迫近，但幾年前他們開始把其他各種危機也納入考量，包括全球暖化、生化安全和網路戰，[25]至於恐怖攻擊與小行星撞地球遲早也要被列入這份清單。

最後，假設我們能克服上述所有困難，能夠預知未來，那時我們將發現「可知的未來」比起「不可知的未來」是另一種完全不同等級的怪獸。依據辯證法的邏輯，如果每個人都「知道」某件事，那通常就表示此事不真，或此事很快就會不再為真。反過來，如果我們不知道未來或至少不曾想像未來，那我們就完全不可能讓自己更接近或更遠離未來，前面提過的「黑天鵝」就是這個意思；我們唯一的選擇只有繼續過活，做一些合理的預防措施，比如說不要把雞蛋放在同一個籃子裡（或者相反地盡可能讓這個籃子變堅固），祈禱萬事順利，然後聽天由命。

對於那些相信命運的人而言，就算真能預知未來也沒有用。伊底帕斯被告知自己的命運之後竭力想要逃離，結果完全徒勞無功，他終究像神諭預測的那樣殺了自己的父親、娶了自己的母親。不少預言最後是透過自我應驗而實現，第三世紀早期的希臘羅馬歷史學家希羅狄安說過一個故事，說他同時代的羅馬皇帝卡拉卡拉曾經去問某些占卜師自己將來會怎麼死去（很多大人物都會去問這種事），然而卡拉卡拉得到的答案只說他死後會由他手下一名將軍馬克里努斯繼承寶座。結果這位馬克里努斯恰好看到一封寄給皇帝的信件內容，信裡提到這個預言，這下子他為了保住自己的命只好叛變弑君。[26]

如果我們知道某件事情必然發生，比如說「太陽所發出的光熱正穩定增加，有朝一日會把我們都燒成灰燼」，那麼預防又有什麼用？甚至思考這件事又有什麼用？另一方面，早從猶太先知生活的時代開始，很多預言都有附加條件，目的是要促使人改變行為，這樣原本預言的未來情景就不會實現，意思是人如果不改邪歸正就會下地獄。有時候人會聽從警告，比如舊約聖經中約西亞王的時代就是這樣（《列王紀下》第二十二章）。今天的情況也是一樣，假設有夠多的人知道或自以為知道某支股票會上漲或下跌，他們買進或賣出的行為很可能就促進了漲跌情況。如果夠多人認為某場民調結果很有說服力，那麼他們對此的認知頗有可能影響真實選舉結果；舉例而言，如果選民認定某場選舉勝負已經大勢底定，他們可能因此選擇順應潮流或刻意反對潮流，抑或是乾脆放棄不去投票。[27]有的人甚至認為民意調查不只呈現民意同時也在塑造民意，兩者的程度不相上下。[28]

這現象被稱作「羊群效應」，不只適用於對未來的認知，也適用於藉以形成這些認知的方法。這些方法如果公開發表，很可能就會像傳染病一樣從一個預測家那裡傳給另一個預測家；一旦所有人都用上同一套方法來預測，其結果就是造成更兩極化的現象。某些說法認為羊群效應是導致二〇〇七到〇八年經濟危機的關鍵角色。[29]像「Waze」這種受歡迎的交通導航應用程式可能因為通知使用者某條路塞車而導致大量駕駛人改道行駛，導致原本塞車的路段反而變得通暢，反之亦然。

換句話說，在很多例子裡我們對未來的認知會導致未來出現變化，不論這認知準確與否。新約聖經裡這段話可說言簡意賅：「家主若知道賊什麼時候來，就必警醒，不容賊挖透房屋，這是你們所知道的。」（《路加福音》第十二章第三十九節）。假使我們能預測，我們通常也能動手防止預測的內容成真，這問題同樣也萬萬忽略不得。如果美國軍方預先知道或預先想像到日本計畫攻擊珍珠港，那日方的攻擊就不會有偷襲效果；當時負責的美軍指揮官哈斯本・金梅爾後來就寫說，他若早知道這消息，他一定會採取一系列防範措施。[30]這樣的話，至少美方傷亡會大幅降低，日方的則會顯著增加。甚至，如果日本情報單位聞知日方計畫已經洩漏，或猜到美方已經做好準備，他們或許就不會發動這場攻擊。一九七三年十月六日早晨，以色列情報單位已經預告阿拉伯人即將發起進攻，但當時軍方卻拒絕進行動員，原因就在於軍方想要避免開戰，而動員軍力反而可能促成開戰。

第十八章 我們的預測能力有進步嗎？

面對這麼多又這麼複雜的問題，我們能不能找出理由相信今人預測未來的能力更優於古人？除開地震，只要說到受物理定律主宰的那些現象，那我們的答案就是肯定的，不然的話十七世紀以來科技那些突飛猛進的發展幾乎都不可能實現。多虧了衛星與電腦的普及，就算今天的天氣預報仍舊遠遠算不上完美，但比起一百年前或甚至幾十年前已經可說是大幅改善了。機率論與醫學（本書到這裡幾乎還沒接觸到這個領域）上的預後也是如此。確實，每一天幾乎都有某些得了各種疾病的病人「出乎意料地」死亡或是「奇蹟般地」復原，但至少我們再也不像可憐的約翰．米爾菲德那樣得用數祕術來猜測病人未來的生死。

只不過，說到其他領域，包括很多直接影響地球上每一個人人生的事情，答案幾乎都是否定的。[1] 前面我們曾用特快車比喻未來，原因之一就是未來好像以太快的速度到來，以至於我們不可能對它進行可靠的評估。我們才剛了解「現在」，或是以為自己了解了「現在」，然後「現在」就馬上消失，換成另一個新的「現在」，有時這個新的「現在」會與前一個「現在」

截然不同。薩滿教或占星術這些古舊的方法從古希臘以來就飽受批評，但正是因為我們預測未來的準確度始終沒有長進，才讓它們能夠一直存活到今天。

不管怎麼說，所謂的「黑天鵝」，也就是統計學認定不該發生但卻還是發生的事情，它們在今日依然是那麼地突如其來、那麼地常見、那麼地關鍵，和過去沒有差異。二次大戰的納粹滅絕集中營、九一一恐怖攻擊、二〇〇四年印度洋大地震與海嘯、二〇〇五年紐奧良颶風與洪水、二〇一一年福島核災，以及二〇一六年川普當選美國總統，這些都是例子。政治科學學者將這類大變動稱為「地震」，要說這種事每天都會發生那也不算誇張。經濟領域也是一樣，否則我們每個人只要使用外推法就能賺到多得淹死自己的錢。我們都以牛頓式的觀點在認知歷史，因此外推法成為當今最常見的預測未來方法；但我們也可以說，由於外推法不考慮質變問題，因此它也是最容易造成誤導的方法。

整體而言，我們基本上都會先預期有好結果然後才採取某種行動。企業家絕對不會去做賠錢生意，除非目的是要避稅。但依照每個人選擇相信的資訊來源不同，我們知道有很高比例的工商企業在未來三年、五年或十年內就要面臨關門的命運，這情況從古至今都沒什麼改變。只要有一個人買對了股票，就代表有另外一個人賣錯了股票。正因如此，我認識的一名分析師告訴我：股票買賣只要有百分之五十一的時候押對寶就成。但要長期做到這個目標已經非常困難，而如果要做得比這好很多，想想那難度之高、實例之少，已經差不多到了可以成為奇觀的程度。

人間雖有華倫・巴菲特坐擁將近八百五十億美金，但這現象不能拿來作為反證，因為他恰恰就是那億萬人中唯一的一個，其他像美國富豪約翰・洛克斐勒、十九世紀德國銀行鉅子納坦・羅特希爾德、十七世紀荷蘭商業家路易・德基爾、十五世紀德意志富商雅可布・富格爾，以及古羅馬的馬庫斯・里錫尼・克拉蘇也都是這類天之驕子。克拉蘇甚至說過：如果你的錢財所生利息不足以供養一支軍隊，你就不算富人。[2]比克拉蘇更早將近五百年有一個叫做皮修斯的利底亞人，他的父親是阿提斯，而他祖父克羅索斯的名字在西方文化裡已經成為「有錢人」的代名詞。希羅多德說，波斯國王薛西斯的五百多萬大軍從波斯開拔行軍前往希臘，途中受到皮修斯以「極盡奢華」的方式招待；薛西斯王對皮修斯的慷慨深感驚異而加以詢問，皮修斯的回答是他剩下的財產還遠超出他過活所需。[3]話說回來，前面這份名單還沒包括古往今來那麼多極權程度不等的專制統治者呢，從古埃及法老到羅馬皇帝又到俄國元首普丁，這些人一向都是那個時代數一數二的富豪。現代某些預測方法確實比古代的不知複雜多少、昂貴多少，但整體而言我們卻找不到理由證明現代方法比古代的更成功。

就連物理學這個最基礎的學術領域，今天都還有海森堡的測不準原理和混沌理論在發揮力量，未來很可能持續如此。說到底，軍事史或許能提供最有力的證據：任何一場戰爭的敵對雙方只可能有一方獲勝，也就是說歷史上所有參戰勢力裡有一半對於未來的情況預測錯誤而無法採取相應行動，於是最後打了敗仗或甚至遭到殲滅。這結果跟找隻猴子來做預測的成功率差不多嘛！然而，考古學家告訴我們，人類歷史上最早的戰爭出現在一萬多年前，從那時候到現在武裝衝突絲毫沒有消滅的跡象，而被稱做「科學未來學」的這樣一門知識離我們也始終如此遙遠。

第十九章 一個沒有「不確定性」的世界

寫到這裡，我們在本書中一直將「預測未來」一事視為頭號敵人，然後將前人為了徹底廢止它或至少削弱它而設計出的一些方法呈現給讀者。在書的末尾我們大致列出阻撓我們理解未來、導致預測未來充滿困難的一些障礙。預測未來是如此地困難，縱然我們今天擁有多少科學與技術可以利用，事實上我們做得未必比老祖先要好，未必勝過那些陷入迷幻狀態的薩滿或是夜觀星象的「迦勒底人」。不過，到了本書最後，如果能把整個問題反過來看一看，進行一場臆想實驗，這應當會很有意思。首先我們可以問，拉普拉斯的惡魔（法國學者拉普拉斯提出的科學全知假設）以及不可少的今天那些「大數據」專家，他們需要知道哪些資訊才能排除掉不確定性並正確預測將來的所有事情？第二，假設一個沒有不確定性的世界可能存在，那麼這種世界裡的人類會受到什麼影響？第三，這樣的世界會是什麼樣子？

讓我們像自古以來的決定論者一樣，先認定所有發生過的事都有其必要性，意思就是那件事是為了達成某個目的而必然發生，無一例外。在這種情況下，第一個問題的答案就很明顯了：惡魔所掌握的資訊必須具備完美的全面性，必須完全正確、精準、與時俱進（也就是現在所說的「即時」），內容從伊莉莎白一世御用占星家約翰·迪伊可能會說的「自然」、從過去到現在宇宙裡所有地方每一個基本粒子的位置與移動狀況、一直到我們每一個人腦中數千億細胞與數兆個神經突觸當下正在做的事。所有這些事情之間全部的關聯，不論是哪一種，也都必須被徹底了解，包括它們自身以及它們與其餘所有事物的關係。

在這樣的世界裡，那種純粹由物理定律支配而不受人類意念推動的變化，比如地殼板塊的各種變化，依然有可能發生。地球上還是會有潮起潮落、火山爆發與地震，氣溫還是有升有降，暴風雨還是會發生、會平息，小行星還是會撞上行星，恆星還是會誕生，恆星燃料用盡之後還是會塌縮死亡。然而「意外」與「必然」兩種事件之間的分別將會消失，只留下徹底的因果關係主導一切。人類所有關於未來的問題（假設還有人想問的話）都會在提出之前就被解答，而所有思想與行為上的歧異（此處指的是引至不同方向的歧異），假設這種東西還有可能存在的話，都會在它們被考慮或實行之前就先被阻止；如果人的思想真的只反映了腦中某些電化學反應，那很有可能這顆出現歧異思想或動機的大腦與其擁有者會預先被除掉（就如一九二三年H·G·威爾斯在他比較不出名的一本小說《如神之人》裡面所想像的那樣）。

把這想法再往前推一點，光是我們「知道未來的一切」這項事實就足以防止任何人事物（包括我們自己）從我們無從選擇注定要走的那條路偏離開來。我們會像凍結在琥珀裡的昆蟲一樣，我們與無生物（特別是電腦）之間絕大部分甚至是全部的差異都會失去。未知的神祕，期待的興奮感，意外發展所帶來的挑戰，這些盡皆消失。至於想像力（如果未來已經確定，誰還需要想像？）、意向性、內心的打算，以及選擇自己想要達到的目標的能力，這些也是一樣。同樣地，我們不再會出現「什麼方法最能達成這些目標」的思想，也不會再出現希望。我們擁有知覺能力，但不再需要做決定，也不會再有所謂人類行為那「宏大的不可預測性」，[1]不論是個人或是群體；這「不可預測性」的基礎就是我們不知道未來是什麼，而它不僅構成人類生活的實質，更能為生活添上諸般滋味，功效無與倫比。

這才只說了一點點，還有更多呢。語言包含的不只是字詞（口說或書寫）與文句，還包括數學與電腦程式，其原則都是選擇特定聲音或符號用來代表其他事物，但這麼做的同時也必然在語言與語言意指的對象之間築起一道鴻溝，[2]正是這道鴻溝導致不同的人就算使用同樣語言也常彼此誤會。反過來說，如果每個人都能完美理解所有事情，那就表示這道鴻溝會被填平，語言這個意符會變得與符旨完全一致，而此處的符旨即是這世界以及世上一切，其中很重要的就是人的思想。語言與思想密不可分，且思想本身能夠也經常成為思考對象；換句話說，一個認知到某事物的人、他對此的思想、他用來表達這思想的語言，以及被他認知的對象，這四個東西會變成同一個東西。

如果去除掉這個東西，如果這能算是一個東西的話，那麼世上已經沒有別的東西了，甚至連「空白空間」都不存在，因為愛因斯坦與相對論告訴我們空間也是一種「東西」，它獨立於任何被容納在空間內的事物而存在，它有各種性質，重力會扭曲空間，諸如此類。此外，時間也一樣不存在，因為時間只不過是空間的其中一面，與空間合在一起密不可分。照這樣推理的話，就算過去與未來是真實存在而不是人類心靈的產物，它們的存在也要被否定，於是只剩下永恆的「現在」而已。

簡言之，如果我們討論未來會發生什麼的時候去除掉不確定性的影響，那就表示一切將會回到宇宙誕生——大爆炸（或大霹靂）之前的情況，不論那到底是個什麼情況；或許那是個體積無限小、密度無限大的點，裡面包含了整個宇宙，但又絕對地獨立存在，因此整個宇宙的大小也不過就只有那麼小。如果它會思考的話，那它就是同時是思考者以及被思考的對象，永恆不斷地思索自我。下面這幾句詩完美表達了前面所討論的概念，這是中古時期不知何年何月由某個不知名作者所寫，後來被納入猶太教祈禱書裡面；就算文字充滿詩意，但讀起來竟有種史蒂芬・霍金的味道：

宇宙的君主

在一切被創造之前已是主宰，

一切皆由祂意志所造

我們認祂為君王。
當一切結束
祂仍舊是唯一主宰，
祂昔是，今是，
未來仍是榮耀無比。
祂是唯一（主宰），沒有別的
能與祂相比或並立。
沒有開始，沒有結束
領土與權力都屬於祂。

如果有朝一日世界會發生這種變化，那無疑地會變成大霹靂以來最最重要的一個「奇異點」，比起雷伊·庫茲維爾用過去數十年電腦科技進展情況外推出來並不斷宣揚的「人類發展出人工超級智慧」還要重要太多，也比我們與外星文明可能發生的接觸要重要太多，不論那個文明有多麼進步。

不管庫茲維爾和其他當代先知看法如何，近期內我們大概不必擔心這種事會發生吧。

注釋

序言

1 Sophocles, *Antigone*, 589–90.

2 主要請見 F. Brentano, *Psychology from an Empirical Standpoint* [1874] (London, 1995), pp. 88–9.

3 S. Herculano-Houzel, 'The Human Brain in Numbers: A Linearly Scaledup Primate Brain', *Frontiers in Human Neuroscience*, 9 November 2009, www.frontiersin.org.

4 F. de Waal, *The Bonobo and the Atheist* (New York, 2014).

5 見 A. Ault, 'Ask Smithsonian: Can Animals Predict Earthquakes?', www.smithsonian.com, 10 August 2016 的簡短討論。

6 J. Balcombe, *What a Fish Knows* (Kindle edition, 2016), passim.

7 C.D.L. Wynne, *Do Animals Think?* (Princeton, nj, 2004), pp. 59, 229.

8 T. Hobbes, *Leviathan* [1652] (London, 1952), p. 130.

9 J.-J. Rousseau, *Emile* [1762] (Portland, or, 2009), p. 413. 感謝我兒子艾達德讓我知道這句話的存在。

10 參見 R. J. Szczerba, 'Fifteen Worst Tech Predictions of All Time', www.forbes.com, 5 January 2015.

11 D. B. Redford, ed., *The Oxford Encyclopedia of Ancient Egypt* (Oxford, 2001), vol. ii, p. 301.
12 關於這點請見 A. M. Weaver, 'The "Sin of Sargon"', *Iraq*, lxvi (2004), p. 63.
13 U. Koch-Westenholz, *Mesopotamian Astrology* (Copenhagen, 1985), p. 12.
14 Ptolemy, *Tetrabiblos*, 1.2.
15 這個有趣的故事請見 'Berlin's Wonderful Horse', *New York Times*, 4 September 1904.

第一章

1 「薩滿」一詞的各種詮釋請見 S. Krippner, 'The Epistemology and Technologies of Shamanic States of Consciousness', *Journal of Consciousness Studies*, vii/11–12 (2000), p. 93; 另外請見 B. Laufer, 'Origin of the Word Shaman', *American Anthropologist*, xix (1917), especially pp. 363–7.
2 J. Narby and F. Huxley, *Shamans Through Time* (New York, 2001), p. 18.
3 此事請見 L. D. O'Malley, 'The Monarch and the Mystic: Catherine the Great's Strategy of Audience Enlightenment in *The Siberian Shaman*', *Slavic and East European Journal*, xli/2 (Summer 1997), pp. 224–42.
4 關於薩滿教的保存與復興請見 M. Harner, 'The History and Work of the Foundation for Shamanic Studies', *Shamanism*, xvii/1–2 (Summer 2005), pp. 1–4.
5 M. Eliade, *Shamanism: Archaic Techniques of Ecstasy* [1951] (Princeton, nj, 1972), p. 7.
6 M. van Creveld, *The Rise and Decline of the State* (Cambridge, 1999).
7 見 J.-P. Chaumeil, 'Varieties of Amazonian Shamanism', *Diogenes*, xl/158 (June 1992), pp. 101–13.

8 F. McClenon, 'Shamanic Healing, Human Evolution, and the Origin of Religion', *Journal for the Scientific Study of Religion*, xxxvi/3 (September 1997), pp. 345–54.

9 關於這方面的說法請見 A. R. Radcliffe-Brown, *The Andaman Islanders* [1922] (New York, 1964), p. 15; 另外請見 W. Arens, 'Evans-Pritchard and the Prophets', *Antropos*, vii/1–2 (1983), pp. 1–16.

10 C. D. Worobec, *Possessed: Women, Witches and Demons in Imperial Russia* (DeKalb, il, 2002), p. 79.

11 W. H. Kracke, 'He Who Dreams: The Nocturnal Source of Transforming Power in Kagwahiv Shamanism', in *Portals of Power: Shamanism in South America*, ed. E. Jean Matteson Langdon and Gerhard Baer (Albuquerque, nm, 1992), pp. 1–16.

12 Arnold Ludwig, quoted in A. P. Garcia-Romeu and C. T. Tart, 'Altered States of Consciousness and Transpersonal Psychology', in *The Wiley-Blackwell Handbook of Transpersonal Psychology*, ed. Harris L. Friedman and Glenn Hartelius (London, 2013), p. 129.

13 Max Planck Institute, 'Trance State of Consciousness is associated with a Specific Brain Network Signature and Perceptual Decoupling', Press Release, www.cbs.mpg.de, 8 July 2015.

14 更詳細的解釋請見 A.-L. Siikala, 'The Siberian Shaman's Technique of Ecstasy', *Scripta Instituti Donneriani Aboensis*, xi (1982), pp. 103–21.

15 J. M. Allegro, *The Sacred Mushroom and the Cross* (London, 1970).

16 見 P. Hadot, 'Shamanism and Greek Philosophy', in *The Concept of Shamanism: Uses and Abuses*, ed. Henri-Paul Francfort and Roberte M. Hamayon (Budapest, 2001), pp. 389–401; 另外請見 W. T. Stace, *A Critical History of Greek Philosophy* [1920] (Kindle edition, 2018), loc. 3835.

17 見 J. M. Cruikshank, 'Legend and Landscape: Convergence of Oral and Scientific Traditions in the Yukon Territory', *Arctic Anthropology*, xviii/2 (1981), pp. 67–93.

18 R. R. Desjarlais, 'Healing Through Images: The Magic Flight and Healing Geography of Nepali Shamans', *Ethnos*, xvii/3 (September 1989), p. 289.

19 見 J. J. O'Hara, Sostratus *Suppl. Hell.* 733: 'A Lost, Possibly Catullan-Era Elegy on the Six Sex Changes of Teiresias', *Transactions of the American Philological Association*, cxxvi (1996), pp. 173–8.

20 Aristotle, *Eudemian Ethics*, 1248b.

21 Sophocles, *Oedipus Rex*, 284–5.

22 後文這些例子請見 R.G.A. Buxton, 'Blindness and Limits: Sophocles and the Logic of Myth', *Journal of Hellenic Studies*, c (1980), pp. 28–9.

23 Euripides, *Hecuba*, 1036 and 1260–95.

24 見 A. L. Miller, 'Myth and Gender in Japanese Shamanism: The *Itako* of Tohoku', *History of Religions*, xxxii/4 (May 1993), pp. 343–67.

25 J. Y. Lee, 'The Seasonal Rituals of Korean Shamanism', *History of Religions*, xii/3 (February 1973), pp. 271–87.

26 Lee E-Wha, *Korea's Pastimes and Customs*, trans. Ju-Hee Park (Paramus, nj, 2001), p. viii.

27 S. Osborne, 'Baba Vanga: Who is the Blind Mystic Who "Predicted the Rise of isis"?', *The Independent*, 8 December 2015.

28 見 'Category: Fictional Blind Characters', https://en.wikipedia.org, accessed 28 March 2019.

第二章

1 參見 2 Kings 9:6–11, Hosea 9:7 and Jeremiah 29:8–9.

2 關於這整個問題的討論也可見 R. R. Wilson, ‘Prophecy and Ecstasy: A Reexamination’, *Journal of Biblical Literature*, xcviii/3 (September 1979), pp. 321–5.

3 ‘Prophecy in the Old Testament’, Lexicon of Jewish Culture [in Hebrew], http://lexicon.cet.ac.il, accessed 28 March 2019.

4 1 Chronicles 29:29.

5 2 Samuel 12 and 1 Kings 1:1–22.

6 1 Kings 11:19–39 and 17:1–4, 7, and 12–3.

7 參見 Isaiah 2:2–3 and Hosea 3:4–5.

8 後文相關請見 J. Blenkinsop, *A History of Prophecy in Israel* (London, 1996), locs 1070–127.

9 同前，loc. 1102; G. Dossin, ‘Sur le prophétisme a Mari’, in *La divination en Mesopotamie ancienne* (Paris, 1966), pp. 85–6. The translations are by Blenkinsop.

10 故事全部內容見 K. Radner, ‘The Trials of Esarhaddon: The Conspiracy of 670 bc’, *Isimu*, vi (2003), pp. 165–84.

11 關於這篇銘文請見 J. Hoftijzer and G. van der Kooij, eds, *Aramaic Texts from Deir ’Alla Documenta et Monumenta Orientis Antiqui*, xix (1976).

12 Plutarch, *Alcibiades*, 17.4.

13 Plato, *Phaedrus*, 244b.

14 Cicero, *On Divination*, 1.114.

15 Cicero, *On Divination*, 1.31.66–7.

16 1 Maccabees 9:27, 4:44–6 and 14:41.

17 Bava Batra 10b.

18 關於這整個課題請見 L. S. Cooke, *On the Question of the 'Cessation of Prophecy' in Ancient Judasim* (Tübingen, 2011)，以及 B. D. Sommer, 'Did Prophecy Cease? Evaluating a Reevaluation', *Journal of Biblical Literature*, cxv/1 (Spring 1996), pp. 31–47.

19 Thessalonians 2; Acts 11:27, 13:1, 15:32; and 1 Corinthians 12–14。關於先知在早期基督教會的角色這個課題請見 J. L. Ash, 'The Decline of Ecstatic Prophecy in the Early Church', *Theological Studies*, xxxvii/2 (1976), pp. 226–52.

20 參見 I. A. Ahmad, 'Did Muhammad Observe the Canterbury 95 Meteoroid Swarm?' *Archaeoastronomy*, xi (1989), p. 95.

21 見 Islam/Religion, 'The Prophecies of Muhammad', www.islamreligion. com, accessed 28 March 2019.

22 Gregory of Tours, *The History of the Franks* [573–94], trans. Lewis Thorpe (Harmondsworth, 1974), pp. 465–7.

23 出自作者不詳的 *Liber Mirabalis* (1524): 見 www.bibliotecapleyades.net, accessed 28 March 2019.

24 見 R. E. Lerner, 'Medieval Prophecy and Religious Dissent', *Past and Present*, lxxii/1 (August 1976), pp. 8–9.

25 見 B. Newman, 'Hildegard of Bingen: Visions and Validation', *Church History*, liv/2 (June 1985), pp.

163–75.

26 *Analecta Sacra*, ed. J. B. Pitra (Monte Cassino, 1882), vol. viii, p. 576, Letter No. 164.

27 J. Gerson, 'On Distinguishing True from False Revelations', in *Early Works*, trans. Brian Patrick McGuire (Slough, 1998), pp. 334–64.

28 關於熱爾松如何非議女性先知，請見他以下這兩篇文章：'De probatione spirituum' and 'De distinctione verarum visionum a falsis', both in Jean Gerson, *Oeuvres completes*, ed. Palémon Glorieux, Paris, 1960–1973, vols ix, pp. 177–85 and iii, 36–56 respectively.

29 後文相關請見 J. N. Bremmer, 'Prophets, Seers, and Politics in Greece, Israel, and Early Modern Europe', *Numen*, xl/2 (May 1993), pp. 168–71.

30 A. Prosperi, 'Dalle "divine madri" ai "padri spirituali"', in *Women and Men in Spiritual Culture*, ed. E. S. van Kessel (The Hague, 1986), pp. 71–90.

31 J. Bilinkoff, 'A Spanish Prophetess and Her Patrons: The Case of Maria de Santo Domingo', *Sixteenth Century Journal*, xxiii/1 (Spring 1992), pp. 21–34.

32 J. Calvin, *Commentary on Jeremiah 27:15*. 關於這整個課題的討論請見 W. Berends, 'Prophecy in the Reformation Tradition', *Vox Reformata*, lx (1995), pp. 30–43.

33 M. Luther, *Werke*, Kritische Gesamtausgabe (Weimar, 1883–2009), 46, 60, 34–40.

34 R. W. Scribner, 'Incombustible Luther: The Image of the Reformer in Early Modern Germany', *Past and Present*, cx/1 (February 1986), p. 41.

35 見 P. Mack, 'Women as Prophets during the English Civil War', *Feminist Studies*, viii/1 (Spring 1982),

pp. 18–45.

36 見C. Burrage, 'Anna Trapnel's Prophecies', *English Historical Review*, xxvi/103 (July 1911), pp. 526–35.

37 Quoted in D. Leverenz, *The Language of Puritan Feeling: An Exploration in Literature, Psychology, and Social History* (New Brunswick, nj, 1980), p. 1.

38 W. Frijhoff, 'Prophetie et societe dans les Provinces-Unies aux xviie et xviiie siecles', in *Prophites et sorciers dans les Pays-Bas, xvie–xviiie siecles*, ed. M.-S. Dupont-Bouchat et al. (Paris, 1978), pp. 263–362.

39 J. Green, *Printing and Prophecy* (Ann Arbor, mi, 2011), passim.

40 *The Doctrines and Covenants of the Church of Jesus Christ of Latter-day Saints*, 87 and 84:44.

41 同前，97:10–12.

42 'Saint Athanasia of Egaleo: The Visions and Misspellings of the Virgin Mary' [in Greek], www.crashonline.gr, 2 January 2018.

第三章

1 Cicero, *On Divination*, 1.3.

2 Quoted in Origen, *Against Celsus*, 8.45.

3 Plutarch, *On the Pythian Oracles*, 405c.

4 J. Z. de Boer and J. R. Hale, 'New Evidence for the Geological Origins of the Ancient Delphic Oracle (Greece)', *Geology*, xxix/8 (August 2001), pp. 707–10.

5 Plutarch, *On the Pythian Oracles*, 438b.

6 Herodotus, *The Histories*, 1.47.

7 出自德爾菲神廟的神諭紀錄，請見 'List of Oracular Statements from Delphi', https://en.wikipedia.org, accessed 20 June 2019.

8 Plutarch, *On the Pythian Oracles*, 11.

9 Herodotus, *The Histories*, 1.50.

10 Plutarch, *Alexander*, 14.6–7.

11 Heraclitus, Fragment 92.

12 Plato, *Phaedrus*, 244b.

13 這類例子請見 'Sibylline Books', https://en.wikipedia.org/wiki, accessed 20 June 2019.

14 出自 Tacitus, *Annals*, 6.12.

15 Plutarch, *Quaestiones Romanae*, 83.

16 關於這個請見 C. C. Coulter, 'The Transfiguration of the Sibyl', *Classical Journal*, xvi/2 (November 1950), pp. 65–6.

17 St Augustine, *City of God*, 18.23.

18 這個故事請見 R. Raybould, *The Sibyl Series of the Fifteenth Century* (Leiden, 2016), p. 37.

19 見 J. L. Malay, 'Performing the Apocalypse: Sibylline Prophecy and Elizabeth i', in *Representations of Elizabeth i in Early Modern Culture*, ed. A. Petrina and L. Tosi (London, 2011), pp. 175–92.

第四章

1 Aristotle, *On Divination in Sleep*, 1.463a31-b1.

2 C. Lac, 'A Brief History and Scientific Look at Dream Analysis and Interpretation', www.skepticink.com, 17 October 2013.

3 見 J. M. Siegel, 'Rem Sleep: A Biological and Psychological Paradox,' *Sleep Medicine Reviews*, xv/3 (June 2011), pp. 139–42.

4 L. Oppenheim, 'The Interpretation of Dreams in the Ancient Near East', *Transactions of the American Philosophical Society*, xxxvi/3 (1956), pp. 250, 274–5, 293.

5 見 D. Ogden, *Greek and Roman Necromancy* (Princeton, nj, 2001), passim.

6 Polybius, *The Histories*, 33.21.3.

7 Herodotus, *The Histories*, 1.108.

8 Plutarch, *Alexander*, 2; Cicero, *On Divination*, 1.22; Suetonius, *Caesar*, 81.

9 Aristophanes, *The Wasps*, 52–4.

10 Herodotus, *The Histories*, 7.15.

11 Pindar, Fragment 116b.

12 Xenophon, *Cyropaedia*, 8.7.21; Cicero, *On Divination*, 1.63–5; Aeschylus, *Eumenides*, 104; Iamblicus, *On the Mysteries of Egypt*, 3.3.

13 Plutarch, *Quaestiones convivales*, 8.10.2.

14 Athanasius, *Contra gentes*, 31.38–44.

15 Juvenal, *Satires*, 6.546–7.

16 Plato, *Laws*, 909e–910a.

17 Galen, *Corpus medicorum graecorum*, 16.222–3.

18 關於阿特米多魯斯請見 S.R.F. Price, 'The Future of Dreams: From Freud to Artemidorus', *Past and Present,* cxiii/3 (November 1986), pp. 3–37.

19 最新的希臘語與英語雙語對照版本是 D. E. Harris-McCoy, *Artemidorus' Oneirocritica: Text, Translation and Commentary* (Oxford, 2012).

20 同前，2.25.

21 Sahih Muhammad ibn Ismail al-Bukhari, *The Translation of the Meanings of Sahih al-Bukhari* (Lahore, 1979), 9.91.

22 關於下面這段請見 N. Bland, 'On the Muhammedan Science of Tâbír, or Interpretation of Dreams', *Journal of the Royal Asiatic Society of Great Britain and Ireland*, xvi (1856), pp. 119–40.

23 I. R. Edgar, 'The Inspirational Night Dream in the Motivation and Justification of Jihad', *Nova Religio*, xi/2 (November 2007), pp. 59–76.

24 這個故事出自 A. Lines, 'Sick Videotape Proves bin Laden was the Evil Mastermind Behind the Horrors of Sept 11', *The Mirror*, 14 December 2001.

25 關於特圖里安請見 P. C. Miller, *Dreams in Late Antiquity* (Princeton, nj, 1998), pp. 66–70.

26 見 S. F. Kruger, *Dreaming in the Middle Ages* (Cambridge, 1992), pp. 40–41.

27 這部作品的英文譯文與評論見 S. M. Oberhelman, *The Oneirocriticon of Achmet: A Medieval Greek*

and Arabic Treatise on the Interpretation of Dreams (Lubbock, tx, 1991).

28 Kruger, *Dreaming in the Middle Ages*, pp. 45–52.

29 同前，p. 109.

30 見 H. Goldberg, 'The Dream Report as a Literary Device in Medieval Hispanic Literature', *Hispania*, lxvi/1 (March 1989), pp. 21–31.

31 關於這件史事請見 R. Boone, 'Empire and Medieval Simulacrum: A Political Project of Mercurino di Gattinara, Grand Chancellor of Charles v', *Sixteenth Century Journal*, lxii/4 (Winter 2011), pp. 1027–49.

32 D. Barrett, *The Committee of Sleep: Dreams and Creative Problem Solving*, Department of Psychiatry, Harvard Medical School, Boston, ma, n.d, www.researchgate.net/publication/265122910, accessed 1 April 2019.

33 見 R. Lewinsohn, *Science, Prophecy and Prediction* (New York, 1961), pp. 120–23.

34 比如 Alchera Dream Software, at http://mythwell.com 和其他例子。

35 見 'What Do Dreams Mean? Software Provides Dream Interpretation to Learn Their Meanings', www.healthynewage.com, 28 January 2016.

36 此處引文都出自 G. Holloway, *The Complete Dream Book* (Kindle edition, 2006), locs 243, 327, 549, 740, 1110–15, 1153–8.

37 M. Lennox, *Llewellyn's Complete Dictionary of Dreams: Over 1,000 Dream Symbols and Their Universal Meanings* (Kindle edition, 2015).

第五章

1 參見 'Dying Words: The Last Words Spoken by Famous People at Death, or Shortly Before', www.corsinet.com, accessed 28 March 2019.

2 此處以及後文內容出自 I. L. Finkel, 'Necromancy in Ancient Mesopotamia', *Archiv fur Orientforschung*, xxix–xxx (1983–4), pp. 1–17.

3 關於後文內容請見 B. J. Collins, 'Necromancy, Fertility and the Dark Earth: The Use of Ritual Pits in Hittite Cult', in *Magic and Ritual in the Ancient World*, ed. P. Mirecki and M. Meyer (Leyden, 2002), pp. 224–6.

4 關於這些請見 B. B. Schmidt, *Israel's Beneficent Dead: Ancestor Cult and Necromancy in Ancient Israelite Religion and Tradition* (Tübingen, 1994).

5 對於這個課題的各種詮釋請見 H. E. Mendez, 'Condemnations of Necromancy in the Hebrew Bible: An Investigation of Rationale', ma dissertation, University of Georgia, Athens, ga (2009), pp. 57–62.

6 見 Exodus 22:1; Isaiah 8:19.

7 Mishnah Sanhedrin 7，此章討論的是對各種罪行應處的刑罰。

8 M. Ben-Chaim, 'Consulting the Dead', www.mesora.org, accessed 28 March 2019.

9 Strabo, *Geography*, 15.2.39.

10 Aeschylus, *Persians*, 739–41.

11 Quoted in D. Ogden, *Greek and Roman Necromancy* (Princeton, nj, 2001), pp. 243–4.

12 Virgil, *Aeneid*, 6.756–902.

13 同前，6.847–53.
14 Plutarch, *Cimon*, 6.4–6.
15 見 S. I. Dakaris, 'The Acheron Necromancy Excavation', *Greek Archeological Society Records* [in Greek] (Athens, 1964), pp. 44–53.
16 關於這個請見 N. W. Slater, 'Posthumous Parleys: Chatting up the Dead in the Ancient Novels', in *The Greek and the Roman Novel: Parallel Readings*, ed. M. Paschalis et al. (Eelde, 2007), pp. 57–69.
17 Lucian, *Pharasalia*, 238–40.
18 Heliodorus, 'An Ethiopian Story', trans. J. R. Morgan, in *Collected Ancient Greek Novels*, ed. B. P. Reardon (Berkeley, ca, 1989), pp. 19–24.
19 Apuleius, *The Golden Ass*, 2.28–9.
20 Gerald of Wales, *Giraldi Cambrensis opera*, ed. John S. Brewer (London, 1861–91), vol. vi, pp. 57–60.
21 M. D. Bailey, 'From Sorcery to Witchcraft', *Speculum*, lxxvi/4 (October 2001), pp. 960–67.
22 C. Marlowe, *The Tragic History of Doctor Faustus*, introduction, line 24.
23 見 D. B. Morris, 'Gothic Sublimity', *New Literary History*, xvi/2 (Winter 1985), pp. 299–319.
24 英國的情況請見 L. Hunt, 'Necromancy in the uk: Witchcraft and the Occult in British Horror', in *British Horror Cinema*, ed. S. Chibnall and J. Petley (London, 2001), pp. 82–96.
25 關於這個請見 J. Oppenheim, *The Other World: Spiritualism and Psychical Research in England, 1850–1914* (Cambridge, 1985).
26 見 Arthur Conan Doyle, *The New Revelation: The Coming of a New Spiritual Paradigm* (London, 1918).

27 見 P. J. Bowler, *Reconciling Science and Religion: The Debate in Early-twentieth-century Britain* (Chicago, il, 2014), p. 35.

28 A. Conan Doyle, *The History of Spiritualism* [1926] (Kindle edition, 2010), loc. 46.

29 關於卡頓請見 M.A.B. Brazier, 'The History of the Electrical Activity of the Brain as a Method for Localizing Sensory Function', *Medical History*, vii/3 (July 1963), pp. 204–6.

30 C・F・瓦爾黎與靈學的關聯請見 B. J. Hunt, 'Varley, Cromwell Fleetwood (1828–1883)', *Oxford Dictionary of National Biography* (Oxford, 2004).

31 關於後文內容請見 A. Einstein, 'Aether and the Theory of Relativity', 1922, www-history.mcs.st-andrews.ac.uk, accessed 28 March 2019; 另外請見 Adam Amorastreya, 'The End of the Aether', 16 February 2015, https://resonance.org, accessed 25 October 2019.

32 Anon., 'Spiritualism and Electromagnetism', www.mathpages.com, accessed 28 March 2019.

33 Conan Doyle, *The History of Spiritualism*, locs 154, 159.

34 C. P. Scheitle, 'Bringing Out the Dead: Gender and Historical Cycles of Spiritualism', *Omega*, l/3 (2004–5), pp. 329–34.

35 見 E. Gomel, 'Spirits in the Material World: Spiritualism and Identity in the Fin De Siecle', *Victorian Literature and Culture*, xxxv/1 (2007), pp. 201–2.

36 見 B. Bearak, 'Dead Join the Living in a Family Celebration', *New York Times*, 5 September 2010; 以及 A. Bennett, 'When Death Doesn't Mean Goodbye', *National Geographic*, 31 March 2016.

37 關於這個課題的概述請見 C. Zaleski, *Other World Journeys: Accounts of Near-death Experiences in*

Medieval and Modern Times (Oxford, 1987).

38 'Near-Death Experiences of the Hollywood Rich and Famous', www.near-death.com, accessed 28 March 2019.

39 見 S. Taylor, 'Near Death Experience and dmt', *Psychology Today*, 28 October 2018.

40 'Seven Surprising Truths Near-death Experiences Reveal about the Universe', 30 October 2017, https://bibledice.wordpress.com.

41 B. Greyson, 'Near-death Encounters With and Without Near-death Experiences: Comparative nde Scale Profiles', *Journal of Near-death Studies*, viii/3 (Spring 1990), pp. 151–61 (p. 157); 另外請見 'The Future and the Near-death Experience', www.near-death.com, accessed 26 March 2019.

42 見 www.near-death.com, accessed 28 March 2019.

43 'Most People Believe in Life after Death, Study Finds', *The Telegraph*, 13 April 2018; L. J. Francis and E. Williams, 'Paranormal Belief and the Teenage World View', *Journal of Research on Christian Education*, xviii/1 (2009), pp. 20–35.

44 D. W. Moore, 'Three in Four Americans Believe in Paranormal', https://news.gallup.com, 16 June 2005.

45 C. Ikonen, 'Michael Jackson Speaks Beyond the Grave to Reveal "Truth about Death"', www.dailystar.co.uk, 24 February 2018.

46 相關概論請見 Francis and Williams, 'Paranormal Belief'.

47 'True Miracle: "Brain Dead" Boy Revives after Parents Sign Consent for Organ Donation', www.rt.com, 7 May 2018.

48 S. Shemer, 'Israeli Scientists Uncover Innovative Method to Read Memories – Even after Death', www.nocamels.com, 16 April 2018. 更詳細的紀錄請見 D. Mukherjee et al., 'Salient Experiences are Represented by Unique Transcriptional Signatures in the Mouse Brain', *Elife*, 7 February 2018, doi: 10.7554/eLife.31220.

第六章

1 見 A. Marshack, *The Roots of Civilization: The Cognitive Beginnings of Man's First Art, Symbol and Notation* (London, 1972), p. 81.

2 見 J. M. Steele, 'Eclipse Prediction in Mesopotamia', *Archive for the History of Exact Sciences*, liv/5 (February 2000), pp. 412–54.

3 Quoted in J. L. Cooley, 'Propaganda, Prognostication, and Planets', in *Divination, Politics and Ancient Near-Eastern Empires*, ed. A. Lenzi and J. Stökl (Atlanta, ga, 2014), pp. 7–32.

4 Quoted in F. Rochberg-Halton, 'Elements of the Babylonian Contribution to Hellenistic Astrology', *Journal of the American Oriental Society*, cviii/1 (March 1988), p. 54.

5 見 U. Koch-Westenholz, *Mesopotamian Astrology* (Copenhagen, 1985), p. 13.

6 Josephus, *Jewish Antiquities*, 1.166–8.

7「迦勒底（人）」這個詞的諸多含意請見 A. Y. Reed, 'Abraham as Chaldean Scientist and Father of the Jews', *Journal for the Study of Judaism*, xxxv/2 (April 2004), pp. 119–58.

8 見 J. C. Greenfield and M. Sokoloff, 'Astrological and Related Omen Texts in Jewish Palestinian

Aramaic', *Journal of Near Eastern Studies*, xlviii/3 (July 1989), pp. 201–14.

9 見 J.E.S. Thompson, 'Maya Astronomy', *Philosophical Transactions of the Royal Society*, cclxxvi/1257 (May 1974), pp. 87–8.

10 關於卡內阿德斯請見 A. A. Long, 'Astrology: Arguments Pro and Contra', in *Science and Speculation*, ed. J. Banes (Cambridge, 2005), pp. 165–92.

11 關於巴戴珊與其著作請見 Tim Hegedus, 'Necessity and Free Will in the Thought of Bardaisan of Edessa', *Laval theologique et philosophique*, lix/2 (2003), pp. 333–44.〈萬國律法之書〉可在此取得：www.newadvent.org, accessed 28 March 2019.

12 St Augustine, *Confessions*, 7.6.8.

13 關於這個請見 S. J. Tester, *A History of Western Astrology* (Woodbridge, 1987), pp. 151–3.

14 Abu Ma'shar, *The Abbreviation of the Introduction to Astrology*, trans. and ed. C. Burnett et al. (Leiden, 1994).

15 見 J. Samso, 'The Early Development of Astrology in al-Andalus', *Journal of the History of Arabic Science*, iii (1979), pp. 329–30, at www.medievalists.net, accessed 28 March 2019.

16 出自 H. Lemay, 'The Stars and Human Sexuality: Some Medieval Scientific Views', *Isis*, lxxi/256 (March 1980), p. 127 n. 1.

17 Geoffrey Chaucer, 'The Wife of Bath's Prologue', ll. 609–20. 另見 B. F. Hamlin, 'Astrology and the Wife of Bath: A Repinterpretation', *Chaucer Review*, ix/2 (1974), pp. 153–65.

18 Joseph Crane, 'Chaucer's Wife of Bath Needs a New Astrological Chart', www.astrologyinstitute.com,

20 March 2017.

19 Lemay, 'The Stars and Human Sexuality', p. 133.

20 R. Lewinsohn, *Science, Prophecy and Prediction* (New York, 1961), p. 84.

21 J. S. Lucas, *Astrology and Numerology in Medieval and Early Modern Catalonia* (Leiden, 2003), p. xix.

22 Regiomontanus, 'Oratio Iohannis de Monteregio', *Opera Collectanea*, ed. F. Schmeidler (Osnabrück, 1972), p. 52.

23 Quoted in A. Warburg, *Heidnisch-antike Weissagungen in Wort und Bild zu Luthers Zeiten* (Hamburg, 1919), p. 85.

24 見 J.G.H. Hoppman, 'The Lichtenberger Prophecy and Melanchthon's Horoscope for Luther', *Culture and Cosmos*, i/3 (Autumn–Winter 1997), pp. 49–59.

25 D. A. Phllips, *The Complete Book of Numerology* (Kindle edition, 2005), loc. 2545.

26 R. Dunn, 'The True Place of Astrology among the Mathematical Arts of Late Tudor England', *Annals of Science*, li/2 (1994), pp. 151–63.

27 參見 A. B. Lang et al., 'Activity Levels of Bats and Katydids in Relation to the Lunar Cycle', *Oecologia*, cxlvi/4 (January 2006), pp. 659–66.

28 見 D. Lehoux, 'Observation and Prediction in Ancient Astrology', *Studies in the History and Philosophy of Science*, xxxv/2 (June 2004), pp. 227–46.

29 相關研究數量眾多，可參見 J. Chotal et al., 'Variations in Personality Traits among Adolescents and Adults According to Their Season of Birth in the General Population', *Elsevier*, xxxv/4 (September 2003),

pp. 897–908; 以及 S. Knapton, 'People Born in Summer are Taller than Those with Winter Birthdays', *The Telegraph*, 12 October 2015.

30 Quoted in Tester, *A History of Western Astrology*, pp. 68–9.

31 On Pomponazzi see E. Garin, *Astrology in the Renaissance* (London, 1976), pp. 12–14.

32 W. Soakland, 'Supernova and Nova Explosion's Space Weather', *Journal of Earth Science and Engineering*, vii (2017), pp. 136–53.

33 S. W. Hawking and G. F. Rayner Ellis, *The Large Scale Structure of Space–Time* (Cambridge, 1973), p. 1.

34 W. Shumaker, ed., *John Dee on Astrology: Propaedeumata Aphoristica, 1558–68* (Los Angeles, ca, 1978), pp. 130–31.

35 Brian Baulsom, 'What is the Logic Behind Astrology?', *Quora*, 4.3.2017, www.quora.com, accessed 28 March 2019.

36 G. Dean and A. Mather, eds, *Recent Advances in Natal Astrology: A Critical Review, 1900–1976* (London, 1977), pp. 442–3.

37 N. Campion, 'How Many People Actually Believe in Astrology?', http://theconversation.com, 28 April 2017; B. Hays, 'Majority of Young Adults Think Astrology is a Science', www.upi.com, 12 February 2014; National Science Foundation, 'Chapter 7. Science and Technology: Public Attitudes and Understanding', www.nsf.gov/statistics/seind14, accessed 28 March 2019.

38 出自 G. van Rheenen, *Communicating Christ in Animistic Contexts* (Pasadena, ca, 1991), p. 66.

39 見 R. Harmanci, 'How Nancy Reagan Became Forever Linked with Astrology', www.atlasobscura.com,

6 March 2016.

40 'Star Wars – the Discount Model', *The Economist*, 8 January 1998, www.economist.com.

第七章

1 Francesca Rochberg, 'Natural Knowledge in Ancient Mesopotamia', in *Wrestling with Nature: From Omens to Science*, ed. Peter Harrison et al. (Chicago, il, 2011), p. 13.

2 Semonides of Amorgos, 1.1–4.

3 Theognis, 133–6 and 141–2.

4 Thucydides, *The Peloponnesian War*, 5.54.1, 5.55.3, 5.56.1; Xenophon, *Hellenica*, 3.4.3, 3.5.7, 4.7.2, 5.1.3, 5.3.14, 5.4.37, 5.4.47, 6.5.12.

5 Arrian, *Anabasis*, 4.4.3.

6 Cicero, *On Divination*, 1.4.3.

7 Polybius, *The Histories*, 2.17.2 and 9.12–20; Onasander, 25.10.

8 Frontinus, *Stratagemata*, i.11.14–15.

9 Livy, *Roman History*, 43.13.1–2.

10 Suetonius, *Caesar*, 88; Cassius Dio, 45.7.1; Servius, *Commentary on the Aeneid*, 6.81.

11 見R. Lattimore, 'Portents and Prophecies in Connection with the Emperor Vespasian', *Classical Journal*, xxix/6 (March 1934), pp. 441–9.

12 St Augustine, *On Christian Doctrine*, 2.23–4.

13 Einhard, *Vita Caroli*, 32.

14 S. Gerson, *Nostradamus* (Kindle edition, 2012), locs 2096–101.

15 Mario Reading, *Nostradamus: The Complete Prophecies for the Future* (Kindle edition, 2015), locs 28–132.

16 Gerson, *Nostradamus*, loc. 378.

17 Quoted in E. Garin, *Astrology in the Renaissance* (London, 1976), p. 100.

18 Cited in B. Roeck, *Eine Stadt in Krieg und Frieden: Studien zur Geschichte der Reichstadt Augsburg* (Göttingen, 1993), p. 523.

19 S. J. Tester, *A History of Western Astrology* (Woodbridge, 1987), pp. 196–202; 以及 J. Thiebault, ‘Jeremiah in the Village: Prophecy, Preaching, Pamphlets, and Penance in the Thirty Years’ War’, *Central European History*, xxvii/4 (1994), pp. 441–60.

20 F. Oberholzner, ‘From an Act of God to an Insurable Risk: The Change in the Perception of Hailstorms and Thunderstorms since the Early Modern Period’, *Environment and History*, xvii/1 (February 2011), pp. 133–52.

第八章

1 Plato, *Timaeus*, 72b.

2 Homer, *Iliad*, 69–70.

3 Homer, *Odyssey*, 15.493–597.

4 見 E. L. Hicks, *The Collection of Ancient Greek Inscriptions in the British Museum* (Oxford, 1896), vol. iii, no. 678.

5 Xenophon, *Anabasis*, 6.1.20.

6 見 M. Jastrow, 'The Liver as the Seat of the Soul', in *Studies in the History of Religions*, ed. David Gordon Lyon and George Foot Moore (New York, 1912), p. 143; 以及 Mary R. Bachvarova, 'The Transmission of Liver Divination from East to West', *Studi Micenei ed Egeo-Anatolica*, liv (2012), pp. 143–64.

7 Philostratus, *Life of Apolonius*, 8.7.15.

8 Pausanias, *Description of Greece*, 6.2.4; Juvenal, *Satires*, 3.44.

9 W. Burkert, *The Orientalizing Revolution: Near Eastern Influence on Greek Culture in the Early Archaic Age*, trans. M. E. Pinder and W. Burkert (Cambridge, ma, 1992), p. 50.

10 此處使用的英文譯文出自 D. Collins, 'Mapping the Entrails: The Practice of Greek Hepatoscopy', *American Journal of Philology*, cxxix/3 (September 2008), p. 335.

11 Suetonius, *Caesar,* 81; Plutarch, *Caesar*, 63.5–6.

12 Cicero, *On Divination*, 1.38.82–3.

13 Ammianus Marcelinus, 6.16.

14 Jon G. Abbink, 'Reading the Entrails: Analysis of an African Divination Discourse', *Man*, xxviii/4 (December 1993), pp. 705–26.

15 Gallup News, 16 June 2005, news.gallup.com, accessed 28 March 2019.

第九章

1 關於這整個課題請見 R. C. Archibald, 'Mathematics before the Greeks', *Science*, n. ser., lxxi/1831 (January 1930), pp. 109–21.

2 見 Christopher Dunn, *Lost Technologies of Ancient Egypt* (Kindle edition, 2010).

3 關於畢達哥拉斯與其追隨者請見 www.storyofmathematics.com, accessed 28 March 2019.

4 英文譯文出自 T. Tobias, *Number: The Language of Science* (London, 1930), p. 42.

5 出自 D. Grewal, 'People See Odd Numbers as Male, Even as Female', *Scientific American*, 31 August 2011.

6 這類文句片段的條列整理請見 'Philo Judaeus' at www.newworldencyclopedia.org, accessed 23 June 2019.

7 見 W. T. Stace, *A Critical History of Greek Philosophy* [1920] (Kindle edition, 2010), loc. 2348.

8 Plato, *Republic*, 537b–d.

9 Plato, *The Laws*, 5.737–38.

10 見 '42 (Number)', at https://en.wikipedia.org, accessed 23 June 2019.

11 見 Benjamin Jowett trans. Plato, *The Laws* (Oxford, 1892) 的譯者序。

12 見 A. F. Stewart, 'The Canon of Polykleitos: A Question of Evidence', *Journal of Hellenic Studies,* xcvii (November 1978), pp. 122–31.

13 Vitruvius, *On Architecture*, 3.1.

14 參見 Piotr Sorokowski and B. Pawlowski, 'Adaptive Preferences for Leg Length in a Potential Partner',

Evolution and Human Behavior, xxix/2 (March 2008), pp. 86–91.

15 關於這類事例的一些描述請見 I. Stewart, *The Beauty of Numbers in Nature* (Cambridge, ma, 2017).

16 E. Finn, *What Algorithms Want: Imagination in the Age of Computers* (Kindle edition, 2017), loc. 235.

17 L. Fanthorpe and P. Fanthorpe, *Mysteries and Secrets of Numerology* (Toronto, 2013), p. 28.

18 G. M. Browne, 'The Composition of the *Sortes Astrampsychi*', *Bulletin of the Institute of Classical Studies*, xvii/1 (December 1970), pp. 95–100.

19 更詳細的解釋請見 https://digitalambler.wordpress.com, accessed 28 March 2019.

20 猶太數祕術與卡巴拉源自古希臘的部分請見 K. Barry, *The Greek Kabbalah: Alphabetical Mysticism and Numerology in the Ancient World* (York Beach, me, 1999).

21 N. Bland, 'On the Muhammedan Science of Tâbír, Or Interpretation of Dreams', *Journal of the Royal Asiatic Society of Great Britain and Ireland*, xvi (1856), pp. 139–40.

22 關於這個請見 G. A. Miller, 'The Magical Number Seven, Plus or Minus Two', *Psychological Review*, lxiii/2 (March 1956), pp. 81–97; 以及 R. E. Reynolds, '"At Sixes and Sevens" and Eights and Nines: The Sacred Mathematics of Sacred Orders in the Early Middle Ages', *Speculum: Journal of Medieval Studies*, liv/4 (October 1979), pp. 669–84.

23 見 A. Cusimano, 'Importance of Medieval Numerology and the Effects upon Meaning in the Works of the Gawain Poet', MA thesis, University of New Orleans, 2010.

24 'Medieval Numerology: A Brief Guide', https://web.cn.edu, accessed 28 March 2019; C. A. Patrides, 'The Numerological Approach to Cosmic Order during the English Renaissance', *Isis*, xlix/4 (December

1958), pp. 391–7.

25 R. A. Peck, 'Number as Cosmic Language', in *Essays in the Numerical Criticism of Medieval Literature*, ed. C. D. Eckhardt (London, 1979), p. 17.

26 見 J. Edge, 'Licit Medicine or "Pythagorean Necromancy"? The "Sphere of Life and Death" in Late Medieval England', *Historical Research*, lxxxvii/238 (November 2014), pp. 611–32.

27 Lecture to the Institute of Civil Engineers, 3 May 1883, in *Popular Lectures and Addresses* (London, 1889), p. 72.

28 L. D. Balliett, *The Day of Wisdom According to Number Vibration* (Atlantic City, nj, 1917), pp. 30, 32, 39.

29 J. Williams, *Numerology* (Kindle edition, 2016), passim.

30 'Find Your Master Number', at www.numerology.com, accessed 23 June 2019.

31 D. Sharp, *Simple Numerology* (San Francisco, ca, 2001), back cover.

32 見 'Numerology as Sacred Language and Numbers' Deeper Meanings', www.kasamba.com, accessed 28 March 2019.

33 L. Thomas, 'Numerology', www.leethomas.co.za, accessed 23 June 2019.

34 C. Covell, *Ecstasy: Shamanism in Korea* (Elizabeth, nj, 1983), pp. 54–5.

35 A. D. Berkowitz, 'Biblical Numerology Predicts Trump Will Usher in Messiah', www.breakingisraelnews.com, 16 May 2016. 另外請見 'The Gematria of Hillary Clinton and Donald Trump', https://mosaicmagazine.com, 25 May 2016.

36 https://en.wikipedia.org/wiki/Yosef_Hayyim, accessed 23 June 2019.

37 D. Haber, 'Foretelling the Future by the Numbers: An Introduction to Arithmancy', www.beyondhogwarts.com, accessed 28 March 2019.

38 Axel Munthe, *The Story of San Michele* (New York, 1929), p. 110.

第十章

1 見 H. J. James, 'From Calabria Cometh the Law', *Mediterranean Historical Review*, xx/2 (December 2005), p. 188.

2 關於這個請見 M. Reeves, *The Influence of Prophecy in the Later Middle Ages* (Oxford, 1969), pp. 360–61.

3 參見 'The Number 666 According to Muslims', https://heavenawaits.wordpress.com, accessed 28 March 2019.

4 關於路普頓與其後繼者請見 D. Brady, '1666: The Year of the Beast', *Bulletin of the John Rylands Library*, lxi/2 (1979), pp. 314–15.

5 關於「七」這個數字的神祕性質請見英文維基百科 7 與 777 頁面子條目 Classical World, https://en.wikipedia.org/wiki/7, and https://en.wikipedia.org/wiki/777, accessed 23 June 2019.

6 L. Linthicum, 'It's Now u.s. Route 491, Not u.s. Route 666', *Albuquerque Journal*, 31 July 2003.

7 牛頓用的方法簡介請見 Josh Jones, 'In 1704, Isaac Newton Predicts the World Will End in 2060', www.openculture.com, 14 October 2015.

8 Verses 11:2–3 and 12:6.

9 關於這類計算請見 'Bible Codes: A Day Can Equal a Year', www.bible-codes.org, accessed 29 March 2019.

10 Gregory of Tours, *The History of the Franks*, 4.16.

11 例如 https://dailyverses.net/random-bible-verse, accessed 29 March 2019.

12 M. Laitman, 'The Ties between Letters, Words, and Numbers', www.kabbalah.info, accessed 28 March 2019.

13 見 'Bible Codes Made Simple', www.biblecodedigest.com, accessed 28 March 2019.

14 C. R. Echelbarger, 'Bible Codes', *The Real Truth*, https://rcg.org, accessed 29 March 2019.

15 見 'Bible Code', http://download.cnet.com, accessed 29 March 2019.

16 關於這兩位先生自稱達成的成就請見 'Nathan Jacobi, PhD: Interview – Pt i' and 'Directory of Moshe Aharon Shak's Articles', www.biblecodedigest.com, both accessed 29 March 2019.

17 關於這些方法請見 G. Scholem, *Major Trends in Jewish Mysticism* (New York, 1961), p. 100.

18 M. Drosnin, *The Bible Code* (New York, 1997).

19 A. E. Berkowitz, 'North Korea's Nuclear Tests May Set Off Apocalyptic War of Angels, Warns Bible Codes', www.breakingisraelnews.com, 20 March 2017.

20 同前。

21 網路上可取得的這類軟體的比較請見 R. A. Rheinhold, 'Bible Code Software Comparsions,' Prophecy Truths, 1 March 2007, at http://ad2004.com.

22 關於這場爭議的簡短摘要請見英文維基百科 Bible Code 頁面子條目 WRR Authors, https://en.wikipedia.org, accessed 23 June 2019.

第十一章

1 G. Santayana, *Reason in Common Sense* (New York, 1905), p. 284.

2 Thucydides, *The Peloponnesian War*, 1.22.

3 見 A. H. Bernstein, 'Thucydides and the Teaching of Strategy', *Joint Force Quarterly*, xiv (1996–7), pp. 126–7.

4 J. Needham, *Time and Eastern Man* (London, 1965), Occasional paper No. 21, pp. 8–9; M. F. Lindemans, 'Ragnarok', *Encyclopedia Mythica,* 1997, www.pantheon.org; N. M. Farris, 'Remembering the Future, Anticipating the Past: History, Time, and Cosmology among the Maya of Yucatan', *Comparative Studies in Society and History,* xxix/3 (July 1987), pp. 566–93.

5 見 M. Eliade, *The Myth of the Eternal Return*, trans. Willard R. Trask (Princeton, nj, 1965), pp. 3–11, 155.

6 L. N. Vodolazhskaya, 'Reconstruction of Vertical and L-shaped Ancient Sundials and Methods for Measuring Time', *Archaeology and Ancient Technologies*, ii/2 (August 2014), pp. 1–18.

7 Livy, *History of Rome*, Preface, 4.

8 Marcus Aurelius, *Meditations*, 5.13.

9 對於持這種觀點的古代學者的相關討論請見 A. W. Lintott, 'Imperial Expansion and Moral Decline in

the Roman Republic', *Historia*, xxi/4 (fourth quarter, 1972), pp. 626–38.

10 William Shakespeare, *Henry v*, iii.6; *King Lear*, ii.2 and iv.7; *As You Like It*, i.2.

11 Quoted in E. Garin, *Astrology in the Renaissance* (London, 1976), p. 99.

12 Aňguttara-Nikăya, quoted in R. Hooper, *End of Days: Predictions of the End from Ancient Sources* (Sedona, az, 2011), p. 156.

13 P. Crone, *The Nativist Prophecies of Early Islam* (Cambridge, 2014), pp. 245–7; 'Kalpa (aeon)', https://en.wikipedia.org, accessed 23 June 2019; and Eliade, *Myth of the Eternal Return*, pp. 113–14.

14 Polybius, *The Histories*, 36.17.5–7.

15 同前，5.15.

16 Petronius, *Satyricon*, 116.

17 Julius Caesar, *Commentarii de bello gallico*, 7.13.1.

18 K. van Lommel, 'The Recognition of Roman Soldiers' Mental Impairment', *Acta Classica*, lvi (2013), pp. 155–84.

19 Charles de Montesquieu, *The Spirit of the Laws* (1748), 11.6.

20 同前。

21 Charles de Montesquieu, *Considerations on the Causes of the Greatness of the Romans and their Decline* (Ithaca, ny, 1968), introduction.

22 見 F. Orestano, 'Picturesque Reconsidered – and Preserved', in *Britain and Italy in the Long Eighteenth Century*, ed. R. Loretelli and F. O'Gorman (Newcastle, 2010), pp. 16–30; 關於納粹德國的情況請見 A.

Speer, *Inside the Third Reich*, trans. R. and C. Winston (New York, 1970), pp. 56, 154.

23 關於美洲殖民地的情況請見 S. Persons, 'The Cyclical Theory of History in Eighteenth-century America', *American Quarterly*, vi/2 (Summer 1954), pp. 147–63.

24 T. Barnard, *A Sermon, Delivered on the Day of National Thanksgiving, February 19, 1795* (Salem, ma, 1795), pp. 21–2.

25 詳細請見 S. Zitto, 'Lessons from the Center of the World', *Washington Examiner*, 24 September 2017.

26 見 T. Snyder, *The Road to Unfreedom* (Kindle edition, 2018), locs 991, 1002, 1306, 1433.

27 'Second Day after Easter' (1827), http://spenserians.cath.vt.edu, accessed 29 March 2019.

28 William H. McNeill, *Arnold J. Toynbee: A Life* (Oxford, 1989), p. 287.

29 見 R. Harris, 'Does Rome's Fate Await the u.s.?', *Mail on Sunday*, 12 October 2003.

30 www.globalfirepower.com, accessed 23 June 2019.

31 Vilfredo Pareto, 'The Circulation of Elites' [1916], in *Theories of Society: Foundations of Modern Sociological Theory*, ed. T. Parsons et al. (Glencoe, il, 1961), vol. ii, pp. 551–7.

32 關於這些預測如何進行（特別是早期）請見 W. A. Friedman, *Fortune Tellers: The Story of America's First Economic Forecasters* (Kindle edition, 2014), locs 114–25, 215–319.

33 J. C. Ott, *When Wall Street Met Main Street* (Cambridge, ma, 2011), p. 2.

34 D. Izraeli, 'The Three Wheels of Retailing', *European Journal of Marketing*, vii/1 (1973), pp. 70–74.

35 關於這個問題請見 D. Coyle, *gdp: A Brief but Affectionate History* (Kindle edition, 2014), passim.

36 I. Petev, L. Pistaferri and I. S. Eksten, 'Consumption and the Great Recession', Stanford, ca, 2011, www.

tau.ac.il, accessed 29 March 2019.

37 M. Gorbanev, 'Sunspots, Unemployment, and Recessions', *mpra*, 2012, https://mpra.ub.uni-muenchen.de.

38 參見 P. Schwartz, *The Long Boom: The Coming Age of Prosperity* (New York, 1999), 以及 H. Kahn, *The Coming Boom: Economic, Political, and Social* (New York, 1982).

第十二章

1 關於猶太人最早提出線性史觀一事請見 G. J. Whitrow, *Time in History: Views of Time from Prehistory to the Present Day* (Oxford, 1988), pp. 51–2, 55，此外也可參閱這本比較大眾的讀物 T. Cahill, *The Gifts of the Jews: How a Tribe of Desert Nomads Changed the Way Everyone Thinks and Feels* (New York, 1999).

2 Quoted in Whitrow, *Time in History*, p. 47, n. 15.

3 證據請見 D. N. McCloskey, *Bourgeois Equality: How Ideas, Not Capital or Institutions, Enriched the World* (Kindle edition, 2017), locs 735–2185.

4 D. S. Landes, *Revolution in Time* (Cambridge, 1983), p. 231.

5 關於這個請見 G. S. Stent, *Paradoxes of Progress* (San Francisco, ca, 1979), pp. 28, 31–2.

6 H. G. Wells, *An Experiment in Autobiography* (London, 1934), vol. ii, p. 645.

7 J.M.F., 'What Are Bellwether Counties and Can They Actually Predict Elections?', *The Economist*, 6 November 2016, www.economist.com.

8 關於這個辯論議題請見 D. E. Luscombe, *Peter Abelard's Ethics* (Oxford, 1971), pp. 55–7.

9 對於黑格爾思想體系的極佳解釋請見 N. G. Limnatis, *The Dimensions of Hegel's Dialectics* (London, 2010).

10 A. Woods and T. Grant, *Reason in Revolt: Marxist Philosophy and Modern Science* [1995] (Kindle edition, 2015), loc. 2102.

11 關於 *Aufhebung* 請見 W. Kaufman, *Hegel: A Reinterpretation* (New York, 1966), p. 144.

12 G.W.F. Hegel, *The Philosophy of History* [1837] (Kindle edition, 2010), loc. 1520.

13 關於這個請見 P. Paolucci, *Marx's Scientific Dialectics: A Methodological Treatise for a New Century* (Leiden, 2007), esp. pp. 69–206.

14 K. Marx, *Capital* [1867] (London, 2016), p. 19.

15 Karl Marx, 'Estranged Labor', *Economic and Philosophical Manuscripts of 1844*, www.marxists.org, accessed 29 March 2019.

16 V. I. Lenin, 'Prophetic Words' [29 June 1918], www.marxists.org, accessed 29 March 2019.

17 Francis Fukuyama, 'The End of History?', *National Interest*, xvi (Summer 1989), pp. 1–18.

18 R. Lydall, 'Revealed: How the Average Speed of Traffic in London Has Plummeted to Just 7.8 Miles per Hour', *Evening Standard*, 9 December 2016, www.standard.co.uk.

19 參見 M. K. Dodo, 'My Theory on the Trump Phenomenon', *Journal of Alternative Perspectives in the Social Sciences*, vii/4 (2016), pp. 593–661.

20 Karl Marx, 'The Eighteenth Brumaire of Louis Napoleon' [1852], www.marxists.org, accessed 29 March

2019, p. 1.

第十三章

1 D. Slider, 'Party-Sponsored Public Opinion Research in the Soviet Union', *Journal of Politics*, xlvii/1 (February 1985), pp. 209–27.

2 'What the Future of Online Surveys Looks Like', www.surveypolice. com, 7 October 2016.

3 N. Silver, 'Google or Gallup? Changes in Voters' Habits Reshape Polling World', *New York Times*, 11 November 2012, www.nytimes.com.

4 見E. Siegel, 'The Science of Error: How Polling Botched the 2016 Election', *Forbes*, 9 November 2016, www.forbes.com.

5 見P. Squire, 'Why the 1936 Literary Digest Poll Failed', *Public Opinion Quarterly*, lii/1 (Spring 1988), pp. 125–33.

6 R. Poynter, 'No Surveys in Twenty Years?', http://thefutureplace.typepad.com, 24 March 2010.

7 見B. Clark, 'Facebook and Cambridge Analytica', https://thenextweb.com, 21 March 2018.

8 德爾菲法的執行方式請見J. Landeta, 'Current Validity of the Delphi Method in Social Sciences', *Technological Forecasting and Social Change*, lxxiii/5 (June 2006), pp. 467–82.

9 B. Schwarz et al., *Methods in Future Studies* (Boulder, co, 1982), pp. 12–14.

10 Y. Dror, *The Prediction of Political Feasibility* (Santa Monica, ca, 1969), passim. 更詳細的說明請見G. J. Skulmoski, F. T. Hartman and J. Krahn, 'The Delphi Method for Graduate Research', *Journal of*

Information Technology Education, vi (2007), pp. 1–21.

11 R. Lewinsohn, *Science, Prophecy and Prediction* (New York, 1961), pp. 137–8.

12 見 P. E. Tetlock and D. Gardner, *Superforecasting: The Art and Science of Prediction* (Portland, or, 2013).

13 見 J. Achenbach, 'Analysis: Obama Makes Decisions Slowly, and with Head, Not Gut', *Washington Post*, 25 November 2009.

14 見 R. Haskins and R. Margolis, *Show Me the Evidence: Obama's Fight for Rigor and Results* (Washington, dc, 2014).

第十四章

1 見 B. Frier, 'Roman Life Expectancy: Ulpian's Evidence', *Harvard Studies in Classical Philology*, lxxxvi (1982), pp. 213–51.

2 C. Klosterman, *But What If We're Wrong? Thinking about the Present As If It Were the Past* (Kindle edition, 2016), loc. 1389.

3 Muhammad Imdad Ullah, 'The Word Statistics was First Used by a German Scholar, Gotfried Achenwall: Introduction to Statistics', http://itfeature.com, 26 February 2012.

4 H. T. Buckle, 'History and the Operation of Universal Laws' [1856], in *Theories of History*, ed. P. L. Gardiner (New York, 1959), pp. 114–16.

5 L. H. Tribe, 'Mathematics: Precision and Ritual in the Legal Process', *Harvard Law Review*, lxxxiv/6

(April 1971), pp. 1329–93.

6 關於這個請見 M. Campbell-Kelly and M. Croaken, eds, *The History of Mathematical Tables: From Sumer to Spreadsheets* (Oxford, 2003), p. 10.

7 對於「國民貨幣收入類比計算機」的詳細描述請見 K. Vela Vilupillai, 'Introduction to the Phillips Machine and the Analogue Computing Tradition in Economics', Department of Economics, University of Trento, discussion paper, December 2010, at https://core.ac.uk/reader/6610489.

8 C. McKenzie, 'Has Computer Programming Really Changed Much Since Lovelace's Time?', www.theserverside.com, January 2012.

第十五章

1 本章內容大部分都參考 M. van Creveld, *Wargames: From Gladiators to Gigabytes* (Cambridge, 2013).

2 關於「戰略」的本質請見此處經典討論 E. N. Luttwak, *Strategy: The Logic of War and Peace* (Cambridge, ma, 1987), pp. 3–68.

3 人類學家對這類兵棋推演的描述請見R. M. Berndt, 'Warfare in the New Guinea Highlands', *American Anthropologist*, new ser., lxiv/4:2 (August 1964), p. 183; W. Lloyd Warner, *A Black Civilization: A Social Study of an Australian Tribe* (New York, 1937), pp. 174–6; 以及 K. F. Otterbein, 'Higi Armed Combat', *Southwestern Journal of Anthropology*, xxiv/2 (Summer 1968), pp. 202–3.

4 Juvenal, *Satires*, 10.81.

5 這類競技活動的政治用途請見 O. Hekster, *Commodus: An Emperor at the Crossroads* (Amsterdam,

2002), pp. 128–9, 138–50.

6 Tacitus, *Annals*, 13.25.

7 Jean le Bel, *Chronique* [1904], ed. J. Viard and E. Déprez (Adamant, 2005), vol. ii, p. 35.

8 一九三七年德軍演習的情況請見 F. Halder, 'Warum Manöver?' *Die Wehrmacht*, 28 September 1937；一九四〇到四一年美軍演習的情況則請見 P. Lauterborn, 'Louisiana Maneuvers (1940–1941)', www.historynet.com, 25 November 2008.

9 見 S. B. Patrick, 'The History of Wargaming', in *Wargame Design*, ed. staff of the *Strategy and Tactics* magazine (New York, 1983), pp. 30–44; 另外請見 N. Palmer, *The Comprehensive Guide to Wargaming* (New York, 1977), pp. 13–17.

10 原版遊戲說明的英文譯文請見 von Reisswitz, *Kriegsspiel: Instructions for the Representation of Military Maneuvers with the Kriegsspiel Apparatus*', trans. Bill Leeson, [1824] (Hemel Hempstead, 1983).

11 Matthew Handrahan, 'Wargaming Looks toward $200 Billion Industry Revenue', www.gamesindustry.biz, 25 September 2013.

12 T. Zuber, *Inventing the Schlieffen Plan: German War Planning, 1871–1914* (Oxford, 2002), pp. 145–9.

13 一八九四年兵棋推演過程紀錄的印刷史料見 Generalstab des Heeres, ed., *Die Grossen Generalstabsreisen –Ost –aus den Jahren 1891–1905* (Berlin, 1938), pp. 1–50.

14 關於德國侵蘇前夕進行的兵棋推演請見 R. Hofmann, *German Army War Games* (Carlisle Barracks, pa, 1983), pp. 37–66; 以及 B. I. Fugate, *Operation Barbarossa: Strategy and Tactics on the Eastern Front, 1941* (Novato, ca, 1984), p. 73.

15 珍珠港事變之前舉行的兵棋推演請見 R. Wohlstetter, *Pearl Harbor: Warning and Decision* (Stanford, ca, 1962), pp. 355–7, 377, 中途島之戰戰前舉行的兵棋推演則請見 A. P. Tully, *Shattered Sword: The Untold Story of the Battle of Midway* (Washington, dc, 2005), pp. 61–2, 67, 410.

16 關於某一家專門組織兵棋推演的公司所聲稱的功用請見 John E. Treat, G. E. Thibault and A. Asin, 'Dynamic Competitive Simulation: Wargaming as a Strategic Tool', *Strategy + Business*, 3 (second quarter, 1996), at www.strategy-business.com, 1 April 1996.

17 關於這種方法及其進行方式請見 William M. Jones, *On Free-form Gaming* (Santa Monica, ca, 1985), passim, at www.rc.rand.org, accessed 31 March 2019; S. Ghamari-Tabrizi, 'Simulating the Unthinkable: Gaming Future War in the 1950s and 1960s', *Social Studies of Science*, xxx/2 (April 2000), pp. 172–6; 以及 S. F. Griffin, *The Crisis Game* (Garden City, ny, 1965), pp. 71–86.

18 T. B. Allen, *War Games* (New York, 1987), pp. 196–7.

19 詳細過程請見 R. Todd, 'War Games in '99 Predicted Iraq Problems', www.cbsnews.com, 5 November 2006.

第十六章

1 Reuters, 'Former Greek Statistics Chief Found Guilty of Breach of Duty', www.reuters.com, 1 August 2017.

2 見 M. Heyd, *'Be Sober and Reasonable': The Critique of Enthusiasm in the Seventeenth and Early Eighteenth Centuries* (Leiden, 1995).

3 見 B. S. Turner, ed., *From Max Weber: Essays in Sociology* [1921] (Oxford, 1958), pp. 196–245.

4 Tertullian, *De Carne Christi*, 5.

5 P. Marinova, 'These Execs Say Psychics are Helping Them Make a Fortune', www.fortune.com, 21 September 2015; N. Squires, 'Boom Time for Fortune-tellers and Tarot Card Readers in Italy as Economic Crisis Bites', *The Telegraph*, 2 October 2017, www.telegraph.co.uk.

6 T. Segev, *David Ben Gurion: A State at All Costs* [in Hebrew] (Tel Aviv, 2018), p. 635.

7 關於這些模型如何應用以及它們在社會上造成的效果請見 C. O'Neil, *Weapons of Math Destruction: How Big Data Increases Inequality and Threatens Democracy* (London, 2016), passim.

8 A. R. Wallace, *Miracles and Modern Spiritualism* (London, 1881), p. 1.

第十七章

1 見 N. N. Taleb, *The Black Swan: The Impact of the Highly Improbable* (New York, 2010).

2 L. Ragnhild Sjursen, 'Studying Shooting Stars to Improve Weather Prediction', http://sciencenordic.com, 29 October 2014.

3 最首要的請見 R. J. Geller et al., 'Earthquakes Cannot Be Predicted', *Science*, cclxxv/5306 (14 March 1997), p. 1616.

4 J. Locke, *An Essay Concerning Human Understanding* [1689] (London, 1998), 2.1.

5 F. Nietzsche, *The Gay Science* [1882] (New York, 1974), sec. 92.

6 見 R. Sapolsky, *Behave: The Biology of Humans at Our Best and Worst* (Kindle edition, 2018), locs 518,

22, 531–41, 2159–362.

7 見 D. Kahneman, *Thinking Fast, Thinking Slow* (New York, 2013), pp. 79–88.

8 N. Byrnes, 'As Goldman Sachs Embraces Automation, Even the Masters of the Universe Are Threatened', www.technologyreview.com, 7 February 2017.

9 J. Folger, 'Automated Trading Systems: The Pros and Cons', www.investopedia.com, 12 May 2019.

10 G. Cespa and X. Vives, 'High Frequency Trading and Fragility', *European Central Bank Working Paper Series 2020*, www.ecb.europa.eu, February 2017.

11 B. Russell, *Our Knowledge of the External World* [1914] (London, 1993), pp. 159–89.

12 關於這項爭論請見 R. Lucas, *The Future: An Essay on God, Temporality and Truth* (Oxford, 1989), pp. 1–4.

13 G. W. von Goethe, *Faust*, 1.1112.

14 P.-S. Laplace, *A Philosophical Essay on Probabilities* [1825], trans. F. W. Truscott (New York, 1902), p. 4.

15 見 'The Uncertainty Principle', *Stanford Encyclopedia of Philosophy*, https://plato.stanford.edu, 12 July 2016; Weizmann Institute of Science, 'Quantum Theory Demonstrated: Observation Affects Reality', www.sciencedaily.com, 27 February 1998; 以及 C. Wendt, 'What Are the New Implications of Chaos for Unpredictability?', *British Journal for the Philosophy of Science*, lx/1 (2009), pp. 195–220.

16 對於這個概念的通俗解釋請見 G. Musser, 'Is the Cosmos Random?', *Scientific American*, cccxiii/3 (September 2015), pp. 88–93.

17 'Tiny Particles Have Outsize Impact on Storm Clouds and Precipitation', www.sciencedaily.com, 25

January 2018.

18 此處缺乏進展的情況請見 Sapolsky, *Behave*, locs 9365, 9423–9, 9438–99, 9646.

19 關於後文內容請見 P. E. Tetlock and D. Gardner, *Superforecasting: The Art and Science of Prediction* (Portland, or, 2013), passim.

20 Nietzsche, *The Gay Science*, sec. 285 and 341; *Repetition and Notes on the Eternal Recurrence*, in *The Complete Works of Friedrich Nietzsche* [1915], ed. O. Levy (n.p., 2017), vol. xvi.

21 F. Nietzsche, *The Gay Science* [1882], book 4, section 341, available at https://theanarchistlibrary.org, accessed 18 December 2019.

22 這類末日預言的一些例子請見 'List of Predictions of the End of the Word', https://rationalwiki.org, accessed 25 June 2019.

23 R. Luxemburg, *The Accumulation of Capital* [1913], trans. A. Schwarzschild (London, 1951), pp. 364–5.

24 A. Wood and T. Grant, *Reason in Revolt: Marxist Philosophy and Modern Science* (Kindle edition, 2015), loc. 363.

25 *Bulletin of the Atomic Scientists*, 2017, https://thebulletin.org/doomsday-dashboard.

26 Herodian, *Roman History*, 4.12–14.

27 見 A. G. Greenwald et al., 'Increasing Voting Behavior by Asking People if they Expect to Vote', *Journal of Applied Psychology*, lxxii/2 (May 1987), pp. 315–18.

28 See C. Holtz-Bacha and J. Strömbäck, eds, *Opinion Polls and the Media* (London, 2012), esp. pp. 225–81.

29 F. Lugo and others, 'Herding Behavior and Rating Convergence among Credit Rating Agencies: Evidence from the Subprime Crisis', *Review of Finance*, xix/4 (July 2015), pp. 1703–31.

30 H. E. Kimmel, *Admiral Kimmel's Story* (Washington, dc, 1955).

第十八章

1 參見 H. Rosa, 'Social Acceleration', *Constellations*, x/1 (April 2003), pp. 3–33.

2 Plutarch, *Crassus*, 7.3.

3 Herodotus, *The Histories*, 7.27–9.

第十九章

1 J. R. Elton, *Return to Essentials: Some Reflections on the Present State of Historical Study* (Cambridge, 1991), p. 8.

2 關於這個想法的簡要概述請見 'Course in General Linguistics', at https://en.wikipedia.org, accessed 26 June 2019.

索引

人名

三畫

四畫

五畫

六畫

七畫

八畫

十畫

十一畫

十二畫

十三畫

十四畫

十五畫

十六畫

十七畫以上

地點

三至五畫

六至七畫

十三畫以上

文獻

二至五畫

六至八畫

九至十二畫

十三畫以上

族群國家

組織機構

其他

一至六畫

七至十二畫

十三畫以上

人類預測大歷史：占卜、戰局推演、演算法，人類能正確預測未來嗎？

作　　者　馬丁・克里費德（Martin van Creveld）
譯　　者　張毅瑄
選 書 人　張瑞芳
責任主編　張瑞芳
編輯協力　劉慧麗
專業校對　童霈文
版面構成　張靜怡
封面設計　陳文德
行銷統籌　張瑞芳
行銷專員　段人涵
出版協力　劉衿妤
總 編 輯　謝宜英
出 版 者　貓頭鷹出版

發 行 人　凃玉雲
發　　行　英屬蓋曼群島商家庭傳媒股份有限公司城邦分公司
　　　　　104 台北市中山區民生東路二段 141 號 11 樓
　　　　　劃撥帳號：19863813；戶名：書虫股份有限公司
城邦讀書花園：www.cite.com.tw　購書服務信箱：service@readingclub.com.tw
購書服務專線：02-2500-7718~9（週一至週五 09:30-12:30；13:30-18:00）
24 小時傳真專線：02-2500-1990~1
香港發行所　城邦（香港）出版集團／電話：852-2877-8606 ／傳真：852-2578-9337
馬新發行所　城邦（馬新）出版集團／電話：603-9056-3833 ／傳真：603-9057-6622
印 製 廠　中原造像股份有限公司
初　　版　2022 年 11 月
定　　價　新台幣 540 元／港幣 180 元（紙本書）
　　　　　新台幣 378 元（電子書）
I S B N　978-986-262-578-1（紙本平裝）／ 978-986-262-579-8（電子書 EPUB）

讀者意見信箱　owl@cph.com.tw
投稿信箱　owl.book@gmail.com
貓頭鷹臉書　facebook.com/owlpublishing

【大量採購，請洽專線】(02) 2500-1919

城邦讀書花園
www.cite.com.tw

國家圖書館出版品預行編目資料

人類預測大歷史：占卜、戰局推演、演算法，人類能正確預測未來嗎？／馬丁・克里費德（Martin van Creveld）著；張毅瑄譯. -- 初版. -- 臺北市：貓頭鷹出版：英屬蓋曼群島商家庭傳媒股份有限公司城邦分公司發行, 2022.11
面；　公分.
譯自：Seeing into the future: a short history of prediction
ISBN 978-986-262-578-1（平裝）

1. CST：預言

296.5　　111014885

本書採用品質穩定的紙張與無毒環保油墨印刷，以利讀者閱讀與典藏。